NORVEGESE
VOCABOLARIO

PER STUDIO AUTODIDATTICO

ITALIANO-NORVEGESE

Le parole più utili
Per ampliare il proprio lessico e affinare
le proprie abilità linguistiche

9000 parole

Vocabolario Italiano-Norvegese per studio autodidattico - 9000 parole
Di Andrey Taranov

I vocabolari T&P Books si propongono come strumento di aiuto per apprendere, memorizzare e revisionare l'uso di termini stranieri. Il dizionario si divide in vari argomenti che includono la maggior parte delle attività quotidiane, tra cui affari, scienza, cultura, ecc.

Il processo di apprendimento delle parole attraverso i dizionari divisi in liste tematiche della collana T&P Books offre i seguenti vantaggi:

- Le fonti d'informazione correttamente raggruppate garantiscono un buon risultato nella memorizzazione delle parole
- La possibilità di memorizzare gruppi di parole con la stessa radice (piuttosto che memorizzarle separatamente)
- Piccoli gruppi di parole facilitano il processo di apprendimento per associazione, utile al potenziamento lessicale
- Il livello di conoscenza della lingua può essere valutato attraverso il numero di parole apprese

Copyright © 2018 T&P Books Publishing

Tutti i diritti riservati. Nessuna parte del presente volume può essere riprodotta o trasmessa in qualsiasi forma o con qualsiasi mezzo elettronico, meccanico, fotocopie, registrazioni o riproduzioni senza l'autorizzazione scritta dell'editore.

T&P Books Publishing
www.tpbooks.com

ISBN: 978-1-78492-023-4

Questo libro è disponibile anche in formato e-book.
Visitate il sito www.tpbooks.com o le principali librerie online.

VOCABOLARIO NORVEGESE
per studio autodidattico

I vocabolari T&P Books si propongono come strumento di aiuto per apprendere, memorizzare e revisionare l'uso di termini stranieri. Il vocabolario contiene oltre 9000 parole di uso comune ordinate per argomenti.

- Il vocabolario contiene le parole più comunemente usate
- È consigliato in aggiunta ad un corso di lingua
- Risponde alle esigenze degli studenti di lingue straniere sia essi principianti o di livello avanzato
- Pratico per un uso quotidiano, per gli esercizi di revisione e di autovalutazione
- Consente di valutare la conoscenza del proprio lessico

Caratteristiche specifiche del vocabolario:

- Le parole sono ordinate secondo il proprio significato e non alfabeticamente
- Le parole sono riportate in tre colonne diverse per facilitare il metodo di revisione e autovalutazione
- I gruppi di parole sono divisi in sottogruppi per facilitare il processo di apprendimento
- Il vocabolario offre una pratica e semplice trascrizione fonetica per ogni termine straniero

Il vocabolario contiene 256 argomenti tra cui:

Concetti di Base, Numeri, Colori, Mesi, Stagioni, Unità di Misura, Abbigliamento e Accessori, Cibo e Alimentazione, Ristorante, Membri della Famiglia, Parenti, Personalità, Sentimenti, Emozioni, Malattie, Città, Visita Turistica, Acquisti, Denaro, Casa, Ufficio, Lavoro d'Ufficio, Import-export, Marketing, Ricerca di un Lavoro, Sport, Istruzione, Computer, Internet, Utensili, Natura, Paesi, Nazionalità e altro ancora ...

T&P Books. Vocabolario Italiano-Norvegese per studio autodidattico - 9000 parole

INDICE

Guida alla pronuncia	11
Abbreviazioni	13

CONCETTI DI BASE	**15**
Concetti di base. Parte 1	15

1. Pronomi	15
2. Saluti. Convenevoli. Saluti di congedo	15
3. Come rivolgersi	16
4. Numeri cardinali. Parte 1	16
5. Numeri cardinali. Parte 2	17
6. Numeri ordinali	18
7. Numeri. Frazioni	18
8. Numeri. Operazioni aritmetiche di base	18
9. Numeri. Varie	18
10. I verbi più importanti. Parte 1	19
11. I verbi più importanti. Parte 2	20
12. I verbi più importanti. Parte 3	21
13. I verbi più importanti. Parte 4	22
14. Colori	23
15. Domande	23
16. Preposizioni	24
17. Parole grammaticali. Avverbi. Parte 1	24
18. Parole grammaticali. Avverbi. Parte 2	26

Concetti di base. Parte 2	28

19. Giorni della settimana	28
20. Ore. Giorno e notte	28
21. Mesi. Stagioni	29
22. Orario. Varie	31
23. Contrari	32
24. Linee e forme	33
25. Unità di misura	34
26. Contenitori	35
27. Materiali	36
28. Metalli	37

ESSERE UMANO	**38**
Essere umano. Il corpo umano	38

29. L'uomo. Concetti di base	38
30. Anatomia umana	38

4

31.	Testa	39
32.	Corpo umano	40

Abbigliamento e Accessori 41

33.	Indumenti. Soprabiti	41
34.	Abbigliamento uomo e donna	41
35.	Abbigliamento. Biancheria intima	42
36.	Copricapo	42
37.	Calzature	42
38.	Tessuti. Stoffe	43
39.	Accessori personali	43
40.	Abbigliamento. Varie	44
41.	Cura della persona. Cosmetici	44
42.	Gioielli	45
43.	Orologi da polso. Orologio	46

Cibo. Alimentazione 47

44.	Cibo	47
45.	Bevande	48
46.	Verdure	49
47.	Frutta. Noci	50
48.	Pane. Dolci	51
49.	Pietanze cucinate	51
50.	Spezie	52
51.	Pasti	53
52.	Preparazione della tavola	54
53.	Ristorante	54

Famiglia, parenti e amici 55

54.	Informazioni personali. Moduli	55
55.	Membri della famiglia. Parenti	55
56.	Amici. Colleghi	56
57.	Uomo. Donna	57
58.	Età	57
59.	Bambini	58
60.	Coppie sposate. Vita di famiglia	59

Personalità. Sentimenti. Emozioni 60

61.	Sentimenti. Emozioni	60
62.	Personalità. Carattere	61
63.	Dormire. Sogni	62
64.	Umorismo. Risata. Felicità	63
65.	Discussione. Conversazione. Parte 1	63
66.	Discussione. Conversazione. Parte 2	64
67.	Discussione. Conversazione. Parte 3	66
68.	Accordo. Rifiuto	66
69.	Successo. Fortuna. Fiasco	67
70.	Dispute. Sentimenti negativi	68

Medicinali	70
71. Malattie	70
72. Sintomi. Cure. Parte 1	71
73. Sintomi. Cure. Parte 2	72
74. Sintomi. Cure. Parte 3	73
75. Medici	74
76. Medicinali. Farmaci. Accessori	74
77. Fumo. Prodotti di tabaccheria	75

HABITAT UMANO	76
Città	76
78. Città. Vita di città	76
79. Servizi cittadini	77
80. Cartelli	78
81. Mezzi pubblici in città	79
82. Visita turistica	80
83. Acquisti	81
84. Denaro	82
85. Posta. Servizio postale	83

Abitazione. Casa	84
86. Casa. Abitazione	84
87. Casa. Ingresso. Ascensore	85
88. Casa. Elettricità	85
89. Casa. Porte. Serrature	85
90. Casa di campagna	86
91. Villa. Palazzo	86
92. Castello. Reggia	87
93. Appartamento	87
94. Appartamento. Pulizie	88
95. Arredamento. Interno	88
96. Biancheria da letto	89
97. Cucina	89
98. Bagno	90
99. Elettrodomestici	91
100. Riparazioni. Restauro	91
101. Impianto idraulico	92
102. Incendio. Conflagrazione	92

ATTIVITÀ UMANA	94
Lavoro. Affari. Parte 1	94
103. Ufficio. Lavorare in ufficio	94
104. Operazioni d'affari. Parte 1	95
105. Operazioni d'affari. Parte 2	96
106. Attività produttiva. Lavori	97
107. Contratto. Accordo	98
108. Import-export	99

109. Mezzi finanziari	99
110. Marketing	100
111. Pubblicità	101
112. Attività bancaria	101
113. Telefono. Conversazione telefonica	102
114. Telefono cellulare	103
115. Articoli di cancelleria	103
116. Diversi tipi di documenti	104
117. Generi di attività commerciali	105

Lavoro. Affari. Parte 2 107

118. Spettacolo. Mostra	107
119. Mezzi di comunicazione di massa	108
120. Agricoltura	109
121. Edificio. Attività di costruzione	110
122. Scienza. Ricerca. Scienziati	111

Professioni e occupazioni 112

123. Ricerca di un lavoro. Licenziamento	112
124. Gente d'affari	112
125. Professioni amministrative	113
126. Professioni militari e gradi	114
127. Funzionari. Sacerdoti	115
128. Professioni agricole	115
129. Professioni artistiche	116
130. Professioni varie	116
131. Attività lavorative. Condizione sociale	118

Sport 119

132. Tipi di sport. Sportivi	119
133. Tipi di sport. Varie	120
134. Palestra	120
135. Hockey	121
136. Calcio	121
137. Sci alpino	123
138. Tennis. Golf	123
139. Scacchi	124
140. Pugilato	124
141. Sport. Varie	125

Istruzione 127

142. Scuola	127
143. Istituto superiore. Università	128
144. Scienze. Discipline	129
145. Sistema di scrittura. Ortografia	129
146. Lingue straniere	130

147. Personaggi delle fiabe 131
148. Segni zodiacali 132

Arte 133

149. Teatro 133
150. Cinema 134
151. Pittura 135
152. Letteratura e poesia 136
153. Circo 136
154. Musica. Musica pop 137

Ristorante. Intrattenimento. Viaggi 139

155. Escursione. Viaggio 139
156. Hotel 139
157. Libri. Lettura 140
158. Caccia. Pesca 142
159. Ciochi. Biliardo 142
160. Giochi. Carte da gioco 143
161. Casinò. Roulette 143
162. Riposo. Giochi. Varie 144
163. Fotografia 144
164. Spiaggia. Nuoto 145

ATTREZZATURA TECNICA. MEZZI DI TRASPORTO 147
Attrezzatura tecnica 147

165. Computer 147
166. Internet. Posta elettronica 148
167. Elettricità 149
168. Utensili 149

Mezzi di trasporto 152

169. Aeroplano 152
170. Treno 153
171. Nave 154
172. Aeroporto 155
173. Bicicletta. Motocicletta 156

Automobili 157

174. Tipi di automobile 157
175. Automobili. Carrozzeria 157
176. Automobili. Vano passeggeri 158
177. Automobili. Motore 159
178. Automobili. Incidente. Riparazione 160
179. Automobili. Strada 161
180. Segnaletica stradale 162

GENTE. SITUAZIONI QUOTIDIANE 163
Situazioni quotidiane 163

181. Vacanze. Evento 163
182. Funerali. Sepoltura 164
183. Guerra. Soldati 164
184. Guerra. Azioni militari. Parte 1 166
185. Guerra. Azioni militari. Parte 2 167
186. Armi 168
187. Gli antichi 170
188. Il Medio Evo 171
189. Leader. Capo. Le autorità 172
190. Strada. Via. Indicazioni 173
191. Infrangere la legge. Criminali. Parte 1 174
192. Infrangere la legge. Criminali. Parte 2 175
193. Polizia. Legge. Parte 1 176
194. Polizia. Legge. Parte 2 177

LA NATURA 179
La Terra. Parte 1 179

195. L'Universo 179
196. La Terra 180
197. Punti cardinali 181
198. Mare. Oceano 181
199. Nomi dei mari e degli oceani 182
200. Montagne 183
201. Nomi delle montagne 184
202. Fiumi 184
203. Nomi dei fiumi 185
204. Foresta 185
205. Risorse naturali 186

La Terra. Parte 2 188

206. Tempo 188
207. Rigide condizioni metereologiche. Disastri naturali 189
208. Rumori. Suoni 189
209. Inverno 190

Fauna 192

210. Mammiferi. Predatori 192
211. Animali selvatici 192
212. Animali domestici 193
213. Cani. Razze canine 194
214. Versi emessi dagli animali 195
215. Cuccioli di animali 195
216. Uccelli 196
217. Uccelli. Cinguettio e versi 197
218. Pesci. Animali marini 197
219. Anfibi. Rettili 198

220.	Insetti	199
221.	Animali. Parti del corpo	199
222.	Azioni degli animali	200
223.	Animali. Ambiente naturale	201
224.	Cura degli animali	201
225.	Animali. Varie	202
226.	Cavalli	202

Flora 204

227.	Alberi	204
228.	Arbusti	204
229.	Funghi	205
230.	Frutti. Bacche	205
231.	Fiori. Piante	206
232.	Cereali, granaglie	207
233.	Ortaggi. Verdure	208

GEOGRAFIA REGIONALE 209
Paesi. Nazionalità 209

234.	Europa occidentale	209
235.	Europa centrale e orientale	211
236.	Paesi dell'ex Unione Sovietica	212
237.	Asia	213
238.	America del Nord	215
239.	America centrale e America del Sud	215
240.	Africa	216
241.	Australia. Oceania	217
242.	Città	217
243.	Politica. Governo. Parte 1	218
244.	Politica. Governo. Parte 2	220
245.	Paesi. Varie	221
246.	Principali gruppi religiosi. Credi religiosi	221
247.	Religioni. Sacerdoti	223
248.	Fede. Cristianesimo. Islam	223

VARIE 226

249.	Varie parole utili	226
250.	Modificatori. Aggettivi. Parte 1	227
251.	Modificatori. Aggettivi. Parte 2	229

I 500 VERBI PRINCIPALI 232

252.	Verbi A-C	232
253.	Verbi D-G	235
254.	Verbi I-O	236
255.	Verbi P-R	238
256.	Verbi S-V	240

T&P Books. Vocabolario Italiano-Norvegese per studio autodidattico - 9000 parole

GUIDA ALLA PRONUNCIA

Lettera	Esempio norvegese	Alfabeto fonetico T&P	Esempio italiano
Aa	plass	[ɑ], [ɑː]	fare
Bb	bøtte, albue	[b]	bianco
Cc [1]	centimeter	[s]	sapere
Cc [2]	Canada	[k]	cometa
Dd	radius	[d]	doccia
Ee	rett	[eː]	essere
Ee [3]	begå	[ɛ]	centro
Ff	fattig	[f]	ferrovia
Gg [4]	golf	[g]	guerriero
Gg [5]	gyllen	[j]	New York
Gg [6]	regnbue	[ŋ]	fango
Hh	hektar	[h]	[h] dolce
Ii	kilometer	[ɪ], [i]	lunedì
Kk	konge	[k]	cometa
Kk [7]	kirke	[h]	[h] dolce
Jj	fjerde	[j]	New York
kj	bikkje	[h]	[h] dolce
Ll	halvår	[l]	saluto
Mm	middag	[m]	mostra
Nn	november	[n]	notte
ng	id_langt	[ŋ]	fango
Oo [8]	honning	[ɔ]	romanzo
Oo [9]	fot, krone	[u]	prugno
Pp	plomme	[p]	pieno
Qq	sequoia	[k]	cometa
Rr	sverge	[r]	ritmo, raro
Ss	appelsin	[s]	sapere
sk [10]	skikk, skyte	[ʃ]	ruscello
Tt	stør, torsk	[t]	tattica
Uu	brudd	[y]	luccio
Vv	kraftverk	[v]	volare
Ww	webside	[v]	volare
Xx	mexicaner	[ks]	taxi
Yy	nytte	[ɪ], [i]	lunedì
Zz [11]	New Zealand	[s]	sinfonia, tsunami
Ææ	vær, stær	[æ]	spremifrutta
Øø	ørn, gjø	[ø]	oblò
Åå	gås, værhår	[oː]	coordinare

Note di commento

[1] prima di **e, i**
[2] altrove
[3] atona
[4] prima di **a, o, u, å**
[5] prima di **i** e **y**
[6] insieme a **gn**
[7] prima di **i** e **y**
[8] prima di due consonanti
[9] prima di una consonante
[10] prima di **i** e **y**
[11] solo nei prestiti linguistici

ABBREVIAZIONI
usate nel vocabolario

Italiano. Abbreviazioni

agg	-	aggettivo
anim.	-	animato
avv	-	avverbio
cong	-	congiunzione
ecc.	-	eccetera
f	-	sostantivo femminile
f pl	-	femminile plurale
fem.	-	femminile
form.	-	formale
inanim.	-	inanimato
inform.	-	familiare
m	-	sostantivo maschile
m pl	-	maschile plurale
m, f	-	maschile, femminile
masc.	-	maschile
mil.	-	militare
pl	-	plurale
pron	-	pronome
qc	-	qualcosa
qn	-	qualcuno
sing.	-	singolare
v aus	-	verbo ausiliare
vi	-	verbo intransitivo
vi, vt	-	verbo intransitivo, transitivo
vr	-	verbo riflessivo
vt	-	verbo transitivo

Norvegese. Abbreviazioni

f	-	sostantivo femminile
f pl	-	femminile plurale
m	-	sostantivo maschile
m pl	-	maschile plurale
m/f	-	maschile, neutro
m/f pl	-	maschile/femminile plurale
m/f/n	-	maschile/femminile/neutro
m/n	-	maschile, femminile
n	-	neutro

n pl - plurale neutro
pl - plurale

CONCETTI DI BASE

Concetti di base. Parte 1

1. Pronomi

io	jeg	['jæj]
tu	du	[dʉ]
lui	han	['hɑn]
lei	hun	['hʉn]
esso	det, den	['de], ['den]
noi	vi	['vi]
voi	dere	['derə]
loro	de	['de]

2. Saluti. Convenevoli. Saluti di congedo

Salve!	Hei!	['hæj]
Buongiorno!	Hallo! God dag!	[hɑ'lʊ], [gʊ 'dɑ]
Buongiorno! (la mattina)	God morn!	[gʊ 'mɔːn]
Buon pomeriggio!	God dag!	[gʊ'dɑ]
Buonasera!	God kveld!	[gʊ 'kvɛl]
salutare (vt)	å hilse	[ɔ 'hilsə]
Ciao! Salve!	Hei!	['hæj]
saluto (m)	hilsen (m)	['hilsən]
salutare (vt)	å hilse	[ɔ 'hilsə]
Come sta?	Hvordan står det til?	['vʊːdɑn stoːr de til]
Come stai?	Hvordan går det?	['vʊːdɑn gor de]
Che c'è di nuovo?	Hva nytt?	[vɑ 'nʏt]
Arrivederci!	Ha det bra!	[hɑ de 'brɑ]
Ciao!	Ha det!	[hɑ 'de]
A presto!	Vi ses!	[vi sɛs]
Addio!	Farvel!	[fɑr'vɛl]
congedarsi (vr)	å si farvel	[ɔ 'si fɑr'vɛl]
Ciao! (A presto!)	Ha det!	[hɑ 'de]
Grazie!	Takk!	['tɑk]
Grazie mille!	Tusen takk!	['tʉsən tɑk]
Prego	Bare hyggelig	['bɑrə 'hʏgeli]
Non c'è di che!	Ikke noe å takke for!	['ikə 'nʊe ɔ 'tɑkə fɔr]
Di niente	Ingen årsak!	['iŋən 'oːʂɑk]
Scusa!	Unnskyld, …	['ʉnˌʂyl …]
Scusi!	Unnskyld meg, …	['ʉnˌʂyl me …]

15

T&P Books. Vocabolario Italiano-Norvegese per studio autodidattico - 9000 parole

scusare (vt)	å unnskylde	[ɔ 'ʉnˌsylə]
scusarsi (vr)	å unnskylde seg	[ɔ 'ʉnˌsylə sæj]
Chiedo scusa	Jeg ber om unnskyldning	[jæj ber ɔm 'ʉnˌsyldniŋ]
Mi perdoni!	Unnskyld!	['ʉnˌsyl]
perdonare (vt)	å tilgi	[ɔ 'tilˌji]
Non fa niente	Ikke noe problem	['ikə 'nʊe prʊ'blem]
per favore	vær så snill	['vær ʂɔ 'snil]

Non dimentichi!	Ikke glem!	['ikə 'glem]
Certamente!	Selvfølgelig!	[sɛl'følgəli]
Certamente no!	Selvfølgelig ikke!	[sɛl'følgəli 'ikə]
D'accordo!	OK! Enig!	[ɔ'kɛj], ['ɛni]
Basta!	Det er nok!	[de ær 'nɔk]

3. Come rivolgersi

Mi scusi!	Unnskyld, ...	['ʉnˌsyl ...]
signore	Herr	['hær]
signora	Fru	['frʉ]
signorina	Frøken	['frøkən]
signore	unge mann	['ʉŋə ˌmɑn]
ragazzo	guttunge	['gʉtˌʉŋə]
ragazza	frøken	['frøkən]

4. Numeri cardinali. Parte 1

zero (m)	null	['nʉl]
uno	en	['en]
due	to	['tʊ]
tre	tre	['tre]
quattro	fire	['fire]

cinque	fem	['fɛm]
sei	seks	['sɛks]
sette	sju	['ʂʉ]
otto	åtte	['ɔtə]
nove	ni	['ni]

dieci	ti	['ti]
undici	elleve	['ɛlvə]
dodici	tolv	['tɔl]
tredici	tretten	['trɛtən]
quattordici	fjorten	['fjɔːtən]

quindici	femten	['fɛmtən]
sedici	seksten	['sæjstən]
diciassette	sytten	['sʏtən]
diciotto	atten	['ɑtən]
diciannove	nitten	['nitən]

| venti | tjue | ['çʉe] |
| ventuno | tjueen | ['çʉe en] |

| ventidue | tjueto | ['çʉe tʉ] |
| ventitre | tjuetre | ['çʉe tre] |

trenta	tretti	['trɛti]
trentuno	trettien	['trɛti en]
trentadue	trettito	['trɛti tʉ]
trentatre	trettitre	['trɛti tre]

quaranta	førti	['fœ:ţi]
quarantuno	førtien	['fœ:ţi en]
quarantadue	førtito	['fœ:ţi tʉ]
quarantatre	førtitre	['fœ:ţi tre]

cinquanta	femti	['fɛmti]
cinquantuno	femtien	['fɛmti en]
cinquantadue	femtito	['fɛmti tʉ]
cinquantatre	femtitre	['fɛmti tre]

sessanta	seksti	['sɛksti]
sessantuno	sekstien	['sɛksti en]
sessantadue	sekstito	['sɛksti tʉ]
sessantatre	sekstitre	['sɛksti tre]

settanta	sytti	['sʏti]
settantuno	syttien	['sʏti en]
settantadue	syttito	['sʏti tʉ]
settantatre	syttitre	['sʏti tre]

ottanta	åtti	['ɔti]
ottantuno	åttien	['ɔti en]
ottantadue	åttito	['ɔti tʉ]
ottantatre	åttitre	['ɔti tre]

novanta	nitti	['niti]
novantuno	nittien	['niti en]
novantadue	nittito	['niti tʉ]
novantatre	nittitre	['niti tre]

5. Numeri cardinali. Parte 2

cento	hundre	['hʉndrə]
duecento	to hundre	['tʉ ˌhʉndrə]
trecento	tre hundre	['tre ˌhʉndrə]
quattrocento	fire hundre	['fire ˌhʉndrə]
cinquecento	fem hundre	['fɛm ˌhʉndrə]

seicento	seks hundre	['sɛks ˌhʉndrə]
settecento	syv hundre	['syv ˌhʉndrə]
ottocento	åtte hundre	['ɔtə ˌhʉndrə]
novecento	ni hundre	['ni ˌhʉndrə]

mille	tusen	['tʉsən]
duemila	to tusen	['tʉ ˌtʉsən]
tremila	tre tusen	['tre ˌtʉsən]

T&P Books. Vocabolario Italiano-Norvegese per studio autodidattico - 9000 parole

diecimila	ti tusen	['ti ˌtʉsən]
centomila	hundre tusen	['hʉndrə ˌtʉsən]
milione (m)	million (m)	[mi'ljun]
miliardo (m)	milliard (m)	[mi'ljɑːd]

6. Numeri ordinali

primo	første	['fœʂtə]
secondo	annen	['ɑnən]
terzo	tredje	['trɛdjə]
quarto	fjerde	['fjærə]
quinto	femte	['fɛmtə]
sesto	sjette	['ʂɛtə]
settimo	sjuende	['ʂʉenə]
ottavo	åttende	['ɔtenə]
nono	niende	['nienə]
decimo	tiende	['tienə]

7. Numeri. Frazioni

frazione (f)	brøk (m)	['brøk]
un mezzo	en halv	[en 'hɑl]
un terzo	en tredjedel	[en 'trɛdjəˌdel]
un quarto	en fjerdedel	[en 'fjærəˌdel]
un ottavo	en åttendedel	[en 'ɔtenəˌdel]
un decimo	en tiendedel	[en 'tienəˌdel]
due terzi	to tredjedeler	['tʊ 'trɛdjəˌdelər]
tre quarti	tre fjerdedeler	['tre 'fjærˌdelər]

8. Numeri. Operazioni aritmetiche di base

sottrazione (f)	subtraksjon (m)	[sʉbtrɑk'ʂʊn]
sottrarre (vt)	å subtrahere	[ɔ 'sʉbtrɑˌherə]
divisione (f)	divisjon (m)	[divi'ʂʊn]
dividere (vt)	å dividere	[ɔ divi'derə]
addizione (f)	addisjon (m)	[ɑdi'ʂʊn]
addizionare (vt)	å addere	[ɔ ɑ'derə]
aggiungere (vt)	å addere	[ɔ ɑ'derə]
moltiplicazione (f)	multiplikasjon (m)	[mʉltiplikɑ'ʂʊn]
moltiplicare (vt)	å multiplisere	[ɔ mʉltipli'serə]

9. Numeri. Varie

cifra (f)	siffer (n)	['sifər]
numero (m)	tall (n)	['tɑl]

numerale (m)	tallord (n)	['tɑlˌuːr]
meno (m)	minus (n)	['minʉs]
più (m)	pluss (n)	['plʉs]
formula (f)	formel (m)	['fɔrməl]
calcolo (m)	beregning (m/f)	[be'rɛjniŋ]
contare (vt)	å telle	[ɔ 'tɛlə]
calcolare (vt)	å telle opp	[ɔ 'tɛlə ɔp]
comparare (vt)	å sammenlikne	[ɔ 'samənˌliknə]
Quanto?	Hvor mye?	[vʊr 'mye]
Quanti?	Hvor mange?	[vʊr 'maŋə]
somma (f)	sum (m)	['sʉm]
risultato (m)	resultat (n)	[resʉl'tat]
resto (m)	rest (m)	['rɛst]
qualche ...	noen	['nʊən]
alcuni, pochi (non molti)	få, ikke mange	['fɔ], ['ikə ˌmaŋə]
poco (non molto)	lite	['litə]
resto (m)	rest (m)	['rɛst]
uno e mezzo	halvannen	[hɑl'anən]
dozzina (f)	dusin (n)	[dʉ'sin]
in due	i 2 halvdeler	[i tʊ hɑl'delər]
in parti uguali	jevnt	['jɛvnt]
metà (f), mezzo (m)	halvdel (m)	['hɑldel]
volta (f)	gang (m)	['gɑŋ]

10. I verbi più importanti. Parte 1

accorgersi (vr)	å bemerke	[ɔ be'mærkə]
afferrare (vt)	å fange	[ɔ 'faŋə]
affittare (dare in affitto)	å leie	[ɔ 'læjə]
aiutare (vt)	å hjelpe	[ɔ 'jɛlpə]
amare (qn)	å elske	[ɔ 'ɛlskə]
andare (camminare)	å gå	[ɔ 'gɔ]
annotare (vt)	å skrive ned	[ɔ 'skrivə ne]
appartenere (vi)	å tilhøre ...	[ɔ 'tilˌhørə ...]
aprire (vt)	å åpne	[ɔ 'ɔpnə]
arrivare (vi)	å ankomme	[ɔ 'anˌkɔmə]
aspettare (vt)	å vente	[ɔ 'vɛntə]
avere (vt)	å ha	[ɔ 'ha]
avere fame	å være sulten	[ɔ 'værə 'sʉltən]
avere fretta	å skynde seg	[ɔ 'ʂynə sæj]
avere paura	å frykte	[ɔ 'frʏktə]
avere sete	å være tørst	[ɔ 'værə 'tœʂt]
avvertire (vt)	å varsle	[ɔ 'vaʂlə]
cacciare (vt)	å jage	[ɔ 'jagə]
cadere (vi)	å falle	[ɔ 'falə]
cambiare (vt)	å endre	[ɔ 'ɛndrə]

19

capire (vt)	å forstå	[ɔ fɔˈʂtɔ]
cenare (vi)	å spise middag	[ɔ ˈspisə ˈmiˌdɑ]
cercare (vt)	å søke ...	[ɔ ˈsøkə ...]
cessare (vt)	å slutte	[ɔ ˈʂlʉtə]
chiedere (~ aiuto)	å tilkalle	[ɔ ˈtilˌkɑlə]

chiedere (domandare)	å spørre	[ɔ ˈspøre]
cominciare (vt)	å begynne	[ɔ beˈjinə]
comparare (vt)	å sammenlikne	[ɔ ˈsɑmənˌliknə]
confondere (vt)	å forveksle	[ɔ fɔrˈvɛkʂlə]
conoscere (qn)	å kjenne	[ɔ ˈçɛnə]

conservare (vt)	å beholde	[ɔ beˈhɔlə]
consigliare (vt)	å råde	[ɔ ˈrɔːdə]
contare (calcolare)	å telle	[ɔ ˈtɛlə]
contare su ...	å regne med ...	[ɔ ˈrɛjnə me ...]
continuare (vt)	å fortsette	[ɔ ˈfɔrtˌsɛtə]

controllare (vt)	å kontrollere	[ɔ kʉntrɔˈlerə]
correre (vi)	å løpe	[ɔ ˈløpə]
costare (vt)	å koste	[ɔ ˈkɔstə]
creare (vt)	å opprette	[ɔ ˈɔpˌrɛtə]
cucinare (vi)	å lage	[ɔ ˈlɑgə]

11. I verbi più importanti. Parte 2

dare (vt)	å gi	[ɔ ˈji]
dare un suggerimento	å gi et vink	[ɔ ˈji et ˈvink]
decorare (adornare)	å pryde	[ɔ ˈprydə]
difendere (~ un paese)	å forsvare	[ɔ fɔˈʂvɑrə]
dimenticare (vt)	å glemme	[ɔ ˈglemə]

dire (~ la verità)	å si	[ɔ ˈsi]
dirigere (compagnia, ecc.)	å styre, å lede	[ɔ ˈstyrə], [ɔ ˈledə]
discutere (vt)	å diskutere	[ɔ diskʉˈterə]
domandare (vt)	å be	[ɔ ˈbe]
dubitare (vi)	å tvile	[ɔ ˈtvilə]

entrare (vi)	å komme inn	[ɔ ˈkɔmə in]
esigere (vt)	å kreve	[ɔ ˈkrevə]
esistere (vi)	å eksistere	[ɔ ɛksiˈsterə]

essere (vi)	å være	[ɔ ˈværə]
essere d'accordo	å samtykke	[ɔ ˈsɑmˌtykə]
fare (vt)	å gjøre	[ɔ ˈjørə]
fare colazione	å spise frokost	[ɔ ˈspisə ˌfrʉkɔst]

fare il bagno	å bade	[ɔ ˈbɑdə]
fermarsi (vr)	å stoppe	[ɔ ˈstɔpə]
fidarsi (vr)	å stole på	[ɔ ˈstʉlə pɔ]
finire (vt)	å slutte	[ɔ ˈʂlʉtə]
firmare (~ un documento)	å underskrive	[ɔ ˈʉnəˌskrivə]
giocare (vi)	å leke	[ɔ ˈlekə]
girare (~ a destra)	å svinge	[ɔ ˈsviŋə]

gridare (vi)	å skrike	[ɔ 'skrikə]
indovinare (vt)	å gjette	[ɔ 'jɛtə]
informare (vt)	å informere	[ɔ infɔr'merə]

ingannare (vt)	å fuske	[ɔ 'fʉskə]
insistere (vi)	å insistere	[ɔ insi'sterə]
insultare (vt)	å fornærme	[ɔ fɔː'nærmə]
interessarsi di ...	å interesse seg	[ɔ intəre'serə sæj]
invitare (vt)	å innby, å invitere	[ɔ 'inby], [ɔ invi'terə]

lamentarsi (vr)	å klage	[ɔ 'klɑgə]
lasciar cadere	å tappe	[ɔ 'tɑpə]
lavorare (vi)	å arbeide	[ɔ 'ɑrˌbæjdə]
leggere (vi, vt)	å lese	[ɔ 'lesə]
liberare (vt)	å befri	[ɔ be'fri]

12. I verbi più importanti. Parte 3

mancare le lezioni	å skulke	[ɔ 'skʉlkə]
mandare (vt)	å sende	[ɔ 'sɛnə]
menzionare (vt)	å omtale, å nevne	[ɔ 'ɔmˌtɑlə], [ɔ 'nɛvnə]
minacciare (vt)	å true	[ɔ 'trʉə]
mostrare (vt)	å vise	[ɔ 'visə]

nascondere (vt)	å gjemme	[ɔ 'jɛmə]
nuotare (vi)	å svømme	[ɔ 'svœmə]
obiettare (vt)	å innvende	[ɔ 'inˌvɛnə]
occorrere (vimp)	å være behøv	[ɔ 'væːrə bə'høv]
ordinare (~ il pranzo)	å bestille	[ɔ be'stilə]

ordinare (mil.)	å beordre	[ɔ be'ɔrdrə]
osservare (vt)	å observere	[ɔ ɔbsɛr'verə]
pagare (vi, vt)	å betale	[ɔ be'tɑlə]
parlare (vi, vt)	å tale	[ɔ 'tɑlə]
partecipare (vi)	å delta	[ɔ 'dɛltɑ]

pensare (vi, vt)	å tenke	[ɔ 'tɛnkə]
perdonare (vt)	å tilgi	[ɔ 'tilˌji]
permettere (vt)	å tillate	[ɔ 'tiˌlɑtə]
piacere (vi)	å like	[ɔ 'likə]
piangere (vi)	å gråte	[ɔ 'groːtə]

pianificare (vt)	å planlegge	[ɔ 'plɑnˌlegə]
possedere (vt)	å besidde, å eie	[ɔ bɛ'sidə], [ɔ 'æje]
potere (v aus)	å kunne	[ɔ 'kʉnə]
pranzare (vi)	å spise lunsj	[ɔ 'spisə ˌlʉnʂ]
preferire (vt)	å foretrekke	[ɔ 'fɔrəˌtrɛkə]

pregare (vi, vt)	å be	[ɔ 'be]
prendere (vt)	å ta	[ɔ 'tɑ]
prevedere (vt)	å forutse	[ɔ 'fɔrʉtˌsə]
promettere (vt)	å love	[ɔ 'lɔvə]
pronunciare (vt)	å uttale	[ɔ 'ʉtˌtɑlə]
proporre (vt)	å foreslå	[ɔ 'fɔrəˌʂlɔ]

T&P Books. Vocabolario Italiano-Norvegese per studio autodidattico - 9000 parole

punire (vt)	å straffe	[ɔ 'strafə]
raccomandare (vt)	å anbefale	[ɔ 'ɑnbeˌfɑlə]
ridere (vi)	å le, å skratte	[ɔ 'le], [ɔ 'skratə]
rifiutarsi (vr)	å vegre seg	[ɔ 'vɛgrə sæj]

rincrescere (vi)	å beklage	[ɔ be'klɑgə]
ripetere (ridire)	å gjenta	[ɔ 'jɛntɑ]
riservare (vt)	å reservere	[ɔ resɛr'verə]
rispondere (vi, vt)	å svare	[ɔ 'svɑrə]
rompere (spaccare)	å bryte	[ɔ 'brytə]
rubare (~ i soldi)	å stjele	[ɔ 'stjelə]

13. I verbi più importanti. Parte 4

salvare (~ la vita a qn)	å redde	[ɔ 'rɛdə]
sapere (vt)	å vite	[ɔ 'vitə]
sbagliare (vi)	å gjøre feil	[ɔ 'jørə ˌfæjl]
scavare (vt)	å grave	[ɔ 'grɑvə]
scegliere (vt)	å velge	[ɔ 'vɛlgə]

scendere (vi)	å gå ned	[ɔ 'gɔ ne]
scherzare (vi)	å spøke	[ɔ 'spøkə]
scrivere (vt)	å skrive	[ɔ 'skrivə]
scusare (vt)	å unnskylde	[ɔ 'ʉnˌsylə]
scusarsi (vr)	å unnskylde seg	[ɔ 'ʉnˌsylə sæj]

sedersi (vr)	å sette seg	[ɔ 'sɛtə sæj]
seguire (vt)	å følge etter ...	[ɔ 'følə 'ɛtər ...]
sgridare (vt)	å skjelle	[ɔ 'ʂɛːlə]
significare (vt)	å bety	[ɔ 'bety]
sorridere (vi)	å smile	[ɔ 'smilə]
sottovalutare (vt)	å undervurdere	[ɔ 'ʉnərvʉːˌdʲerə]
sparare (vi)	å skyte	[ɔ 'ʂytə]
sperare (vi, vt)	å håpe	[ɔ 'hoːpə]
spiegare (vt)	å forklare	[ɔ fɔr'klɑrə]
studiare (vt)	å studere	[ɔ stʉ'derə]

stupirsi (vr)	å bli forundret	[ɔ 'bli fɔ'rʉndrət]
tacere (vi)	å tie	[ɔ 'tie]
tentare (vt)	å prøve	[ɔ 'prøvə]
toccare (~ con le mani)	å røre	[ɔ 'rørə]
tradurre (vt)	å oversette	[ɔ 'ɔvəˌsɛtə]

trovare (vt)	å finne	[ɔ 'finə]
uccidere (vt)	å døde, å myrde	[ɔ 'dødə], [ɔ 'myːdə]
udire (percepire suoni)	å høre	[ɔ 'hørə]
unire (vt)	å forene	[ɔ fɔ'renə]
uscire (vi)	å gå ut	[ɔ 'gɔ ʉt]

vantarsi (vr)	å prale	[ɔ 'prɑlə]
vedere (vt)	å se	[ɔ 'se]
vendere (vt)	å selge	[ɔ 'sɛlə]
volare (vi)	å fly	[ɔ 'fly]
volere (desiderare)	å ville	[ɔ 'vilə]

22

14. Colori

colore (m)	farge (m)	['fargə]
sfumatura (f)	nyanse (m)	[ny'anse]
tono (m)	fargetone (m)	['fargə͵tʊnə]
arcobaleno (m)	regnbue (m)	['ræjn͵bʉːə]

bianco (agg)	hvit	['vit]
nero (agg)	svart	['svɑːt]
grigio (agg)	grå	['grɔ]

verde (agg)	grønn	['grœn]
giallo (agg)	gul	['gʉl]
rosso (agg)	rød	['rø]

blu (agg)	blå	['blɔ]
azzurro (agg)	lyseblå	['lysə͵blɔ]
rosa (agg)	rosa	['rɔsa]
arancione (agg)	oransje	[ɔ'ranʂɛ]
violetto (agg)	fiolett	[fiʊ'lət]
marrone (agg)	brun	['brʉn]

d'oro (agg)	gullgul	['gʉl]
argenteo (agg)	sølv-	['søl-]

beige (agg)	beige	['bɛːʂ]
color crema (agg)	kremfarget	['krɛm͵fargət]
turchese (agg)	turkis	[tʉr'kis]
rosso ciliegia (agg)	kirsebærrød	['çiʂəbær͵rød]
lilla (agg)	lilla	['lila]
rosso lampone (agg)	karminrød	['karmʊ'sin͵rød]

chiaro (agg)	lys	['lys]
scuro (agg)	mørk	['mœrk]
vivo, vivido (agg)	klar	['klɑr]

colorato (agg)	farge-	['fargə-]
a colori	farge-	['fargə-]
bianco e nero (agg)	svart-hvit	['svɑːt vit]
in tinta unita	ensfarget	['ɛns͵fargət]
multicolore (agg)	mangefarget	['maŋə͵fargət]

15. Domande

Chi?	Hvem?	['vɛm]
Che cosa?	Hva?	['vɑ]
Dove? (in che luogo?)	Hvor?	['vʊr]
Dove? (~ vai?)	Hvorhen?	['vʊrhen]
Di dove?, Da dove?	Hvorfra?	['vʊrfra]
Quando?	Når?	[nɔr]
Perché? (per quale scopo?)	Hvorfor?	['vʊrfʊr]
Perché? (per quale ragione?)	Hvorfor?	['vʊrfʊr]
Per che cosa?	Hvorfor?	['vʊrfʊr]

Come?	Hvordan?	['vʊːdɑn]
Che? (~ colore è?)	Hvilken?	['vilkən]
Quale?	Hvilken?	['vilkən]
A chi?	Til hvem?	[til 'vɛm]
Di chi?	Om hvem?	[ɔm 'vɛm]
Di che cosa?	Om hva?	[ɔm 'vɑ]
Con chi?	Med hvem?	[me 'vɛm]
Quanti?	Hvor mange?	[vʊr 'mɑŋə]
Quanto?	Hvor mye?	[vʊr 'mye]
Di chi?	Hvis?	['vis]

16. Preposizioni

con (tè ~ il latte)	med	[me]
senza	uten	['ʉtən]
a (andare ~ ...)	til	['til]
di (parlare ~ ...)	om	['ɔm]
prima di ...	før	['før]
di fronte a ...	foran, framfor	['fɔrɑn], ['frɑmfɔr]
sotto (avv)	under	['ʉnər]
sopra (al di ~)	over	['ɔvər]
su (sul tavolo, ecc.)	på	['pɔ]
da, di (via da ..., fuori di ...)	fra	['frɑ]
di (fatto ~ cartone)	av	[ɑː]
fra (~ dieci minuti)	om	['ɔm]
attraverso (dall'altra parte)	over	['ɔvər]

17. Parole grammaticali. Avverbi. Parte 1

Dove?	Hvor?	['vʊr]
qui (in questo luogo)	her	['hɛr]
lì (in quel luogo)	der	['dɛr]
da qualche parte (essere ~)	et sted	[et 'sted]
da nessuna parte	ingensteds	['iŋənˌstɛts]
vicino a ...	ved	['ve]
vicino alla finestra	ved vinduet	[ve 'vindʉə]
Dove?	Hvorhen?	['vʊrhen]
qui (vieni ~)	hit	['hit]
ci (~ vado stasera)	dit	['dit]
da qui	herfra	['hɛrˌfrɑ]
da lì	derfra	['dɛrˌfrɑ]
vicino, accanto (avv)	nær	['nær]
lontano (avv)	langt	['lɑŋt]
vicino (~ a Parigi)	nær	['nær]

vicino (qui ~)	i nærheten	[i 'nær‚hetən]
non lontano	ikke langt	['ikə 'laŋt]
sinistro (agg)	venstre	['vɛnstrə]
a sinistra (rimanere ~)	til venstre	[til 'vɛnstrə]
a sinistra (girare ~)	til venstre	[til 'vɛnstrə]
destro (agg)	høyre	['højrə]
a destra (rimanere ~)	til høyre	[til 'højrə]
a destra (girare ~)	til høyre	[til 'højrə]
davanti	foran	['fɔran]
anteriore (agg)	fremre	['frɛmrə]
avanti	fram	['fram]
dietro (avv)	bakom	['bakɔm]
da dietro	bakfra	['bak‚fra]
indietro	tilbake	[til'bakə]
mezzo (m), centro (m)	midt (m)	['mit]
in mezzo, al centro	i midten	[i 'mitən]
di fianco	fra siden	[fra 'sidən]
dappertutto	overalt	[ɔvər'alt]
attorno	rundt omkring	['rʉnt ɔm'kriŋ]
da dentro	innefra	['inə‚fra]
da qualche parte (andare ~)	et sted	[et 'sted]
dritto (direttamente)	rett, direkte	['rɛt], ['di'rɛktə]
indietro	tilbake	[til'bakə]
da qualsiasi parte	et eller annet steds fra	[et 'elər ‚aːnt 'stɛts fra]
da qualche posto (veniamo ~)	et eller annet steds fra	[et 'elər ‚aːnt 'stɛts fra]
in primo luogo	for det første	[fɔr de 'fœʂtə]
in secondo luogo	for det annet	[fɔr de 'aːnt]
in terzo luogo	for det tredje	[fɔr de 'trɛdje]
all'improvviso	plutselig	['plʉtseli]
all'inizio	i begynnelsen	[i be'jinəlsən]
per la prima volta	for første gang	[fɔr 'fœʂtə ‚gaŋ]
molto tempo prima di…	lenge før …	['leŋə 'før …]
di nuovo	på nytt	[pɔ 'nʏt]
per sempre	for godt	[fɔr 'gɔt]
mai	aldri	['aldri]
ancora	igjen	[i'jɛn]
adesso	nå	['nɔ]
spesso (avv)	ofte	['ɔftə]
allora	da	['da]
urgentemente	omgående	['ɔm‚gɔːnə]
di solito	vanligvis	['vanli‚vis]
a proposito, …	forresten, …	[fɔ'rɛstən …]
è possibile	mulig, kanskje	['mʉli], ['kanʂə]

T&P Books. Vocabolario Italiano-Norvegese per studio autodidattico - 9000 parole

probabilmente	sannsynligvis	[sɑn'sʏnliˌvis]
forse	kanskje	['kɑnʂə]
inoltre ...	dessuten, ...	[des'ʉtən ...]
ecco perché ...	derfor ...	['dɛrfɔr ...]
nonostante (~ tutto)	på tross av ...	['pɔ 'trɔs ɑː ...]
grazie a ...	takket være ...	['tɑkət ˌværə ...]

che cosa (pron)	hva	['vɑ]
che (cong)	at	[ɑt]
qualcosa (qualsiasi cosa)	noe	['nʋe]
qualcosa (le serve ~?)	noe	['nʋe]
niente	ingenting	['iŋəntiŋ]

chi (pron)	hvem	['vɛm]
qualcuno (annuire a ~)	noen	['nʋən]
qualcuno (dipendere da ~)	noen	['nʋən]

nessuno	ingen	['iŋən]
da nessuna parte	ingensteds	['iŋənˌstɛts]
di nessuno	ingens	['iŋəns]
di qualcuno	noens	['nʋəns]

così (era ~ arrabbiato)	så	['sɔː]
anche (penso ~ a ...)	også	['ɔsɔ]
anche, pure	også	['ɔsɔ]

18. Parole grammaticali. Avverbi. Parte 2

Perché?	Hvorfor?	['vʊrfʊr]
per qualche ragione	av en eller annen grunn	[ɑː en elər 'ɑnən ˌgrʉn]
perché ...	fordi ...	[fɔ'di ...]
per qualche motivo	av en eller annen grunn	[ɑː en elər 'ɑnən ˌgrʉn]

e (cong)	og	['ɔ]
o (si ~ no?)	eller	['elər]
ma (però)	men	['men]
per (~ me)	for, til	[fɔr], [til]

troppo	for, altfor	['fɔr], ['altfɔr]
solo (avv)	bare	['bɑrə]
esattamente	presis, eksakt	[prɛ'sis], [ɛk'sɑkt]
circa (~ 10 dollari)	cirka	['sirkɑ]

approssimativamente	omtrent	[ɔm'trɛnt]
approssimativo (agg)	omtrentlig	[ɔm'trɛntli]
quasi	nesten	['nɛstən]
resto	rest (m)	['rɛst]

l'altro (~ libro)	den annen	[den 'ɑnən]
altro (differente)	andre	['ɑndrə]
ogni (agg)	hver	['vɛr]
qualsiasi (agg)	hvilken som helst	['vilkən sɔm 'hɛlst]
molti, molto	mye	['mye]
molta gente	mange	['mɑŋə]

26

tutto, tutti	alle	['ɑlə]
in cambio di ...	til gjengjeld for ...	[til 'jɛnjɛl fɔr ...]
in cambio	istedenfor	[i'steden,fɔr]
a mano (fatto ~)	for hånd	[fɔr 'hɔn]
poco probabile	neppe	['nepə]
probabilmente	sannsynligvis	[sɑn'sʏnli,vis]
apposta	med vilje	[me 'vilje]
per caso	tilfeldigvis	[til'fɛldivis]
molto (avv)	meget	['megət]
per esempio	for eksempel	[fɔr ɛk'sɛmpəl]
fra (~ due)	mellom	['mɛlɔm]
fra (~ più di due)	blant	['blɑnt]
tanto (quantità)	så mye	['sɔː mye]
soprattutto	særlig	['sæːli]

Concetti di base. Parte 2

19. Giorni della settimana

lunedì (m)	mandag (m)	['manˌda]
martedì (m)	tirsdag (m)	['tiʂˌda]
mercoledì (m)	onsdag (m)	['ʊnsˌda]
giovedì (m)	torsdag (m)	['tɔʂˌda]
venerdì (m)	fredag (m)	['frɛˌda]
sabato (m)	lørdag (m)	['lørˌda]
domenica (f)	søndag (m)	['sønˌda]
oggi (avv)	i dag	[i 'da]
domani	i morgen	[i 'mɔːən]
dopodomani	i overmorgen	[i 'ɔvərˌmɔːən]
ieri (avv)	i går	[i 'gɔr]
l'altro ieri	i forgårs	[i 'fɔrˌgɔʂ]
giorno (m)	dag (m)	['da]
giorno (m) lavorativo	arbeidsdag (m)	['arbæjdsˌda]
giorno (m) festivo	festdag (m)	['fɛstˌda]
giorno (m) di riposo	fridag (m)	['friˌda]
fine (m) settimana	ukeslutt (m), helg (f)	['ʉkəˌʂlʉt], ['hɛlg]
tutto il giorno	hele dagen	['hɪ̈lə 'dagən]
l'indomani	neste dag	['nɛstəˌda]
due giorni fa	for to dager siden	[fɔr tʊ 'dagərˌsidən]
il giorno prima	dagen før	['dagən 'før]
quotidiano (agg)	daglig	['dagli]
ogni giorno	hver dag	['vɛr da]
settimana (f)	uke (m/f)	['ʉkə]
la settimana scorsa	siste uke	['sistə 'ʉkə]
la settimana prossima	i neste uke	[i 'nɛstə 'ʉkə]
settimanale (agg)	ukentlig	['ʉkəntli]
ogni settimana	hver uke	['vɛr 'ʉkə]
due volte alla settimana	to ganger per uke	['tʊ 'gaŋər per 'ʉkə]
ogni martedì	hver tirsdag	['vɛr 'tiʂda]

20. Ore. Giorno e notte

mattina (f)	morgen (m)	['mɔːən]
di mattina	om morgenen	[ɔm 'mɔːenən]
mezzogiorno (m)	middag (m)	['miˌda]
nel pomeriggio	om ettermiddagen	[ɔm 'ɛtərˌmidagən]
sera (f)	kveld (m)	['kvɛl]
di sera	om kvelden	[ɔm 'kvɛlən]

notte (f)	natt (m/f)	['nɑt]
di notte	om natta	[ɔm 'nɑtɑ]
mezzanotte (f)	midnatt (m/f)	['mid‚nɑt]
secondo (m)	sekund (m/n)	[se'kʉn]
minuto (m)	minutt (n)	[mi'nʉt]
ora (f)	time (m)	['timə]
mezzora (f)	halvtime (m)	['hɑl‚timə]
un quarto d'ora	kvarter (n)	[kvɑːʈer]
quindici minuti	femten minutter	['fɛmtən mi'nʉtər]
ventiquattro ore	døgn (n)	['døjn]
levata (f) del sole	soloppgang (m)	['sʊlɔp‚gɑŋ]
alba (f)	daggry (n)	['dɑg‚gry]
mattutino (m)	tidlig morgen (m)	['tili 'mɔːən]
tramonto (m)	solnedgang (m)	['sʊlned‚gɑŋ]
di buon mattino	tidlig om morgenen	['tili ɔm 'mɔːenən]
stamattina	i morges	[i 'mɔrəs]
domattina	i morgen tidlig	[i 'mɔːən 'tili]
oggi pomeriggio	i formiddag	[i 'fɔrmi‚dɑ]
nel pomeriggio	om ettermiddagen	[ɔm 'ɛtər‚midɑgən]
domani pomeriggio	i morgen ettermiddag	[i 'mɔːən 'ɛtər‚midɑ]
stasera	i kveld	[i 'kvɛl]
domani sera	i morgen kveld	[i 'mɔːən ‚kvɛl]
alle tre precise	presis klokka tre	[prɛ'sis 'klɔkɑ tre]
verso le quattro	ved fire-tiden	[ve 'fire ‚tidən]
per le dodici	innen klokken tolv	['inən 'klɔkən tɔl]
fra venti minuti	om tjue minutter	[ɔm 'çʉə mi'nʉtər]
fra un'ora	om en time	[ɔm en 'timə]
puntualmente	i tide	[i 'tidə]
un quarto di …	kvart på …	['kvɑːʈ pɔ …]
entro un'ora	innen en time	['inən en 'time]
ogni quindici minuti	hvert kvarter	['vɛːʈ kvɑː'ʈer]
giorno e notte	døgnet rundt	['døjne ‚rʉnt]

21. Mesi. Stagioni

gennaio (m)	januar (m)	['jɑnʉ‚ɑr]
febbraio (m)	februar (m)	['febrʉ‚ɑr]
marzo (m)	mars (m)	['mɑʂ]
aprile (m)	april (m)	[ɑ'pril]
maggio (m)	mai (m)	['mɑj]
giugno (m)	juni (m)	['jʉni]
luglio (m)	juli (m)	['jʉli]
agosto (m)	august (m)	[ɑʊ'gʊst]
settembre (m)	september (m)	[sep'tɛmbər]
ottobre (m)	oktober (m)	[ɔk'tʊbər]
novembre (m)	november (m)	[nʊ'vɛmbər]
dicembre (m)	desember (m)	[de'sɛmbər]

primavera (f)	vår (m)	['vɔːr]
in primavera	om våren	[ɔm 'voːrən]
primaverile (agg)	vår-, vårlig	['vɔːr-], ['vɔːli]
estate (f)	sommer (m)	['sɔmər]
in estate	om sommeren	[ɔm 'sɔmərən]
estivo (agg)	sommer-	['sɔmər-]
autunno (m)	høst (m)	['høst]
in autunno	om høsten	[ɔm 'høstən]
autunnale (agg)	høst-, høstlig	['høst-], ['høstli]
inverno (m)	vinter (m)	['vintər]
in inverno	om vinteren	[ɔm 'vintərən]
invernale (agg)	vinter-	['vintər-]
mese (m)	måned (m)	['moːnət]
questo mese	denne måneden	['dɛnə 'moːnedən]
il mese prossimo	neste måned	['nɛstə 'moːnət]
il mese scorso	forrige måned	['fɔriə ˌmoːnət]
un mese fa	for en måned siden	[fɔr en 'moːnət ˌsidən]
fra un mese	om en måned	[ɔm en 'moːnət]
fra due mesi	om to måneder	[ɔm 'tʉ 'moːnedər]
un mese intero	en hel måned	[en 'hel 'moːnət]
per tutto il mese	hele måned	['helə 'moːnət]
mensile (rivista ~)	månedlig	['moːnədli]
mensilmente	månedligt	['moːnedlət]
ogni mese	hver måned	[ˌvɛr 'moːnət]
due volte al mese	to ganger per måned	['tʉ 'gaŋər per 'moːnət]
anno (m)	år (n)	['ɔr]
quest'anno	i år	[i 'oːr]
l'anno prossimo	neste år	['nɛstə ˌoːr]
l'anno scorso	i fjor	[i 'fjɔr]
un anno fa	for et år siden	[fɔr et 'oːr ˌsidən]
fra un anno	om et år	[ɔm et 'oːr]
fra due anni	om to år	[ɔm 'tʉ 'oːr]
un anno intero	hele året	['helə 'oːre]
per tutto l'anno	hele året	['helə 'oːre]
ogni anno	hvert år	['vɛʈ 'oːr]
annuale (agg)	årlig	['oːli]
annualmente	årlig, hvert år	['oːli], ['vɛʈ 'ɔr]
quattro volte all'anno	fire ganger per år	['fire 'gaŋər per 'oːr]
data (f) (~ di oggi)	dato (m)	['datʉ]
data (f) (~ di nascita)	dato (m)	['datʉ]
calendario (m)	kalender (m)	[kɑ'lendər]
mezz'anno (m)	halvår (n)	['halˌoːr]
semestre (m)	halvår (n)	['halˌoːr]
stagione (f) (estate, ecc.)	årstid (m/f)	['oːʂˌtid]
secolo (m)	århundre (n)	['ɔrˌhʉndrə]

22. Orario. Varie

tempo (m)	tid (m/f)	['tid]
istante (m)	øyeblikk (n)	['øjə͵blik]
momento (m)	øyeblikk (n)	['øjə͵blik]
istantaneo (agg)	øyeblikkelig	['øjə͵blikəli]
periodo (m)	tidsavsnitt (n)	['tids͵ɑfsnit]
vita (f)	liv (n)	['liv]
eternità (f)	evighet (m)	['ɛvi͵het]

epoca (f)	epoke (m)	[ɛ'pʊkə]
era (f)	æra (m)	['ærɑ]
ciclo (m)	syklus (m)	['syklʉs]
periodo (m)	periode (m)	[pæri'ʊdə]
scadenza (f)	sikt (m)	['sikt]

futuro (m)	framtid (m/f)	['frɑm͵tid]
futuro (agg)	framtidig, fremtidig	['frɑm͵tidi], ['frɛm͵tidi]
la prossima volta	neste gang	['nɛstə ͵gɑŋ]
passato (m)	fortid (m/f)	['fɔː͵tid]
scorso (agg)	forrige	['fɔriə]
la volta scorsa	siste gang	['sistə ͵gɑŋ]

più tardi	senere	['senerə]
dopo	etterpå	['ɛtər͵pɔ]
oggigiorno	for nærværende	[fɔr 'nær͵værnə]
adesso, ora	nå	['nɔ]
immediatamente	umiddelbart	['ʉmidəl͵bɑːt]
fra poco, presto	snart	['snɑːt]
in anticipo	på forhånd	[pɔ 'fɔːr͵hɔn]

tanto tempo fa	for lenge siden	[fɔr 'lɛŋə ͵sidən]
di recente	nylig	['nyli]
destino (m)	skjebne (m)	['ʂɛbnə]
ricordi (m pl)	minner (n pl)	['minər]
archivio (m)	arkiv (n)	[ɑr'kiv]

durante ...	under ...	['ʉnər ...]
a lungo	lenge	['lɛŋə]
per poco tempo	ikke lenge	['ikə 'lɛŋə]
presto (al mattino ~)	tidlig	['tili]
tardi (non presto)	sent	['sɛnt]

per sempre	for alltid	[fɔr 'ɑl͵tid]
cominciare (vt)	å begynne	[ɔ be'jinə]
posticipare (vt)	å utsette	[ɔ 'ʉt͵sɛtə]

simultaneamente	samtidig	['sɑm͵tidi]
tutto il tempo	alltid, stadig	['ɑl͵tid], ['stɑdi]
costante (agg)	konstant	[kʊn'stɑnt]
temporaneo (agg)	midlertidig, temporær	['midlə͵tidi], ['tɛmpɔ͵rær]

a volte	av og til	['ɑv ɔ ͵til]
raramente	sjelden	['ʂɛlən]
spesso (avv)	ofte	['ɔftə]

T&P Books. Vocabolario Italiano-Norvegese per studio autodidattico - 9000 parole

23. Contrari

| ricco (agg) | rik | ['rik] |
| povero (agg) | fattig | ['fɑti] |

| malato (agg) | syk | ['syk] |
| sano (agg) | frisk | ['frisk] |

| grande (agg) | stor | ['stʊr] |
| piccolo (agg) | liten | ['litən] |

| rapidamente | fort | ['fʊ:t] |
| lentamente | langsomt | ['lɑŋsɔmt] |

| veloce (agg) | hurtig | ['hø:ţi] |
| lento (agg) | langsom | ['lɑŋsɔm] |

| allegro (agg) | glad | ['glɑ] |
| triste (agg) | sørgmodig | [sør'mʊdi] |

| insieme | sammen | ['sɑmən] |
| separatamente | separat | [sepɑ'rɑt] |

| ad alta voce (leggere ~) | høyt | ['højt] |
| in silenzio | for seg selv | [fɔr sæj 'sɛl] |

| alto (agg) | høy | ['høj] |
| basso (agg) | lav | ['lɑv] |

| profondo (agg) | dyp | ['dyp] |
| basso (agg) | grunn | ['grʉn] |

| sì | ja | ['jɑ] |
| no | nei | ['næj] |

| lontano (agg) | fjern | ['fjæ:ɳ] |
| vicino (agg) | nær | ['nær] |

| lontano (avv) | langt | ['lɑŋt] |
| vicino (avv) | i nærheten | [i 'nær‚hetən] |

| lungo (agg) | lang | ['lɑŋ] |
| corto (agg) | kort | ['kʊ:t] |

| buono (agg) | god | ['gʊ] |
| cattivo (agg) | ond | ['ʊn] |

| sposato (agg) | gift | ['jift] |
| celibe (agg) | ugift | [ʉ:'jift] |

| vietare (vt) | å forby | [ɔ fɔr'by] |
| permettere (vt) | å tillate | [ɔ 'ti‚lɑtə] |

| fine (f) | slutt (m) | ['ʂlʉt] |
| inizio (m) | begynnelse (m) | [be'jinəlsə] |

32

sinistro (agg)	venstre	['vɛnstrə]
destro (agg)	høyre	['højrə]
primo (agg)	første	['fœʂtə]
ultimo (agg)	sist	['sist]
delitto (m)	forbrytelse (m)	[fɔr'brytəlsə]
punizione (f)	straff (m)	['strɑf]
ordinare (vt)	å beordre	[ɔ be'ɔrdrə]
obbedire (vi)	å underordne seg	[ɔ 'ʉnərˌɔrdnə sæj]
dritto (agg)	rett	['rɛt]
curvo (agg)	kroket	['krɔkət]
paradiso (m)	paradis (n)	['pɑrɑˌdis]
inferno (m)	helvete (n)	['hɛlvetə]
nascere (vi)	å fødes	[ɔ 'fødə]
morire (vi)	å dø	[ɔ 'dø]
forte (agg)	sterk	['stærk]
debole (agg)	svak	['svɑk]
vecchio (agg)	gammel	['gɑməl]
giovane (agg)	ung	['ʉŋ]
vecchio (agg)	gammel	['gɑməl]
nuovo (agg)	ny	['ny]
duro (agg)	hard	['hɑr]
morbido (agg)	bløt	['bløt]
caldo (agg)	varm	['vɑrm]
freddo (agg)	kald	['kɑl]
grasso (agg)	tykk	['tʏk]
magro (agg)	tynn	['tʏn]
stretto (agg)	smal	['smɑl]
largo (agg)	bred	['bre]
buono (agg)	bra	['brɑ]
cattivo (agg)	dårlig	['doːli]
valoroso (agg)	tapper	['tɑpər]
codardo (agg)	feig	['fæjg]

24. Linee e forme

quadrato (m)	kvadrat (n)	[kvɑ'drɑt]
quadrato (agg)	kvadratisk	[kvɑ'drɑtisk]
cerchio (m)	sirkel (m)	['sirkəl]
rotondo (agg)	rund	['rʉn]

T&P Books. Vocabolario Italiano-Norvegese per studio autodidattico - 9000 parole

triangolo (m)	trekant (m)	['tre͵kɑnt]
triangolare (agg)	trekantet	['tre͵kɑntət]

ovale (m)	oval (m)	[ʊ'vɑl]
ovale (agg)	oval	[ʊ'vɑl]
rettangolo (m)	rektangel (n)	['rɛk͵tɑŋəl]
rettangolare (agg)	rettvinklet	['rɛt͵vinklət]

piramide (f)	pyramide (m)	[pyrɑ'midə]
rombo (m)	rombe (m)	['rʊmbə]
trapezio (m)	trapes (m/n)	[trɑ'pes]
cubo (m)	kube, terning (m)	['kʉbə], ['tæːniŋ]
prisma (m)	prisme (n)	['prismə]

circonferenza (f)	omkrets (m)	['ɔm͵krɛts]
sfera (f)	sfære (m)	['sfærə]
palla (f)	kule (m/f)	['kʉːlə]

diametro (m)	diameter (m)	['diɑ͵metər]
raggio (m)	radius (m)	['rɑdiʉs]
perimetro (m)	perimeter (n)	[peri'metər]
centro (m)	midtpunkt (n)	['mit͵pʉnkt]

orizzontale (agg)	horisontal	[hʉrisɔn'tɑl]
verticale (agg)	loddrett, lodd-	['lɔd͵rɛt], ['lɔd-]
parallela (f)	parallell (m)	[pɑrɑ'lel]
parallelo (agg)	parallell	[pɑrɑ'lel]

linea (f)	linje (m)	['linjə]
tratto (m)	strek (m)	['strek]
linea (f) retta	rett linje (m/f)	['rɛt 'linjə]
linea (f) curva	kurve (m)	['kʉrvə]
sottile (uno strato ~)	tynn	['tʏn]
contorno (m)	kontur (m)	[kʊn'tʉr]

intersezione (f)	skjæringspunkt (n)	['ʂæriŋs͵pʉnkt]
angolo (m) retto	rett vinkel (m)	['rɛt 'vinkəl]
segmento	segment (n)	[seg'mɛnt]
settore (m)	sektor (m)	['sɛktʉr]
lato (m)	side (m/f)	['sidə]
angolo (m)	vinkel (m)	['vinkəl]

25. Unità di misura

peso (m)	vekt (m)	['vɛkt]
lunghezza (f)	lengde (m/f)	['leŋdə]
larghezza (f)	bredde (m)	['brɛdə]
altezza (f)	høyde (m)	['højdə]
profondità (f)	dybde (m)	['dybdə]
volume (m)	volum (n)	[vɔ'lʉm]
area (f)	areal (n)	[͵ɑre'ɑl]

grammo (m)	gram (n)	['grɑm]
milligrammo (m)	milligram (n)	['mili͵grɑm]

chilogrammo (m)	kilogram (n)	['çilu‚gram]
tonnellata (f)	tonn (m/n)	['tɔn]
libbra (f)	pund (n)	['pʉn]
oncia (f)	unse (m)	['ʉnsə]

metro (m)	meter (m)	['metər]
millimetro (m)	millimeter (m)	['mili‚metər]
centimetro (m)	centimeter (m)	['sɛnti‚metər]
chilometro (m)	kilometer (m)	['çilu‚metər]
miglio (m)	mil (m/f)	['mil]

pollice (m)	tomme (m)	['tɔmə]
piede (f)	fot (m)	['fʊt]
iarda (f)	yard (m)	['jɑ:rd]

| metro (m) quadro | kvadratmeter (m) | [kvɑ'drɑt‚metər] |
| ettaro (m) | hektar (n) | ['hɛktɑr] |

litro (m)	liter (m)	['litər]
grado (m)	grad (m)	['grɑd]
volt (m)	volt (m)	['vɔlt]
ampere (m)	ampere (m)	[ɑm'pɛr]
cavallo vapore (m)	hestekraft (m/f)	['hɛstə‚krɑft]

quantità (f)	mengde (m)	['mɛŋdə]
un po' di ...	få ...	['fɔ ...]
metà (f)	halvdel (m)	['hɑldel]
dozzina (f)	dusin (n)	[dʉ'sin]
pezzo (m)	stykke (n)	['stʏkə]

| dimensione (f) | størrelse (m) | ['stœrəlsə] |
| scala (f) (modello in ~) | målestokk (m) | ['mo:lə‚stɔk] |

minimo (agg)	minimal	[mini'mɑl]
minore (agg)	minste	['minstə]
medio (agg)	middel-	['midəl-]
massimo (agg)	maksimal	[mɑksi'mɑl]
maggiore (agg)	største	['stœʂtə]

26. Contenitori

barattolo (m) di vetro	glaskrukke (m/f)	['glɑs‚krʉkə]
latta, lattina (f)	boks (m)	['bɔks]
secchio (m)	bøtte (m/f)	['bœtə]
barile (m), botte (f)	tønne (m)	['tœnə]

catino (m)	vaskefat (n)	['vɑskə‚fɑt]
serbatoio (m) (per liquidi)	tank (m)	['tɑnk]
fiaschetta (f)	lommelerke (m/f)	['lʊmə‚lærkə]
tanica (f)	bensinkanne (m/f)	[bɛn'sin‚kɑnə]
cisterna (f)	tank (m)	['tɑnk]

| tazza (f) | krus (n) | ['krʉs] |
| tazzina (f) (~ di caffè) | kopp (m) | ['kɔp] |

piattino (m)	tefat (n)	['teˌfat]
bicchiere (m) (senza stelo)	glass (n)	['glɑs]
calice (m)	vinglass (n)	['vinˌglɑs]
casseruola (f)	gryte (m/f)	['grytə]

| bottiglia (f) | flaske (m) | ['flɑskə] |
| collo (m) (~ della bottiglia) | flaskehals (m) | ['flɑskəˌhɑls] |

caraffa (f)	karaffel (m)	[kɑ'rɑfəl]
brocca (f)	mugge (m/f)	['mʉgə]
recipiente (m)	beholder (m)	[be'hɔlər]
vaso (m) di coccio	pott, potte (m)	['pɔt], ['pɔtə]
vaso (m) di fiori	vase (m)	['vɑsə]

boccetta (f) (~ di profumo)	flakong (m)	[flɑ'kɔŋ]
fiala (f)	flaske (m/f)	['flɑskə]
tubetto (m)	tube (m)	['tʉbə]

sacco (m) (~ di patate)	sekk (m)	['sɛk]
sacchetto (m) (~ di plastica)	pose (m)	['pʉsə]
pacchetto (m) (~ di sigarette, ecc.)	pakke (m/f)	['pɑkə]

scatola (f) (~ per scarpe)	eske (m/f)	['ɛskə]
cassa (f) (~ di vino, ecc.)	kasse (m/f)	['kɑsə]
cesta (f)	kurv (m)	['kʉrv]

27. Materiali

materiale (m)	materiale (n)	[materi'ɑlə]
legno (m)	tre (n)	['trɛ]
di legno	tre-, av tre	['trɛ-], [ɑː 'trɛ]

| vetro (m) | glass (n) | ['glɑs] |
| di vetro | glass- | ['glɑs-] |

| pietra (f) | stein (m) | ['stæjn] |
| di pietra | stein- | ['stæjn-] |

| plastica (f) | plast (m) | ['plɑst] |
| di plastica | plast- | ['plɑst-] |

| gomma (f) | gummi (m) | ['gʉmi] |
| di gomma | gummi- | ['gʉmi-] |

| stoffa (f) | tøy (n) | ['tøj] |
| di stoffa | tøy- | ['tøj-] |

| carta (f) | papir (n) | [pɑ'pir] |
| di carta | papir- | [pɑ'pir-] |

cartone (m)	papp, kartong (m)	['pɑp], [kɑː'tɔŋ]
di cartone	papp-, kartong-	['pɑp-], [kɑː'tɔŋ-]
polietilene (m)	polyetylen (n)	['pʉlyɛtyˌlen]

cellofan (m)	cellofan (m)	[sɛluˈfɑn]
linoleum (m)	linoleum (m)	[liˈnɔleum]
legno (m) compensato	kryssfiner (m)	[ˈkrʏsfiˌnɛr]

porcellana (f)	porselen (n)	[pɔʂəˈlen]
di porcellana	porselens-	[pɔʂəˈlens-]
argilla (f)	leir (n)	[ˈlæjr]
d'argilla	leir-	[ˈlæjr-]
ceramica (f)	keramikk (m)	[çerɑˈmik]
ceramico	keramisk	[çeˈrɑmisk]

28. Metalli

metallo (m)	metall (n)	[meˈtɑl]
metallico	metall-	[meˈtɑl-]
lega (f)	legering (m/f)	[leˈgeriŋ]

oro (m)	gull (n)	[ˈgʉl]
d'oro	av gull, gull-	[ɑː ˈgʉl], [ˈgʉl-]
argento (m)	sølv (n)	[ˈsøl]
d'argento	sølv-, av sølv	[ˈsøl-], [ɑː ˈsøl]

ferro (m)	jern (n)	[ˈjæːn]
di ferro	jern-	[ˈjæːn-]
acciaio (m)	stål (n)	[ˈstɔl]
d'acciaio	stål-	[ˈstɔl-]
rame (m)	kobber (n)	[ˈkɔbər]
di rame	kobber-	[ˈkɔbər-]

alluminio (m)	aluminium (n)	[ɑluˈminium]
di alluminio, alluminico	aluminium-	[ɑluˈminium-]
bronzo (m)	bronse (m)	[ˈbrɔnsə]
di bronzo	bronse-	[ˈbrɔnsə-]

ottone (m)	messing (m)	[ˈmɛsiŋ]
nichel (m)	nikkel (m)	[ˈnikəl]
platino (m)	platina (m/n)	[ˈplɑtinɑ]
mercurio (m)	kvikksølv (n)	[ˈkvikˌsøl]
stagno (m)	tinn (n)	[ˈtin]
piombo (m)	bly (n)	[ˈbly]
zinco (m)	sink (m/n)	[ˈsink]

ESSERE UMANO

Essere umano. Il corpo umano

29. L'uomo. Concetti di base

uomo (m) (essere umano)	menneske (n)	['mɛnəskə]
uomo (m) (adulto maschio)	mann (m)	['mɑn]
donna (f)	kvinne (m/f)	['kvinə]
bambino (m) (figlio)	barn (n)	['bɑːn]
bambina (f)	jente (m/f)	['jɛntə]
bambino (m)	gutt (m)	['gʉt]
adolescente (m, f)	tenåring (m)	['tɛnoːriŋ]
vecchio (m)	eldre mann (m)	['ɛldrə ˌmɑn]
vecchia (f)	eldre kvinne (m/f)	['ɛldrə ˌkvinə]

30. Anatomia umana

organismo (m)	organisme (m)	[ɔrgɑ'nismə]
cuore (m)	hjerte (n)	['jæːʈə]
sangue (m)	blod (n)	['blʉ]
arteria (f)	arterie (m)	[ɑːˈteriə]
vena (f)	vene (m)	['veːnə]
cervello (m)	hjerne (m)	['jæːɳə]
nervo (m)	nerve (m)	['nærvə]
nervi (m pl)	nerver (m pl)	['nærvər]
vertebra (f)	ryggvirvel (m)	['rʏgˌvirvəl]
colonna (f) vertebrale	ryggrad (m)	['rʏgˌrɑd]
stomaco (m)	magesekk (m)	['mɑgəˌsɛk]
intestini (m pl)	innvoller, tarmer (m pl)	['inˌvɔlər], ['tɑrmər]
intestino (m)	tarm (m)	['tɑrm]
fegato (m)	lever (m)	['levər]
rene (m)	nyre (m/n)	['nyrə]
osso (m)	bein (n)	['bæjn]
scheletro (m)	skjelett (n)	[ʂe'let]
costola (f)	ribbein (n)	['ribˌbæjn]
cranio (m)	hodeskalle (m)	['hʉdəˌskɑlə]
muscolo (m)	muskel (m)	['mʉskəl]
bicipite (m)	biceps (m)	['bisɛps]
tricipite (m)	triceps (m)	['trisɛps]
tendine (m)	sene (m/f)	['seːnə]
articolazione (f)	ledd (n)	['led]

polmoni (m pl)	lunger (m pl)	['lʉŋər]
genitali (m pl)	kjønnsorganer (n pl)	['çœns̩ɔr'ganər]
pelle (f)	hud (m/f)	['hʉd]

31. Testa

testa (f)	hode (n)	['hʊdə]
viso (m)	ansikt (n)	['ansikt]
naso (m)	nese (m/f)	['nese]
bocca (f)	munn (m)	['mʉn]

occhio (m)	øye (n)	['øjə]
occhi (m pl)	øyne (n pl)	['øjnə]
pupilla (f)	pupill (m)	[pʉ'pil]
sopracciglio (m)	øyenbryn (n)	['øjən̩bryn]
ciglio (m)	øyenvipp (m)	['øjən̩vip]
palpebra (f)	øyelokk (m)	['øjə̩lɔk]

lingua (f)	tunge (m/f)	['tʉŋə]
dente (m)	tann (m/f)	['tan]
labbra (f pl)	lepper (m/f pl)	['lepər]
zigomi (m pl)	kinnbein (n pl)	['çin̩bæjn]
gengiva (f)	tannkjøtt (n)	['tan̩çœt]
palato (m)	gane (m)	['ganə]

narici (f pl)	nesebor (n pl)	['nesə̩bʊr]
mento (m)	hake (m/f)	['hakə]
mascella (f)	kjeve (m)	['çɛvə]
guancia (f)	kinn (n)	['çin]

fronte (f)	panne (m/f)	['panə]
tempia (f)	tinning (m)	['tiniŋ]
orecchio (m)	øre (n)	['ørə]
nuca (f)	bakhode (n)	['bak̩hodə]
collo (m)	hals (m)	['hals]
gola (f)	strupe, hals (m)	['strʉpə], ['hals]

capelli (m pl)	hår (n pl)	['hɔr]
pettinatura (f)	frisyre (m)	[fri'syrə]
taglio (m)	hårfasong (m)	['hoːrfa̩sɔŋ]
parrucca (f)	parykk (m)	[pa'rʏk]

baffi (m pl)	mustasje (m)	[mʉ'staʂə]
barba (f)	skjegg (n)	['ʂɛg]
portare (~ la barba, ecc.)	å ha	[ɔ 'ha]
treccia (f)	flette (m/f)	['fletə]
basette (f pl)	bakkenbarter (pl)	['bakən̩baːʈər]

rosso (agg)	rødhåret	['rø̩hoːrət]
brizzolato (agg)	grå	['grɔ]
calvo (agg)	skallet	['skalət]
calvizie (f)	skallet flekk (m)	['skalət ̩flek]
coda (f) di cavallo	hestehale (m)	['hɛstə̩halə]
frangetta (f)	pannelugg (m)	['panə̩lʊg]

32. Corpo umano

mano (f)	hånd (m/f)	['hɔn]
braccio (m)	arm (m)	['arm]
dito (m)	finger (m)	['fiŋər]
dito (m) del piede	tå (m/f)	['tɔ]
pollice (m)	tommel (m)	['tɔməl]
mignolo (m)	lillefinger (m)	['lilə͵fiŋər]
unghia (f)	negl (m)	['nɛjl]
pugno (m)	knyttneve (m)	['knʏt͵nevə]
palmo (m)	håndflate (m/f)	['hɔn͵flɑtə]
polso (m)	håndledd (n)	['hɔn͵led]
avambraccio (m)	underarm (m)	['ʉnər͵arm]
gomito (m)	albue (m)	['al͵bʉə]
spalla (f)	skulder (m)	['skʉldər]
gamba (f)	bein (n)	['bæjn]
pianta (f) del piede	fot (m)	['fʊt]
ginocchio (m)	kne (n)	['knɛ]
polpaccio (m)	legg (m)	['leg]
anca (f)	hofte (m)	['hɔftə]
tallone (m)	hæl (m)	['hæl]
corpo (m)	kropp (m)	['krɔp]
pancia (f)	mage (m)	['mɑgə]
petto (m)	bryst (n)	['brʏst]
seno (m)	bryst (n)	['brʏst]
fianco (m)	side (m/f)	['sidə]
schiena (f)	rygg (m)	['rʏg]
zona (f) lombare	korsrygg (m)	['kɔːʂ͵rʏg]
vita (f)	liv (n), midje (m/f)	['liv], ['midjə]
ombelico (m)	navle (m)	['navlə]
natiche (f pl)	rumpeballer (m pl)	['rʉmpə͵balər]
sedere (m)	bak (m)	['bak]
neo (m)	føflekk (m)	['fø͵flek]
voglia (f) (~ di fragola)	fødselsmerke (n)	['føtsəls͵mærke]
tatuaggio (m)	tatovering (m/f)	[tatʊ'vɛriŋ]
cicatrice (f)	arr (n)	['ar]

Abbigliamento e Accessori

33. Indumenti. Soprabiti

vestiti (m pl)	klær (n)	['klær]
soprabito (m)	yttertøy (n)	['ytə͵tøj]
abiti (m pl) invernali	vinterklær (n pl)	['vintər͵klær]
cappotto (m)	frakk (m), kåpe (m/f)	['frɑk], ['koːpə]
pelliccia (f)	pels (m), pelskåpe (m/f)	['pɛls], ['pɛls͵koːpə]
pellicciotto (m)	pelsjakke (m/f)	['pɛls͵jakə]
piumino (m)	dunjakke (m/f)	['dʉn͵jakə]
giubbotto (m), giaccha (f)	jakke (m/f)	['jakə]
impermeabile (m)	regnfrakk (m)	['ræjn͵frɑk]
impermeabile (agg)	vanntett	['vɑn͵tɛt]

34. Abbigliamento uomo e donna

camicia (f)	skjorte (m/f)	['ʂœːtə]
pantaloni (m pl)	bukse (m)	['bʉksə]
jeans (m pl)	jeans (m)	['dʒins]
giacca (f) (~ di tweed)	dressjakke (m/f)	['drɛs͵jakə]
abito (m) da uomo	dress (m)	['drɛs]
abito (m)	kjole (m)	['çulə]
gonna (f)	skjørt (n)	['ʂøːt]
camicetta (f)	bluse (m)	['blʉsə]
giacca (f) a maglia	strikket trøye (m/f)	['strikə 'trøjə]
giacca (f) tailleur	blazer (m)	['blæsər]
maglietta (f)	T-skjorte (m/f)	['te͵ʂœːtə]
pantaloni (m pl) corti	shorts (m)	['ʂɔːts]
tuta (f) sportiva	treningsdrakt (m/f)	['treniŋs͵drɑkt]
accappatoio (m)	badekåpe (m/f)	['badə͵koːpə]
pigiama (m)	pyjamas (m)	[py'ʂamɑs]
maglione (m)	sweater (m)	['svɛtər]
pullover (m)	pullover (m)	[pʉ'lɔvər]
gilè (m)	vest (m)	['vɛst]
frac (m)	livkjole (m)	['liv͵çulə]
smoking (m)	smoking (m)	['smɔkiŋ]
uniforme (f)	uniform (m)	[ʉni'fɔrm]
tuta (f) da lavoro	arbeidsklær (n pl)	['ɑrbæjds͵klær]
salopette (f)	kjeledress, overall (m)	['çelə͵drɛs], ['ɔvɛr͵ɔl]
camice (m) (~ del dottore)	kittel (m)	['çitəl]

35. Abbigliamento. Biancheria intima

biancheria (f) intima	undertøy (n)	['ʉnəˌtøj]
boxer (m pl)	underbukse (m/f)	['ʉnərˌbʉksə]
mutandina (f)	truse (m/f)	['trʉsə]
maglietta (f) intima	undertrøye (m/f)	['ʉnəˌtrøjə]
calzini (m pl)	sokker (m pl)	['sɔkər]
camicia (f) da notte	nattkjole (m)	['natˌçulə]
reggiseno (m)	behå (m)	['beˌhɔ]
calzini (m pl) alti	knestrømper (m/f pl)	['knɛˌstrømpər]
collant (m)	strømpebukse (m/f)	['strømpəˌbʉksə]
calze (f pl)	strømper (m/f pl)	['strømpər]
costume (m) da bagno	badedrakt (m/f)	['badəˌdrakt]

36. Copricapo

cappello (m)	hatt (m)	['hat]
cappello (m) di feltro	hatt (m)	['hat]
cappello (m) da baseball	baseball cap (m)	['bɛjsbɔl kɛp]
coppola (f)	sikspens (m)	['sikspens]
basco (m)	alpelue, baskerlue (m/f)	['alpəˌlʉə], ['baskəˌlʉə]
cappuccio (m)	hette (m/f)	['hɛtə]
panama (m)	panamahatt (m)	['panamaˌhat]
berretto (m) a maglia	strikket lue (m/f)	['strikəˌlʉə]
fazzoletto (m) da capo	skaut (n)	[ˈskaʉt]
cappellino (m) donna	hatt (m)	['hat]
casco (m) (~ di sicurezza)	hjelm (m)	['jɛlm]
bustina (f)	båtlue (m/f)	['bɔtˌlʉə]
casco (m) (~ moto)	hjelm (m)	['jɛlm]
bombetta (f)	bowlerhatt, skalk (m)	['bɔulerˌhat], ['skalk]
cilindro (m)	flosshatt (m)	['flɔsˌhat]

37. Calzature

calzature (f pl)	skotøy (n)	['skʉtøj]
stivaletti (m pl)	skor (m pl)	['skʉr]
scarpe (f pl)	pumps (m pl)	['pʉmps]
stivali (m pl)	støvler (m pl)	['støvlər]
pantofole (f pl)	tøfler (m pl)	['tøflər]
scarpe (f pl) da tennis	tennissko (m pl)	['tɛnisˌskʉ]
scarpe (f pl) da ginnastica	canvas sko (m pl)	['kanvas ˌskʉ]
sandali (m pl)	sandaler (m pl)	[san'dalər]
calzolaio (m)	skomaker (m)	['skʉˌmakər]
tacco (m)	hæl (m)	['hæl]

paio (m)	par (n)	['pɑr]
laccio (m)	skolisse (m/f)	['skʊˌlisə]
allacciare (vt)	å snøre	[ɔ 'snørə]
calzascarpe (m)	skohorn (n)	['skʊˌhuːn]
lucido (m) per le scarpe	skokrem (m)	['skʊˌkrɛm]

38. Tessuti. Stoffe

cotone (m)	bomull (m/f)	['bʊˌmʉl]
di cotone	bomulls-	['bʊˌmʉls-]
lino (m)	lin (n)	['lin]
di lino	lin-	['lin-]

seta (f)	silke (m)	['silkə]
di seta	silke-	['silkə-]
lana (f)	ull (m/f)	['ʉl]
di lana	ull-, av ull	['ʉl-], ['ɑː ʉl]

velluto (m)	fløyel (m)	['fløjəl]
camoscio (m)	semsket skinn (n)	['sɛmsket ˌʂin]
velluto (m) a coste	kordfløyel (m/n)	['kɔːɖˌfløjəl]

nylon (m)	nylon (n)	['nyˌlɔn]
di nylon	nylon-	['nyˌlɔn-]
poliestere (m)	polyester (m)	[pʊly'ɛstər]
di poliestere	polyester-	[pʊly'ɛstər-]

pelle (f)	lær, skinn (n)	['lær], ['ʂin]
di pelle	lær-, av lær	['lær-], ['ɑː lær]
pelliccia (f)	pels (m)	['pɛls]
di pelliccia	pels-	['pɛls-]

39. Accessori personali

guanti (m pl)	hansker (m pl)	['hɑnskər]
manopole (f pl)	votter (m pl)	['vɔtər]
sciarpa (f)	skjerf (n)	['ʂærf]

occhiali (m pl)	briller (m pl)	['brilər]
montatura (f)	innfatning (m/f)	['inˌfɑtniŋ]
ombrello (m)	paraply (m)	[pɑrɑ'ply]
bastone (m)	stokk (m)	['stɔk]
spazzola (f) per capelli	hårbørste (m)	['hɔrˌbœʂtə]
ventaglio (m)	vifte (m/f)	['viftə]

cravatta (f)	slips (n)	['slips]
cravatta (f) a farfalla	sløyfe (m/f)	['ʂløjfə]
bretelle (f pl)	bukseseler (m pl)	['bʉksə'selər]
fazzoletto (m)	lommetørkle (n)	['lʊməˌtœrklə]

| pettine (m) | kam (m) | ['kɑm] |
| fermaglio (m) | hårspenne (m/f/n) | ['hoːrˌspɛnə] |

T&P Books. Vocabolario Italiano-Norvegese per studio autodidattico - 9000 parole

| forcina (f) | hårnål (m/f) | ['hoːrˌnol] |
| fibbia (f) | spenne (m/f/n) | ['spɛnə] |

| cintura (f) | belte (m) | ['bɛltə] |
| spallina (f) | skulderreim, rem (m/f) | ['skʉldəˌræjm], ['rem] |

borsa (f)	veske (m/f)	['vɛskə]
borsetta (f)	håndveske (m/f)	['hɔnˌvɛskə]
zaino (m)	ryggsekk (m)	['rʏgˌsɛk]

40. Abbigliamento. Varie

moda (f)	mote (m)	['mʊtə]
di moda	moteriktig	['mʊtəˌrikti]
stilista (m)	moteskaper (m)	['mʊtəˌskɑpər]

collo (m)	krage (m)	['krɑgə]
tasca (f)	lomme (m/f)	['lʊmə]
tascabile (agg)	lomme-	['lʊmə-]
manica (f)	erme (n)	['ærmə]
asola (f) per appendere	hempe (m)	['hɛmpə]
patta (f) (~ dei pantaloni)	gylf, buksesmekk (m)	['gylf], ['bʉksəˌsmɛk]

cerniera (f) lampo	glidelås (m/n)	['glidəˌlɔs]
chiusura (f)	hekte (m/f), knepping (m)	['hɛktə], ['knɛpiŋ]
bottone (m)	knapp (m)	['knɑp]
occhiello (m)	klapphull (n)	['klɑpˌhʉl]
staccarsi (un bottone)	å falle av	[ɔ 'fɑlə ɑː]

cucire (vi, vt)	å sy	[ɔ 'sy]
ricamare (vi, vt)	å brodere	[ɔ brʊ'derə]
ricamo (m)	broderi (n)	[brʊde'ri]
ago (m)	synål (m/f)	['syˌnɔl]
filo (m)	tråd (m)	['trɔ]
cucitura (f)	søm (m)	['søm]

sporcarsi (vr)	å skitne seg til	[ɔ 'ʂitnə sæj til]
macchia (f)	flekk (m)	['flek]
sgualcirsi (vr)	å bli skrukkete	[ɔ 'bli 'skrʉketə]
strappare (vt)	å rive	[ɔ 'rivə]
tarma (f)	møll (m/n)	['møl]

41. Cura della persona. Cosmetici

dentifricio (m)	tannpasta (m)	['tɑnˌpɑstɑ]
spazzolino (m) da denti	tannbørste (m)	['tɑnˌbœʂtə]
lavarsi i denti	å pusse tennene	[ɔ 'pʉsə 'tɛnənə]

rasoio (m)	høvel (m)	['høvəl]
crema (f) da barba	barberkrem (m)	[bɑr'bɛrˌkrɛm]
rasarsi (vr)	å barbere seg	[ɔ bɑr'berə sæj]
sapone (m)	såpe (m/f)	['soːpə]

44

shampoo (m)	sjampo (m)	['ʂamˌpʊ]
forbici (f pl)	saks (m/f)	['saks]
limetta (f)	neglefil (m/f)	['nɛjləˌfil]
tagliaunghie (m)	negleklipper (m)	['nɛjləˌklipər]
pinzette (f pl)	pinsett (m)	[pin'sɛt]

cosmetica (f)	kosmetikk (m)	[kʊsme'tik]
maschera (f) di bellezza	ansiktsmaske (m/f)	['ansiktsˌmaskə]
manicure (m)	manikyr (m)	[mani'kyr]
fare la manicure	å få manikyr	[ɔ 'fɔ mani'kyr]
pedicure (m)	pedikyr (m)	[pedi'kyr]

borsa (f) del trucco	sminkeveske (m/f)	['sminkəˌvɛskə]
cipria (f)	pudder (n)	['pʉdər]
portacipria (m)	pudderdåse (m)	['pʉdərˌdoːsə]
fard (m)	rouge (m)	['ruːʂ]

profumo (m)	parfyme (m)	[par'fymə]
acqua (f) da toeletta	eau de toilette (m)	['ɔː də twa'let]
lozione (f)	lotion (m)	['lousɛn]
acqua (f) di Colonia	eau de cologne (m)	['ɔː də kɔ'lɔn]

ombretto (m)	øyeskygge (m)	['øjəˌʂygə]
eyeliner (m)	eyeliner (m)	['aːjˌlajnər]
mascara (m)	maskara (m)	[ma'skara]

rossetto (m)	leppestift (m)	['lepəˌstift]
smalto (m)	neglelakk (m)	['nɛjləˌlak]
lacca (f) per capelli	hårlakk (m)	['hoːrˌlak]
deodorante (m)	deodorant (m)	[deudʊ'rant]

crema (f)	krem (m)	['krɛm]
crema (f) per il viso	ansiktskrem (m)	['ansiktsˌkrɛm]
crema (f) per le mani	håndkrem (m)	['hɔnˌkrɛm]
crema (f) antirughe	antirynkekrem (m)	[anti'rʏnkəˌkrɛm]
crema (f) da giorno	dagkrem (m)	['dagˌkrɛm]
crema (f) da notte	nattkrem (m)	['natˌkrɛm]
da giorno	dag-	['dag-]
da notte	natt-	['nat-]

tampone (m)	tampong (m)	[tam'pɔŋ]
carta (f) igienica	toalettpapir (n)	[tʊa'let pa'pir]
fon (m)	hårføner (m)	['hoːrˌfønər]

42. Gioielli

gioielli (m pl)	smykker (n pl)	['smʏkər]
prezioso (agg)	edel-	['ɛdəl-]
marchio (m)	stempel (n)	['stɛmpəl]

anello (m)	ring (m)	['riŋ]
anello (m) nuziale	giftering (m)	['jiftəˌriŋ]
braccialetto (m)	armbånd (n)	['armˌbɔn]
orecchini (m pl)	øreringer (m pl)	['ørəˌriŋər]

T&P Books. Vocabolario Italiano-Norvegese per studio autodidattico - 9000 parole

collana (f)	halssmykke (n)	['hals,smʏkə]
corona (f)	krone (m/f)	['krʊnə]
perline (f pl)	perlekjede (m/n)	['pærlə,çɛːdə]

diamante (m)	diamant (m)	[diɑ'mɑnt]
smeraldo (m)	smaragd (m)	[smɑ'rɑgd]
rubino (m)	rubin (m)	[rʉ'bin]
zaffiro (m)	safir (m)	[sɑ'fir]
perle (f pl)	perler (m pl)	['pærlər]
ambra (f)	rav (n)	['rɑv]

43. Orologi da polso. Orologio

orologio (m) (~ da polso)	armbåndsur (n)	['ɑrmbɔns,ʉr]
quadrante (m)	urskive (m/f)	['ʉːˌʂivə]
lancetta (f)	viser (m)	['visər]
braccialetto (m)	armbånd (n)	['ɑrmˌbɔn]
cinturino (m)	rem (m/f)	['rem]

pila (f)	batteri (n)	[bɑtɛ'ri]
essere scarico	å bli utladet	[ɔ 'bli 'ʉtˌlɑdət]
cambiare la pila	å skifte batteriene	[ɔ 'ʂiftə bɑtɛ'riene]
andare avanti	å gå for fort	[ɔ 'gɔ fɔ 'fɔːt]
andare indietro	å gå for sakte	[ɔ 'gɔ fɔ 'sɑktə]

orologio (m) da muro	veggur (n)	['vɛgˌʉr]
clessidra (f)	timeglass (n)	['timə,glɑs]
orologio (m) solare	solur (n)	['sʊlˌʉr]
sveglia (f)	vekkerklokka (m/f)	['vɛkərˌklɔkɑ]
orologiaio (m)	urmaker (m)	['ʉrˌmɑkər]
riparare (vt)	å reparere	[ɔ repɑ'rerə]

Cibo. Alimentazione

44. Cibo

carne (f)	kjøtt (n)	['çœt]
pollo (m)	høne (m/f)	['hønə]
pollo (m) novello	kylling (m)	['çyliŋ]
anatra (f)	and (m/f)	['an]
oca (f)	gås (m/f)	['gɔs]
cacciagione (f)	vilt (n)	['vilt]
tacchino (m)	kalkun (m)	[kɑl'kʉn]

maiale (m)	svinekjøtt (n)	['svinə͵çœt]
vitello (m)	kalvekjøtt (n)	['kɑlvə͵çœt]
agnello (m)	fårekjøtt (n)	['foːrə͵çœt]
manzo (m)	oksekjøtt (n)	['ɔksə͵çœt]
coniglio (m)	kanin (m)	[kɑ'nin]

salame (m)	pølse (m/f)	['pølsə]
w?rstel (m)	wienerpølse (m/f)	['vinər͵pølsə]
pancetta (f)	bacon (n)	['bɛjkən]
prosciutto (m)	skinke (m)	['ʂinkə]
prosciutto (m) affumicato	skinke (m)	['ʂinkə]

pâté (m)	pate, paté (m)	[pɑ'te]
fegato (m)	lever (m)	['levər]
carne (f) trita	kjøttfarse (m)	['çœt͵farʂə]
lingua (f)	tunge (m/f)	['tʉŋə]

uovo (m)	egg (n)	['ɛg]
uova (f pl)	egg (n pl)	['ɛg]
albume (m)	eggehvite (m)	['ɛgə͵vitə]
tuorlo (m)	plomme (m/f)	['plʊmə]

pesce (m)	fisk (m)	['fisk]
frutti (m pl) di mare	sjømat (m)	['ʂø͵mɑt]
crostacei (m pl)	krepsdyr (n pl)	['krɛps͵dyr]
caviale (m)	kaviar (m)	['kɑvi͵ɑr]

granchio (m)	krabbe (m)	['krɑbə]
gamberetto (m)	reke (m/f)	['rekə]
ostrica (f)	østers (m)	['østəʂ]
aragosta (f)	langust (m)	[lɑŋ'gʉst]
polpo (m)	blekksprut (m)	['blek͵sprʉt]
calamaro (m)	blekksprut (m)	['blek͵sprʉt]

storione (m)	stør (m)	['stør]
salmone (m)	laks (m)	['lɑks]
ippoglosso (m)	kveite (m/f)	['kvæjtə]
merluzzo (m)	torsk (m)	['tɔʂk]

T&P Books. Vocabolario Italiano-Norvegese per studio autodidattico - 9000 parole

scombro (m)	makrell (m)	[ma'krɛl]
tonno (m)	tunfisk (m)	['tʉnˌfisk]
anguilla (f)	ål (m)	['ɔl]

trota (f)	ørret (m)	['øret]
sardina (f)	sardin (m)	[sɑː'dịn]
luccio (m)	gjedde (m/f)	['jɛdə]
aringa (f)	sild (m/f)	['sil]

pane (m)	brød (n)	['brø]
formaggio (m)	ost (m)	['ʊst]
zucchero (m)	sukker (n)	['sʉkər]
sale (m)	salt (n)	['sɑlt]

riso (m)	ris (m)	['ris]
pasta (f)	pasta, makaroni (m)	['pɑstɑ], [mɑkɑ'rʊni]
tagliatelle (f pl)	nudler (m pl)	['nʉdlər]

burro (m)	smør (n)	['smør]
olio (m) vegetale	vegetabilsk olje (m)	[vegetɑ'bilsk ˌɔljə]
olio (m) di girasole	solsikkeolje (m)	['sʊlsikəˌɔljə]
margarina (f)	margarin (m)	[mɑrgɑ'rin]

| olive (f pl) | olivener (m pl) | [ʊ'livenər] |
| olio (m) d'oliva | olivenolje (m) | [ʊ'livənˌɔljə] |

latte (m)	melk (m/f)	['mɛlk]
latte (m) condensato	kondensert melk (m/f)	[kʊndən'seːt ˌmɛlk]
yogurt (m)	jogurt (m)	['jɔgʉːt]
panna (f) acida	rømme, syrnet fløte (m)	['rœmə], ['syːnet 'fløtə]
panna (f)	fløte (m)	['fløtə]

| maionese (m) | majones (m) | [mɑjɔ'nɛs] |
| crema (f) | krem (m) | ['krɛm] |

cereali (m pl)	gryn (n)	['gryn]
farina (f)	mel (n)	['mel]
cibi (m pl) in scatola	hermetikk (m)	[hɛrme'tik]

fiocchi (m pl) di mais	cornflakes (m)	['kɔːnˌflejks]
miele (m)	honning (m)	['hɔnin]
marmellata (f)	syltetøy (n)	['syltəˌtøj]
gomma (f) da masticare	tyggegummi (m)	['tygəˌgʉmi]

45. Bevande

acqua (f)	vann (n)	['vɑn]
acqua (f) potabile	drikkevann (n)	['drikəˌvɑn]
acqua (f) minerale	mineralvann (n)	[minə'rɑlˌvɑn]

liscia (non gassata)	uten kullsyre	['ʉtən kʉl'syrə]
gassata (agg)	kullsyret	[kʉl'syrət]
frizzante (agg)	med kullsyre	[me kʉl'syrə]
ghiaccio (m)	is (m)	['is]

con ghiaccio	med is	[me 'is]
analcolico (agg)	alkoholfri	['alkʊhʊlˌfri]
bevanda (f) analcolica	alkoholfri drikk (m)	['alkʊhʊlˌfri drik]
bibita (f)	leskedrikk (m)	['leskəˌdrik]
limonata (f)	limonade (m)	[limɔ'nadə]

bevande (f pl) alcoliche	rusdrikker (m pl)	['rʉsˌdrikər]
vino (m)	vin (m)	['vin]
vino (m) bianco	hvitvin (m)	['vitˌvin]
vino (m) rosso	rødvin (m)	['røˌvin]

liquore (m)	likør (m)	[li'kør]
champagne (m)	champagne (m)	[ʂam'panjə]
vermouth (m)	vermut (m)	['værmʉt]

whisky	whisky (m)	['viski]
vodka (f)	vodka (m)	['vɔdka]
gin (m)	gin (m)	['dʒin]
cognac (m)	konjakk (m)	['kʊnjak]
rum (m)	rom (m)	['rʊm]

caffè (m)	kaffe (m)	['kafə]
caffè (m) nero	svart kaffe (m)	['svaːʈ 'kafə]
caffè latte (m)	kaffe (m) med melk	['kafə me 'mɛlk]
cappuccino (m)	cappuccino (m)	[kapʊ'tʃinɔ]
caffè (m) solubile	pulverkaffe (m)	['pʉlvərˌkafə]

latte (m)	melk (m/f)	['mɛlk]
cocktail (m)	cocktail (m)	['kɔkˌtɛjl]
frullato (m)	milkshake (m)	['milkˌʂɛjk]

succo (m)	jus, juice (m)	['dʒʉs]
succo (m) di pomodoro	tomatjuice (m)	[tʊ'matˌdʒʉs]
succo (m) d'arancia	appelsinjuice (m)	[apel'sinˌdʒʉs]
spremuta (f)	nypresset juice (m)	['nyˌprɛsə 'dʒʉs]

birra (f)	øl (m/n)	['øl]
birra (f) chiara	lettøl (n)	['letˌøl]
birra (f) scura	mørkt øl (n)	['mœrktˌøl]

tè (m)	te (m)	['te]
tè (m) nero	svart te (m)	['svaːʈ ˌte]
tè (m) verde	grønn te (m)	['grœn ˌte]

46. Verdure

ortaggi (m pl)	grønnsaker (m pl)	['grœnˌsakər]
verdura (f)	grønnsaker (m pl)	['grœnˌsakər]

pomodoro (m)	tomat (m)	[tʊ'mat]
cetriolo (m)	agurk (m)	[a'gʉrk]
carota (f)	gulrot (m/f)	['gʉlˌrʊt]
patata (f)	potet (m/f)	[pʊ'tet]
cipolla (f)	løk (m)	['løk]

T&P Books. Vocabolario Italiano-Norvegese per studio autodidattico - 9000 parole

aglio (m)	hvitløk (m)	['vit,løk]
cavolo (m)	kål (m)	['kɔl]
cavolfiore (m)	blomkål (m)	['blɔm,kɔl]
cavoletti (m pl) di Bruxelles	rosenkål (m)	['rʉsən,kɔl]
broccolo (m)	brokkoli (m)	['brɔkɔli]

barbabietola (f)	rødbete (m/f)	['rø,betə]
melanzana (f)	aubergine (m)	[ɔbɛr'ʂin]
zucchina (f)	squash (m)	['skvɔʂ]
zucca (f)	gresskar (n)	['grɛskar]
rapa (f)	nepe (m/f)	['nepə]

prezzemolo (m)	persille (m/f)	[pæ'ʂilə]
aneto (m)	dill (m)	['dil]
lattuga (f)	salat (m)	[sɑ'lɑt]
sedano (m)	selleri (m/n)	[sɛle,ri]
asparago (m)	asparges (m)	[ɑ'spɑrʂəs]
spinaci (m pl)	spinat (m)	[spi'nɑt]

pisello (m)	erter (m pl)	['æːtər]
fave (f pl)	bønner (m/f pl)	['bœnər]
mais (m)	mais (m)	['mɑis]
fagiolo (m)	bønne (m/f)	['bœnə]

peperone (m)	pepper (m)	['pɛpər]
ravanello (m)	reddik (m)	['rɛdik]
carciofo (m)	artisjokk (m)	[,ɑːṭi'ʂɔk]

47. Frutta. Noci

frutto (m)	frukt (m/f)	['frʉkt]
mela (f)	eple (n)	['ɛplə]
pera (f)	pære (m/f)	['pærə]
limone (m)	sitron (m)	[si'trʉn]
arancia (f)	appelsin (m)	[ɑpel'sin]
fragola (f)	jordbær (n)	['juːr,bær]

mandarino (m)	mandarin (m)	[mɑndɑ'rin]
prugna (f)	plomme (m/f)	['plʉmə]
pesca (f)	fersken (m)	['fæʂkən]
albicocca (f)	aprikos (m)	[ɑpri'kʉs]
lampone (m)	bringebær (n)	['briŋə,bær]
ananas (m)	ananas (m)	['ɑnɑnɑs]

banana (f)	banan (m)	[bɑ'nɑn]
anguria (f)	vannmelon (m)	['vɑnme,lʉn]
uva (f)	drue (m)	['drʉə]
amarena (f)	kirsebær (n)	['çiʂə,bær]
ciliegia (f)	morell (m)	[mʉ'rɛl]
melone (m)	melon (m)	[me'lun]

pompelmo (m)	grapefrukt (m/f)	['grɛjp,frʉkt]
avocado (m)	avokado (m)	[ɑvɔ'kɑdɔ]
papaia (f)	papaya (f)	[pɑ'pɑjɑ]

50

mango (m)	mango (m)	['maŋu]
melagrana (f)	granateple (n)	[gra'natˌɛplə]
ribes (m) rosso	rips (m)	['rips]
ribes (m) nero	solbær (n)	['sʉlˌbær]
uva (f) spina	stikkelsbær (n)	['stikəlsˌbær]
mirtillo (m)	blåbær (n)	['bloˌbær]
mora (f)	bjørnebær (m)	['bjœ:nəˌbær]
uvetta (f)	rosin (m)	[rʉ'sin]
fico (m)	fiken (m)	['fikən]
dattero (m)	daddel (m)	['dɑdəl]
arachide (f)	jordnøtt (m)	['juːrˌnœt]
mandorla (f)	mandel (m)	['mandəl]
noce (f)	valnøtt (m/f)	['valˌnœt]
nocciola (f)	hasselnøtt (m/f)	['hasəlˌnœt]
noce (f) di cocco	kokosnøtt (m/f)	['kʉkʉsˌnœt]
pistacchi (m pl)	pistasier (m pl)	[pi'stɑsiər]

48. Pane. Dolci

pasticceria (f)	bakevarer (m/f pl)	['bakəˌvarər]
pane (m)	brød (n)	['brø]
biscotti (m pl)	kjeks (m)	['çɛks]
cioccolato (m)	sjokolade (m)	[ʂʉkʉ'ladə]
al cioccolato (agg)	sjokolade-	[ʂʉkʉ'ladə-]
caramella (f)	sukkertøy (n), karamell (m)	['sʉkəːtøj], [kara'mɛl]
tortina (f)	kake (m/f)	['kakə]
torta (f)	bløtkake (m/f)	['bløtˌkakə]
crostata (f)	pai (m)	['paj]
ripieno (m)	fyll (m/n)	['fʏl]
marmellata (f)	syltetøy (n)	['syltəˌtøj]
marmellata (f) di agrumi	marmelade (m)	[marme'ladə]
wafer (m)	vaffel (m)	['vafəl]
gelato (m)	iskrem (m)	['iskrɛm]
budino (m)	pudding (m)	['pʉdiŋ]

49. Pietanze cucinate

piatto (m) (~ principale)	rett (m)	['rɛt]
cucina (f)	kjøkken (n)	['çœkən]
ricetta (f)	oppskrift (m)	['ɔpˌskrift]
porzione (f)	porsjon (m)	[pɔ'ʂʉn]
insalata (f)	salat (m)	[sa'lɑt]
minestra (f)	suppe (m/f)	['sʉpə]
brodo (m)	buljong (m)	[bu'ljɔn]
panino (m)	smørbrød (n)	['smœrˌbrø]

51

T&P Books. Vocabolario Italiano-Norvegese per studio autodidattico - 9000 parole

uova (f pl) al tegamino	speilegg (n)	['spæjl͵ɛg]
hamburger (m)	hamburger (m)	['hambʊrgər]
bistecca (f)	biff (m)	['bif]

contorno (m)	tilbehør (n)	['tilbə͵hør]
spaghetti (m pl)	spagetti (m)	[spɑ'gɛti]
purè (m) di patate	potetmos (m)	[pʊ'tet͵mʊs]
pizza (f)	pizza (m)	['pitsɑ]
porridge (m)	grøt (m)	['grøt]
frittata (f)	omelett (m)	[ɔmə'let]

bollito (agg)	kokt	['kʊkt]
affumicato (agg)	røkt	['røkt]
fritto (agg)	stekt	['stɛkt]
secco (agg)	tørket	['tœrkət]
congelato (agg)	frossen, dypfryst	['frɔsən], ['dyp͵frʏst]
sottoaceto (agg)	syltet	['sʏltət]

dolce (gusto)	søt	['søt]
salato (agg)	salt	['salt]
freddo (agg)	kald	['kɑl]
caldo (agg)	het, varm	['het], ['vɑrm]
amaro (agg)	bitter	['bitər]
buono, gustoso (agg)	lekker	['lekər]

cuocere, preparare (vt)	å koke	[ɔ 'kʊkə]
cucinare (vi)	å lage	[ɔ 'lɑgə]
friggere (vt)	å steke	[ɔ 'stekə]
riscaldare (vt)	å varme opp	[ɔ 'vɑrmə ɔp]

salare (vt)	å salte	[ɔ 'saltə]
pepare (vt)	å pepre	[ɔ 'pɛprə]
grattugiare (vt)	å rive	[ɔ 'rivə]
buccia (f)	skall (n)	['skɑl]
sbucciare (vt)	å skrelle	[ɔ 'skrɛlə]

50. Spezie

sale (m)	salt (n)	['salt]
salato (agg)	salt	['salt]
salare (vt)	å salte	[ɔ 'saltə]

pepe (m) nero	svart pepper (m)	['svɑːt 'pɛpər]
peperoncino (m)	rød pepper (m)	['rø 'pɛpər]
senape (f)	sennep (m)	['sɛnəp]
cren (m)	pepperrot (m/f)	['pɛpər͵rʊt]

condimento (m)	krydder (n)	['krʏdər]
spezie (f pl)	krydder (n)	['krʏdər]
salsa (f)	saus (m)	['saʊs]
aceto (m)	eddik (m)	['ɛdik]

| anice (m) | anis (m) | ['ɑnis] |
| basilico (m) | basilik (m) | [bɑsi'lik] |

chiodi (m pl) di garofano	nellik (m)	['nɛlik]
zenzero (m)	ingefær (m)	['iŋəˌfær]
coriandolo (m)	koriander (m)	[kʉri'andər]
cannella (f)	kanel (m)	[kɑ'nel]

sesamo (m)	sesam (m)	['sesam]
alloro (m)	laurbærblad (n)	['lɑʉrbærˌblɑ]
paprica (f)	paprika (m)	['paprika]
cumino (m)	karve, kummin (m)	['karvə], ['kʉmin]
zafferano (m)	safran (m)	[sɑ'frɑn]

51. Pasti

| cibo (m) | mat (m) | ['mat] |
| mangiare (vi, vt) | å spise | [ɔ 'spisə] |

colazione (f)	frokost (m)	['frʉkɔst]
fare colazione	å spise frokost	[ɔ 'spisə ˌfrʉkɔst]
pranzo (m)	lunsj, lunch (m)	['lʉnʂ]
pranzare (vi)	å spise lunsj	[ɔ 'spisə ˌlʉnʂ]
cena (f)	middag (m)	['miˌdɑ]
cenare (vi)	å spise middag	[ɔ 'spisə 'miˌdɑ]

| appetito (m) | appetitt (m) | [ape'tit] |
| Buon appetito! | God appetitt! | ['gʉ ape'tit] |

aprire (vt)	å åpne	[ɔ 'ɔpnə]
rovesciare (~ il vino, ecc.)	å spille	[ɔ 'spilə]
rovesciarsi (vr)	å bli spilt	[ɔ 'bli 'spilt]

bollire (vi)	å koke	[ɔ 'kʉkə]
far bollire	å koke	[ɔ 'kʉkə]
bollito (agg)	kokt	['kʉkt]

| raffreddare (vt) | å svalne | [ɔ 'svalnə] |
| raffreddarsi (vr) | å avkjøles | [ɔ 'avˌçœləs] |

| gusto (m) | smak (m) | ['smak] |
| retrogusto (m) | bismak (m) | ['bismak] |

essere a dieta	å være på diet	[ɔ 'værə pɔ di'et]
dieta (f)	diett (m)	[di'et]
vitamina (f)	vitamin (n)	[vita'min]
caloria (f)	kalori (m)	[kalʉ'ri]

| vegetariano (m) | vegetarianer (m) | [vegetari'anər] |
| vegetariano (agg) | vegetarisk | [vege'tarisk] |

grassi (m pl)	fett (n)	['fɛt]
proteine (f pl)	proteiner (n pl)	[prɔte'inər]
carboidrati (m pl)	kullhydrater (n pl)	['kʉlhyˌdratər]
fetta (f), fettina (f)	skive (m/f)	['ʂivə]
pezzo (m) (~ di torta)	stykke (n)	['stʏkə]
briciola (f) (~ di pane)	smule (m)	['smʉlə]

52. Preparazione della tavola

cucchiaio (m)	skje (m)	['ʂe]
coltello (m)	kniv (m)	['kniv]
forchetta (f)	gaffel (m)	['gafəl]
tazza (f)	kopp (m)	['kɔp]
piatto (m)	tallerken (m)	[tɑ'lærkən]
piattino (m)	tefat (n)	['te‚fɑt]
tovagliolo (m)	serviett (m)	[sɛrvi'ɛt]
stuzzicadenti (m)	tannpirker (m)	['tɑn‚pirkər]

53. Ristorante

ristorante (m)	restaurant (m)	[rɛstʊ'rɑŋ]
caffè (m)	kafé, kaffebar (m)	[kɑ'fe], ['kɑfə‚bɑr]
pub (m), bar (m)	bar (m)	['bɑr]
sala (f) da tè	tesalong (m)	['tesɑ‚lɔŋ]
cameriere (m)	servitør (m)	['særvi'tør]
cameriera (f)	servitrise (m/f)	[særvi'trisə]
barista (m)	bartender (m)	['bɑː‚tɛndər]
menù (m)	meny (m)	[me'ny]
lista (f) dei vini	vinkart (n)	['vin‚kɑːt]
prenotare un tavolo	å reservere bord	[ɔ resɛr'verə 'bʊr]
piatto (m)	rett (m)	['rɛt]
ordinare (~ il pranzo)	å bestille	[ɔ be'stilə]
fare un'ordinazione	å bestille	[ɔ be'stilə]
aperitivo (m)	aperitiff (m)	[ɑperi'tif]
antipasto (m)	forrett (m)	['fɔrɛt]
dolce (m)	dessert (m)	[de'sɛːr]
conto (m)	regning (m/f)	['rɛjniŋ]
pagare il conto	å betale regningen	[ɔ be'tɑlə 'rɛjniŋən]
dare il resto	å gi tilbake veksel	[ɔ ji til'bɑkə 'vɛksəl]
mancia (f)	driks (m)	['driks]

Famiglia, parenti e amici

54. Informazioni personali. Moduli

nome (m)	navn (n)	['nɑvn]
cognome (m)	etternavn (n)	['ɛtəˌnɑvn]
data (f) di nascita	fødselsdato (m)	['føtsəlsˌdɑtʊ]
luogo (m) di nascita	fødested (n)	['fødəˌsted]
nazionalità (f)	nasjonalitet (m)	[nɑʂʊnɑli'tet]
domicilio (m)	bosted (n)	['bʊˌsted]
paese (m)	land (n)	['lɑn]
professione (f)	yrke (n), profesjon (m)	['yrkə], [prʊfe'ʂʊn]
sesso (m)	kjønn (n)	['çœn]
statura (f)	høyde (m)	['højdə]
peso (m)	vekt (m)	['vɛkt]

55. Membri della famiglia. Parenti

madre (f)	mor (m/f)	['mʊr]
padre (m)	far (m)	['fɑr]
figlio (m)	sønn (m)	['sœn]
figlia (f)	datter (m/f)	['dɑtər]
figlia (f) minore	yngste datter (m/f)	['yŋstə 'dɑtər]
figlio (m) minore	yngste sønn (m)	['yŋstə 'sœn]
figlia (f) maggiore	eldste datter (m/f)	['ɛlstə 'dɑtər]
figlio (m) maggiore	eldste sønn (m)	['ɛlstə 'sœn]
fratello (m)	bror (m)	['brʊr]
fratello (m) maggiore	eldre bror (m)	['ɛldrə ˌbrʊr]
fratello (m) minore	lillebror (m)	['liləˌbrʊr]
sorella (f)	søster (m/f)	['søstər]
sorella (f) maggiore	eldre søster (m/f)	['ɛldrə ˌsøstər]
sorella (f) minore	lillesøster (m/f)	['liləˌsøstər]
cugino (m)	fetter (m/f)	['fɛtər]
cugina (f)	kusine (m)	[kʉ'sinə]
mamma (f)	mamma (m)	['mɑmɑ]
papà (m)	pappa (m)	['pɑpɑ]
genitori (m pl)	foreldre (pl)	[fɔr'ɛldrə]
bambino (m)	barn (n)	['bɑːɳ]
bambini (m pl)	barn (n pl)	['bɑːɳ]
nonna (f)	bestemor (m)	['bɛstəˌmʊr]
nonno (m)	bestefar (m)	['bɛstəˌfɑr]
nipote (m) (figlio di un figlio)	barnebarn (n)	['bɑːɳəˌbɑːɳ]

T&P Books. Vocabolario Italiano-Norvegese per studio autodidattico - 9000 parole

| nipote (f) | barnebarn (n) | ['bɑːnəˌbɑːŋ] |
| nipoti (pl) | barnebarn (n pl) | ['bɑːnəˌbɑːŋ] |

zio (m)	onkel (m)	['ʊnkəl]
zia (f)	tante (m/f)	['tɑntə]
nipote (m) (figlio di un fratello)	nevø (m)	[ne'vø]
nipote (f)	niese (m/f)	[ni'esə]

suocera (f)	svigermor (m/f)	['sviɡərˌmʊr]
suocero (m)	svigerfar (m)	['sviɡərˌfɑr]
genero (m)	svigersønn (m)	['sviɡərˌsœn]
matrigna (f)	stemor (m/f)	['steˌmʊr]
patrigno (m)	stefar (m)	['steˌfɑr]

neonato (m)	brystbarn (n)	['brystˌbɑːŋ]
infante (m)	spedbarn (n)	['speˌbɑːŋ]
bimbo (m), ragazzino (m)	lite barn (n)	['litə 'bɑːŋ]

moglie (f)	kone (m/f)	['kʊnə]
marito (m)	mann (m)	['mɑn]
coniuge (m)	ektemann (m)	['ɛktəˌmɑn]
coniuge (f)	hustru (m)	['hʉstrʉ]

sposato (agg)	gift	['jift]
sposata (agg)	gift	['jift]
celibe (agg)	ugift	[ʉ'jift]
scapolo (m)	ungkar (m)	['ʉŋˌkɑr]
divorziato (agg)	fraskilt	['frɑˌsilt]
vedova (f)	enke (m)	['ɛnkə]
vedovo (m)	enkemann (m)	['ɛnkəˌmɑn]

parente (m)	slektning (m)	['ʂlektniŋ]
parente (m) stretto	nær slektning (m)	['nær 'slektniŋ]
parente (m) lontano	fjern slektning (m)	['fjæːn 'slektniŋ]
parenti (m pl)	slektninger (m pl)	['ʂlektniŋər]

orfano (m), orfana (f)	foreldreløst barn (n)	[fɔr'ɛldrələst ˌbɑːŋ]
tutore (m)	formynder (m)	['fɔrˌmynər]
adottare (~ un bambino)	å adoptere	[ɔ ɑdɔp'terə]
adottare (~ una bambina)	å adoptere	[ɔ ɑdɔp'terə]

56. Amici. Colleghi

amico (m)	venn (m)	['vɛn]
amica (f)	venninne (m/f)	[vɛ'ninə]
amicizia (f)	vennskap (n)	['vɛnˌskɑp]
essere amici	å være venner	[ɔ 'værə 'vɛnər]

amico (m) (inform.)	venn (m)	['vɛn]
amica (f) (inform.)	venninne (m/f)	[vɛ'ninə]
partner (m)	partner (m)	['pɑːʈnər]

| capo (m) | sjef (m) | ['ʂɛf] |
| capo (m), superiore (m) | overordnet (m) | ['ɔvərˌɔrdnet] |

proprietario (m)	eier (m)	['æjər]
subordinato (m)	underordnet (m)	['ʉnərˌɔrdnet]
collega (m)	kollega (m)	[kʉ'lega]
conoscente (m)	bekjent (m)	[be'çɛnt]
compagno (m) di viaggio	medpassasjer (m)	['meˌpasa'sɛr]
compagno (m) di classe	klassekamerat (m)	['klasəˌkamə'rɑːt]
vicino (m)	nabo (m)	['nabʉ]
vicina (f)	nabo (m)	['nabʉ]
vicini (m pl)	naboer (m pl)	['nabʉər]

57. Uomo. Donna

donna (f)	kvinne (m/f)	['kvinə]
ragazza (f)	jente (m/f)	['jɛntə]
sposa (f)	brud (m/f)	['brʉd]
bella (agg)	vakker	['vakər]
alta (agg)	høy	['høj]
snella (agg)	slank	['ʂlɑnk]
bassa (agg)	liten av vekst	['litən ɑ: 'vɛkst]
bionda (f)	blondine (m)	[blɔn'dinə]
bruna (f)	brunette (m)	[brʉ'nɛtə]
da donna (agg)	dame-	['damə-]
vergine (f)	jomfru (m/f)	['ʉmfrʉ]
incinta (agg)	gravid	[gra'vid]
uomo (m) (adulto maschio)	mann (m)	['man]
biondo (m)	blond mann (m)	['blɔn ˌman]
bruno (m)	mørkhåret mann (m)	['mœrkˌhoːret man]
alto (agg)	høy	['høj]
basso (agg)	liten av vekst	['litən ɑ: 'vɛkst]
sgarbato (agg)	grov	['grɔv]
tozzo (agg)	undersetsig	['ʉnəˌsɛtsi]
robusto (agg)	robust	[rʉ'bʉst]
forte (agg)	sterk	['stærk]
forza (f)	kraft, styrke (m)	['kraft], ['styrkə]
grasso (agg)	tykk	['tʏk]
bruno (agg)	mørkhudet	['mœrkˌhʉdət]
snello (agg)	slank	['ʂlɑnk]
elegante (agg)	elegant	[ɛle'gant]

58. Età

età (f)	alder (m)	['aldər]
giovinezza (f)	ungdom (m)	['ʉŋˌdom]
giovane (agg)	ung	['ʉŋ]

T&P Books. Vocabolario Italiano-Norvegese per studio autodidattico - 9000 parole

| più giovane (agg) | yngre | ['ʏŋrə] |
| più vecchio (agg) | eldre | ['ɛldrə] |

giovane (m)	unge mann (m)	['ʉŋə ˌman]
adolescente (m, f)	tenåring (m)	['tɛnoːriŋ]
ragazzo (m)	kar (m)	['kar]

| vecchio (m) | gammel mann (m) | ['gaməl ˌman] |
| vecchia (f) | gammel kvinne (m/f) | ['gaməl ˌkvinə] |

adulto (m)	voksen	['vɔksən]
di mezza età	middelaldrende	['midəlˌaldrɛnə]
anziano (agg)	eldre	['ɛldrə]
vecchio (agg)	gammel	['gaməl]

pensionamento (m)	pensjon (m)	[panˈʂʊn]
andare in pensione	å gå av med pensjon	[ɔ 'gɔ aː me panˈʂʊn]
pensionato (m)	pensjonist (m)	[panʂʊˈnist]

59. Bambini

bambino (m), bambina (f)	barn (n)	['bɑːn̩]
bambini (m pl)	barn (n pl)	['bɑːn̩]
gemelli (m pl)	tvillinger (m pl)	['tvilinər]

culla (f)	vogge (m/f)	['vɔgə]
sonaglio (m)	rangle (m/f)	['raŋlə]
pannolino (m)	bleie (m/f)	['blæjə]

tettarella (f)	smokk (m)	['smʊk]
carrozzina (f)	barnevogn (m/f)	['bɑːnəˌvɔŋn]
scuola (f) materna	barnehage (m)	['bɑːnəˌhagə]
baby-sitter (f)	babysitter (m)	['bɛbyˌsitər]

infanzia (f)	barndom (m)	['bɑːn̩ˌdɔm]
bambola (f)	dukke (m/f)	['dʉkə]
giocattolo (m)	leketøy (n)	['lekəˌtøj]
gioco (m) di costruzione	byggesett (n)	['bygəˌsɛt]

educato (agg)	veloppdragen	['velˌɔpˈdragən]
maleducato (agg)	uoppdragen	[ʉopˈdragən]
viziato (agg)	bortskjemt	['bʉːtʂɛmt]

essere disubbidiente	å være stygg	[ɔ 'værə 'styɣ]
birichino (agg)	skøyeraktig	['skøjəˌrakti]
birichinata (f)	skøyeraktighet (m)	['skøjəˌraktihet]
bambino (m) birichino	skøyer (m)	['skøjər]

| ubbidiente (agg) | lydig | ['lydi] |
| disubbidiente (agg) | ulydig | [ʉˈlydi] |

docile (agg)	føyelig	['føjli]
intelligente (agg)	klok	['klʊk]
bambino (m) prodigio	vidunderbarn (n)	['vidˌʉndərˌbɑːn̩]

60. Coppie sposate. Vita di famiglia

baciare (vt)	å kysse	[ɔ 'çysə]
baciarsi (vr)	å kysse hverandre	[ɔ 'çysə ˌverandrə]
famiglia (f)	familie (m)	[fɑ'miliə]
familiare (agg)	familie-	[fɑ'miliə-]
coppia (f)	par (n)	['pɑr]
matrimonio (m)	ekteskap (n)	['ɛktəˌskɑp]
focolare (m) domestico	hjemmets arne (m)	['jɛmets 'ɑːŋə]
dinastia (f)	dynasti (n)	[dinɑs'ti]
appuntamento (m)	stevnemøte (n)	['stɛvnəˌmøtə]
bacio (m)	kyss (n)	['çys]
amore (m)	kjærlighet (m)	['çæːliˌhet]
amare (qn)	å elske	[ɔ 'ɛlskə]
amato (agg)	elskling	['ɛlskliŋ]
tenerezza (f)	ømhet (m)	['ømˌhet]
dolce, tenero (agg)	øm	['øm]
fedeltà (f)	troskap (m)	['trʊˌskɑp]
fedele (agg)	trofast	['trʊfast]
premura (f)	omsorg (m)	['ɔmˌsɔrg]
premuroso (agg)	omsorgsfull	['ɔmˌsɔrgsfʉl]
sposi (m pl) novelli	nygifte (n)	['nyˌjiftə]
luna (f) di miele	hvetebrødsdager (m pl)	['vetɛbrøsˌdɑgər]
sposarsi (per una donna)	å gifte seg	[ɔ 'jiftə sæj]
sposarsi (per un uomo)	å gifte seg	[ɔ 'jiftə sæj]
nozze (f pl)	bryllup (n)	['brʏlʉp]
nozze (f pl) d'oro	gullbryllup (n)	['gʉlˌbrʏlʉp]
anniversario (m)	årsdag (m)	['oːʂˌdɑ]
amante (m)	elsker (m)	['ɛlskər]
amante (f)	elskerinne (m/f)	['ɛlskəˌrinə]
adulterio (m)	utroskap (m)	['ʉˌtrɔskɑp]
tradire (commettere adulterio)	å være utro	[ɔ 'værə 'ʉˌtrʊ]
geloso (agg)	sjalu	[ʂɑ'lʉː]
essere geloso	å være sjalu	[ɔ 'værə ʂɑ'lʉː]
divorzio (m)	skilsmisse (m)	['ʂilsˌmisə]
divorziare (vi)	å skille seg	[ɔ 'ʂilə sæj]
litigare (vi)	å krangle	[ɔ 'krɑŋlə]
fare pace	å forsone seg	[ɔ fɔ'ʂʊnə sæj]
insieme	sammen	['sɑmən]
sesso (m)	sex (m)	['sɛks]
felicità (f)	lykke (m/f)	['lʏkə]
felice (agg)	lykkelig	['lʏkəli]
disgrazia (f)	ulykke (m/f)	['ʉˌlʏkə]
infelice (agg)	ulykkelig	['ʉˌlʏkəli]

Personalità. Sentimenti. Emozioni

61. Sentimenti. Emozioni

sentimento (m)	følelse (m)	['følelsə]
sentimenti (m pl)	følelser (m pl)	['følelsər]
sentire (vt)	å kjenne	[ɔ 'çɛnə]
fame (f)	sult (m)	['sʉlt]
avere fame	å være sulten	[ɔ 'værə 'sʉltən]
sete (f)	tørst (m)	['tœʂt]
avere sete	å være tørst	[ɔ 'værə 'tœʂt]
sonnolenza (f)	søvnighet (m)	['sœvni‚het]
avere sonno	å være søvnig	[ɔ 'værə 'sœvni]
stanchezza (f)	tretthet (m)	['trɛt‚het]
stanco (agg)	trett	['trɛt]
stancarsi (vr)	å bli trett	[ɔ 'bli 'trɛt]
umore (m) (buon ~)	humør (n)	[hʉ'mør]
noia (f)	kjedsomhet (m/f)	['çɛdsɔm‚het]
annoiarsi (vr)	å kjede seg	[ɔ 'çedə sæj]
isolamento (f)	avsondrethet (m/f)	['ɑfsɔndrɛt‚het]
isolarsi (vr)	å isolere seg	[ɔ isʉ'lerə sæj]
preoccupare (vt)	å bekymre, å uroe	[ɔ be'çymrə], [ɔ 'ʉːrʉə]
essere preoccupato	å bekymre seg	[ɔ be'çymrə sæj]
agitazione (f)	bekymring (m/f)	[be'çymriŋ]
preoccupazione (f)	uro (m/f)	['ʉrʉ]
preoccupato (agg)	bekymret	[be'çymrət]
essere nervoso	å være nervøs	[ɔ 'værə nær'vøs]
andare in panico	å få panikk	[ɔ 'fɔ pɑ'nik]
speranza (f)	håp (n)	['hɔp]
sperare (vi, vt)	å håpe	[ɔ 'hoːpə]
certezza (f)	sikkerhet (m/f)	['sikər‚het]
sicuro (agg)	sikker	['sikər]
incertezza (f)	usikkerhet (m)	['ʉsikər‚het]
incerto (agg)	usikker	['ʉ‚sikər]
ubriaco (agg)	beruset, full	[be'rʉsət], ['fʉl]
sobrio (agg)	edru	['ɛdrʉ]
debole (agg)	svak	['svɑk]
fortunato (agg)	lykkelig	['lʏkəli]
spaventare (vt)	å skremme	[ɔ 'skrɛmə]
furia (f)	raseri (n)	[rɑsɛ'ri]
rabbia (f)	raseri (n)	[rɑsɛ'ri]
depressione (f)	depresjon (m)	[dɛpre'ʂʉn]
disagio (m)	ubehag (n)	['ʉbe‚hɑg]

T&P Books. Vocabolario Italiano-Norvegese per studio autodidattico - 9000 parole

conforto (m)	komfort (m)	[kʊm'fɔːr]
rincrescere (vi)	å beklage	[ɔ be'klagə]
rincrescimento (m)	beklagelse (m)	[be'klagəlsə]
sfortuna (f)	uhell (n)	['ʉˌhɛl]
tristezza (f)	sorg (m/f)	['sɔr]

vergogna (f)	skam (m/f)	['skam]
allegria (f)	glede (m/f)	['glede]
entusiasmo (m)	entusiasme (m)	[ɛntʉsi'asmə]
entusiasta (m)	entusiast (m)	[ɛntʉsi'ast]
mostrare entusiasmo	å vise entusiasme	[ɔ 'visə ɛntʉsi'asmə]

62. Personalità. Carattere

carattere (m)	karakter (m)	[karak'ter]
difetto (m)	karakterbrist (m/f)	[karak'terˌbrist]
mente (f)	sinn (n)	['sin]
intelletto (m)	forstand (m)	[fɔ'ʂtan]

coscienza (f)	samvittighet (m)	[sam'vitiˌhet]
abitudine (f)	vane (m)	['vanə]
capacità (f)	evne (m/f)	['ɛvnə]
sapere (~ nuotare)	å kunne	[ɔ 'kʉnə]

paziente (agg)	tålmodig	[tɔl'mʊdi]
impaziente (agg)	utålmodig	['ʉtɔlˌmʊdi]
curioso (agg)	nysgjerrig	['nʏˌsæri]
curiosità (f)	nysgjerrighet (m)	['nʏˌsæriˌhet]

modestia (f)	beskjedenhet (m)	[be'ʂedenˌhet]
modesto (agg)	beskjeden	[be'ʂedən]
immodesto (agg)	ubeskjeden	['ʉbeˌʂedən]

pigrizia (f)	lathet (m)	['latˌhet]
pigro (agg)	doven	['dʊvən]
poltrone (m)	dovendyr (n)	['dʊvənˌdyr]

furberia (f)	list (m/f)	['list]
furbo (agg)	listig	['listi]
diffidenza (f)	mistro (m/f)	['misˌtrɔ]
diffidente (agg)	mistroende	['misˌtrʊenə]

generosità (f)	gavmildhet (m)	['gavmilˌhet]
generoso (agg)	generøs	[ʂenə'røs]
di talento	talentfull	[ta'lentˌfʉl]
talento (m)	talent (n)	[ta'lent]

coraggioso (agg)	modig	['mʊdi]
coraggio (m)	mot (n)	['mʊt]
onesto (agg)	ærlig	['æːliˌ]
onestà (f)	ærlighet (m)	['æːliˌhet]

| prudente (agg) | forsiktig | [fɔ'ʂikti] |
| valoroso (agg) | modig | ['mʊdi] |

T&P Books. Vocabolario Italiano-Norvegese per studio autodidattico - 9000 parole

| serio (agg) | alvorlig | [al'vɔːli] |
| severo (agg) | streng | ['strɛŋ] |

deciso (agg)	besluttsom	[be'slʉtˌsɔm]
indeciso (agg)	ubesluttsom	[ʉbe'slʉtˌsɔm]
timido (agg)	forsagt	['fɔˌsakt]
timidezza (f)	forsagthet (m)	['fɔsaktˌhet]

fiducia (f)	tillit (m)	['tilit]
fidarsi (vr)	å tro	[ɔ 'trʉ]
fiducioso (agg)	tillitsfull	['tilitsˌfʉl]

sinceramente	oppriktig	[ɔp'rikti]
sincero (agg)	oppriktig	[ɔp'rikti]
sincerità (f)	oppriktighet (m)	[ɔp'riktiˌhet]
aperto (agg)	åpen	['ɔpən]

tranquillo (agg)	stille	['stilə]
sincero (agg)	oppriktig	[ɔp'rikti]
ingenuo (agg)	naiv	[na'iv]
distratto (agg)	forstrødd	['fʉˌstrød]
buffo (agg)	morsom	['mʉsɔm]

avidità (f)	grådighet (m)	['groːdiˌhet]
avido (agg)	grådig	['groːdi]
avaro (agg)	gjerrig	['jæri]
cattivo (agg)	ond	['ʉn]
testardo (agg)	hårdnakket	['hɔːrˌnakət]
antipatico (agg)	ubehagelig	[ʉbe'hageli]

egoista (m)	egoist (m)	[ɛgʉ'ist]
egoistico (agg)	egoistisk	[ɛgʉ'istisk]
codardo (m)	feiging (m)	['fæjgiŋ]
codardo (agg)	feig	['fæjg]

63. Dormire. Sogni

dormire (vi)	å sove	[ɔ 'sɔvə]
sonno (m) (stato di sonno)	søvn (m)	['sœvn]
sogno (m)	drøm (m)	['drøm]
sognare (fare sogni)	å drømme	[ɔ 'drœmə]
sonnolento (agg)	søvnig	['sœvni]

letto (m)	seng (m/f)	['sɛŋ]
materasso (m)	madrass (m)	[ma'dras]
coperta (f)	dyne (m/f)	['dynə]
cuscino (m)	pute (m/f)	['pʉtə]
lenzuolo (m)	laken (n)	['lakən]

insonnia (f)	søvnløshet (m)	['sœvnløsˌhet]
insonne (agg)	søvnløs	['sœvnˌløs]
sonnifero (m)	sovetablett (n)	['sɔveˌtab'let]
prendere il sonnifero	å ta en sovetablett	[ɔ 'ta en 'sɔveˌtab'let]
avere sonno	å være søvnig	[ɔ 'værə 'sœvni]

T&P Books. Vocabolario Italiano-Norvegese per studio autodidattico - 9000 parole

sbadigliare (vi)	å gjespe	[ɔ 'jɛspə]
andare a letto	å gå til sengs	[ɔ 'gɔ til 'sɛŋs]
fare il letto	å re opp sengen	[ɔ 're ɔp 'sɛŋən]
addormentarsi (vr)	å falle i søvn	[ɔ 'falə i 'søvn]

incubo (m)	mareritt (n)	['marə‚rit]
russare (m)	snork (m)	['snɔrk]
russare (vi)	å snorke	[ɔ 'snɔrkə]

sveglia (f)	vekkerklokka (m/f)	['vɛkər‚klɔka]
svegliare (vt)	å vekke	[ɔ 'vɛkə]
svegliarsi (vr)	å våkne	[ɔ 'vɔknə]
alzarsi (vr)	å stå opp	[ɔ 'stɔː ɔp]
lavarsi (vr)	å vaske seg	[ɔ 'vaskə sæj]

64. Umorismo. Risata. Felicità

umorismo (m)	humor (m/n)	['hʉmʊr]
senso (m) dello humour	sans (m) for humor	['sans for 'hʉmʊr]
divertirsi (vr)	å more seg	[ɔ 'mʊrə sæj]
allegro (agg)	glad, munter	['gla], ['mʉntər]
allegria (f)	munterhet (m)	['mʉntər‚het]

sorriso (m)	smil (m/n)	['smil]
sorridere (vi)	å smile	[ɔ 'smilə]
mettersi a ridere	å begynne å skratte	[ɔ be'jinə ɔ 'skratə]
ridere (vi)	å le, å skratte	[ɔ 'le], [ɔ 'skratə]
riso (m)	latter (m), skratt (m/n)	['latər], ['skrat]

aneddoto (m)	anekdote (m)	[anek'dɔtə]
divertente (agg)	morsom	['mʊʂɔm]
ridicolo (agg)	morsom	['mʊʂɔm]

scherzare (vi)	å spøke	[ɔ 'spøkə]
scherzo (m)	skjemt, spøk (m)	['ʂɛmt], ['spøk]
gioia (f) (fare salti di ~)	glede (m/f)	['gledə]
rallegrarsi (vr)	å glede seg	[ɔ 'gledə sæj]
allegro (agg)	glad	['gla]

65. Discussione. Conversazione. Parte 1

| comunicazione (f) | kommunikasjon (m) | [kʊmʉnika'ʂʊn] |
| comunicare (vi) | å kommunisere | [ɔ kʊmʉni'serə] |

conversazione (f)	samtale (m)	['sam‚talə]
dialogo (m)	dialog (m)	[dia'lɔg]
discussione (f)	diskusjon (m)	[diskʉ'ʂʊn]
dibattito (m)	debatt (m)	[de'bat]
discutere (vi)	å diskutere	[ɔ diskʉ'terə]

| interlocutore (m) | samtalepartner (m) | ['sam‚talə 'paːtnər] |
| tema (m) | emne (n) | ['ɛmnə] |

63

T&P Books. Vocabolario Italiano-Norvegese per studio autodidattico - 9000 parole

punto (m) di vista	synspunkt (n)	['sʏns͵pʉnt]
opinione (f)	mening (m/f)	['meniŋ]
discorso (m)	tale (m)	['tɑlə]

discussione (f)	diskusjon (m)	[diskʉ'ʂʉn]
discutere (~ una proposta)	å drøfte, å diskutere	[ɔ 'drœftə], [ɔ diskʉ'terə]
conversazione (f)	samtale (m)	['sɑm͵tɑlə]
conversare (vi)	å snakke, å samtale	[ɔ 'snɑkə], [ɔ 'sɑm͵tɑlə]
incontro (m)	møte (n)	['møtə]
incontrarsi (vr)	å møtes	[ɔ 'møtəs]

proverbio (m)	ordspråk (n)	['uːr͵sprɔk]
detto (m)	ordstev (n)	['uːr͵stev]
indovinello (m)	gåte (m)	['goːtə]
fare un indovinello	å utgjøre en gåte	[ɔ ʉt'jørə en 'goːtə]
parola (f) d'ordine	passord (n)	['pɑs͵uːr]
segreto (m)	hemmelighet (m/f)	['hɛməli͵het]

giuramento (m)	ed (m)	['ɛd]
giurare (prestare giuramento)	å sverge	[ɔ 'sværgə]
promessa (f)	løfte (n), loven (m)	['lœftə], ['lɔvən]
promettere (vt)	å love	[ɔ 'lɔvə]

consiglio (m)	råd (n)	['rɔd]
consigliare (vt)	å råde	[ɔ 'roːdə]
seguire il consiglio	å følge råd	[ɔ 'følə 'roːd]
ubbidire (ai genitori)	å adlyde	[ɔ 'ɑd͵lydə]

notizia (f)	nyhet (m)	['nyhet]
sensazione (f)	sensasjon (m)	[sɛnsɑ'ʂʉn]
informazioni (f pl)	opplysninger (m/f pl)	['ɔp͵lʏsniŋər]
conclusione (f)	slutning (m)	['ʂlʉtniŋ]
voce (f)	røst (m/f), stemme (m)	['røst], ['stɛmə]
complimento (m)	kompliment (m)	[kʊmpli'mɑŋ]
gentile (agg)	elskverdig	[ɛlsk'værdi]

parola (f)	ord (n)	['uːr]
frase (f)	frase (m)	['frɑsə]
risposta (f)	svar (n)	['svɑr]

| verità (f) | sannhet (m) | ['sɑn͵het] |
| menzogna (f) | løgn (m/f) | ['løjn] |

pensiero (m)	tanke (m)	['tɑnkə]
idea (f)	ide (m)	[i'de]
fantasia (f)	fantasi (m)	[fɑntɑ'si]

66. Discussione. Conversazione. Parte 2

rispettato (agg)	respektert	[rɛspɛk'tɛːt]
rispettare (vt)	å respektere	[ɔ rɛspɛk'terə]
rispetto (m)	respekt (m)	[rɛ'spɛkt]
Egregio ...	Kjære ...	['çærə ...]
presentare (~ qn)	å introdusere	[ɔ intrɔdʉ'serə]

fare la conoscenza di ...	å stifte bekjentskap med ...	[ɔ 'stiftə be'çɛnˌskap me ...]
intenzione (f)	hensikt (m)	['hɛnˌsikt]
avere intenzione	å ha til hensikt	[ɔ 'ha til 'hɛnˌsikt]
augurio (m)	ønske (n)	['ønskə]
augurare (vt)	å ønske	[ɔ 'ønskə]

sorpresa (f)	overraskelse (m/f)	['ɔvəˌraskəlsə]
sorprendere (stupire)	å forundre	[ɔ fɔ'rʉndrə]
stupirsi (vr)	å bli forundret	[ɔ 'bli fɔ'rʉndrət]

dare (vt)	å gi	[ɔ 'ji]
prendere (vt)	å ta	[ɔ 'ta]
rendere (vt)	å gi tilbake	[ɔ 'ji til'bakə]
restituire (vt)	å returnere	[ɔ retʉr'nerə]

scusarsi (vr)	å unnskylde seg	[ɔ 'ʉnˌsylə sæj]
scusa (f)	unnskyldning (m/f)	['ʉnˌsyldniŋ]
perdonare (vt)	å tilgi	[ɔ 'tilˌji]

parlare (vi, vt)	å tale	[ɔ 'talə]
ascoltare (vi)	å lye, å lytte	[ɔ 'lye], [ɔ 'lʏtə]
ascoltare fino in fondo	å høre på	[ɔ 'hørə pɔ]
capire (vt)	å forstå	[ɔ fɔ'ʂtɔ]

mostrare (vt)	å vise	[ɔ 'visə]
guardare (vt)	å se på ...	[ɔ 'se pɔ ...]
chiamare (rivolgersi a)	å kalle	[ɔ 'kalə]
dare fastidio	å distrahere	[ɔ distra'erə]
disturbare (vt)	å forstyrre	[ɔ fɔ'ʂtʏrə]
consegnare (vt)	å rekke	[ɔ 'rɛkə]

richiesta (f)	begjæring (m/f)	[be'jæriŋ]
chiedere (vt)	å be, å bede	[ɔ 'be], [ɔ 'bedə]
esigenza (f)	krav (n)	['krav]
esigere (vt)	å kreve	[ɔ 'krevə]

stuzzicare (vt)	å erte	[ɔ 'ɛːtə]
canzonare (vt)	å håne	[ɔ 'hoːnə]
burla (f), beffa (f)	hån (m)	['hɔn]
soprannome (m)	kallenavn, tilnavn (n)	['kaləˌnavn], ['tilˌnavn]

allusione (f)	insinuasjon (m)	[insinʉa'ʂʉn]
alludere (vi)	å insinuere	[ɔ insinu'erə]
intendere (cosa intendi dire?)	å bety	[ɔ 'bety]

descrizione (f)	beskrivelse (m)	[be'skrivəlsə]
descrivere (vt)	å beskrive	[ɔ be'skrivə]
lode (f)	ros (m)	['rʊs]
lodare (vt)	å rose, å berømme	[ɔ 'rʊsə], [ɔ be'rœmə]

delusione (f)	skuffelse (m)	['skʉfəlsə]
deludere (vt)	å skuffe	[ɔ 'skʉfə]
rimanere deluso	å bli skuffet	[ɔ 'bli 'skʉfət]

supposizione (f)	antagelse (m)	[an'tagəlsə]
supporre (vt)	å anta, å formode	[ɔ 'anˌta], [ɔ fɔr'mʉdə]

T&P Books. Vocabolario Italiano-Norvegese per studio autodidattico - 9000 parole

| avvertimento (m) | advarsel (m) | ['adˌvaʂəl] |
| avvertire (vt) | å advare | [ɔ 'adˌvarə] |

67. Discussione. Conversazione. Parte 3

persuadere (vt)	å overtale	[ɔ 'ɔvəˌtalə]
tranquillizzare (vt)	å berolige	[ɔ be'rʉliə]
silenzio (m) (il ~ è d'oro)	taushet (m)	['taʊsˌhet]
tacere (vi)	å tie	[ɔ 'tie]
sussurrare (vt)	å hviske	[ɔ 'viskə]
sussurro (m)	hvisking (m/f)	['viskiŋ]
francamente	oppriktig	[ɔp'rikti]
secondo me ...	etter min mening ...	['ɛtər min 'meniŋ ...]
dettaglio (m)	detalj (m)	[de'talj]
dettagliato (agg)	detaljert	[deta'ljɛːt]
dettagliatamente	i detaljer	[i de'taljer]
suggerimento (m)	vink (n)	['vink]
suggerire (vt)	å gi et vink	[ɔ 'ji et 'vink]
sguardo (m)	blikk (n)	['blik]
gettare uno sguardo	å kaste et blikk	[ɔ 'kastə et 'blik]
fisso (agg)	stiv	['stiv]
battere le palpebre	å blinke	[ɔ 'blinkə]
ammiccare (vi)	å blinke	[ɔ 'blinkə]
accennare col capo	å nikke	[ɔ 'nikə]
sospiro (m)	sukk (n)	['sʉk]
sospirare (vi)	å sukke	[ɔ 'sʉkə]
sussultare (vi)	å gyse	[ɔ 'jisə]
gesto (m)	gest (m)	['gɛst]
toccare (~ il braccio)	å røre	[ɔ 'rørə]
afferrare (~ per il braccio)	å gripe	[ɔ 'gripə]
picchiettare (~ la spalla)	å klappe	[ɔ 'klapə]
Attenzione!	Pass på!	['pas 'pɔ]
Davvero?	Virkelig?	['virkəli]
Sei sicuro?	Er du sikker?	[ɛr dʉ 'sikər]
Buona fortuna!	Lykke til!	['lʏkə til]
Capito!	Jeg forstår!	['jæ fɔ'ʂtoːr]
Peccato!	Det var synd!	[de var 'sʏn]

68. Accordo. Rifiuto

accordo (m)	samtykke (n)	['samˌtʏkə]
essere d'accordo	å samtykke	[ɔ 'samˌtʏkə]
approvazione (f)	godkjennelse (m)	['gʉˌçɛnəlsə]
approvare (vt)	å godkjenne	[ɔ 'gʉˌçɛnə]
rifiuto (m)	avslag (n)	['afˌslag]

66

rifiutarsi (vr)	å vegre seg	[ɔ 'vɛgrə sæj]
Perfetto!	Det er fint!	['de ær 'fint]
Va bene!	Godt!	['gɔt]
D'accordo!	OK! Enig!	[ɔ'kɛj], ['ɛni]
vietato, proibito (agg)	forbudt	[fɔr'bʉt]
è proibito	det er forbudt	[de ær fɔr'bʉt]
è impossibile	det er umulig	[de ær ʉ'mʉli]
sbagliato (agg)	uriktig, ikke riktig	['ʉˌrikti], ['ikə ˌrikti]
respingere (~ una richiesta)	å avslå	[ɔ 'afˌslɔ]
sostenere (~ un'idea)	å støtte	[ɔ 'stœtə]
accettare (vt)	å akseptere	[ɔ aksɛp'terə]
confermare (vt)	å bekrefte	[ɔ be'krɛftə]
conferma (f)	bekreftelse (m)	[be'krɛftəlsə]
permesso (m)	tillatelse (m)	['tiˌlatəlsə]
permettere (vt)	å tillate	[ɔ 'tiˌlatə]
decisione (f)	beslutning (m)	[be'ʂlʉtniŋ]
non dire niente	å tie	[ɔ 'tie]
condizione (f)	betingelse (m)	[be'tiŋəlsə]
pretesto (m)	foregivende (n)	['fɔrəjivnə]
lode (f)	ros (m)	['rʊs]
lodare (vt)	å rose, å berømme	[ɔ 'rʊsə], [ɔ be'rœmə]

69. Successo. Fortuna. Fiasco

successo (m)	suksess (m)	[sʉk'sɛ]
con successo	med suksess	[me sʉk'sɛ]
ben riuscito (agg)	vellykket	['velˌlʏkət]
fortuna (f)	hell (n), lykke (m/f)	['hɛl], ['lʏkə]
Buona fortuna!	Lykke til!	['lʏkə til]
fortunato (giorno ~)	heldig, lykkelig	['hɛldi], ['lʏkəli]
fortunato (persona ~a)	heldig	['hɛldi]
fiasco (m)	mislykkelse, fiasko (m)	['misˌlʏkəlsə], [fi'askʊ]
disdetta (f)	uhell (n), utur (m)	['ʉˌhɛl], ['ʉˌtʉr]
sfortuna (f)	uhell (n)	['ʉˌhɛl]
fallito (agg)	mislykket	['misˌlʏkət]
disastro (m)	katastrofe (m)	[kata'strɔfə]
orgoglio (m)	stolthet (m)	['stɔltˌhet]
orgoglioso (agg)	stolt	['stɔlt]
essere fiero di ...	å være stolt	[ɔ 'værə 'stɔlt]
vincitore (m)	seierherre (m)	['sæjərˌhɛrə]
vincere (vi)	å seire, å vinne	[ɔ 'sæjrə], [ɔ 'vinə]
perdere (subire una sconfitta)	å tape	[ɔ 'tapə]
tentativo (m)	forsøk (n)	['fɔ'ʂøk]
tentare (vi)	å prøve, å forsøke	[ɔ 'prøvə], [ɔ fɔ'ʂøkə]
chance (f)	sjanse (m)	['ʂansə]

70. Dispute. Sentimenti negativi

grido (m)	skrik (n)	['skrik]
gridare (vi)	å skrike	[ɔ 'skrikə]
mettersi a gridare	å begynne å skrike	[ɔ be'jinə ɔ 'skrikə]

litigio (m)	krangel (m)	['kraŋəl]
litigare (vi)	å krangle	[ɔ 'kraŋlə]
lite (f)	skandale (m)	[skan'dalə]
dare scandalo (litigare)	å gjøre skandale	[ɔ 'jørə skan'dalə]
conflitto (m)	konflikt (m)	[kʊn'flikt]
fraintendimento (m)	misforståelse (m)	[misfɔ'ʂtɔəlsə]

insulto (m)	fornærmelse (m)	[fɔ:'nærməlsə]
insultare (vt)	å fornærme	[ɔ fɔ:'nærmə]
offeso (agg)	fornærmet	[fɔ:'nærmət]
offesa (f)	fornærmelse (m)	[fɔ:'nærməlsə]
offendere (qn)	å fornærme	[ɔ fɔ:'nærmə]
offendersi (vr)	å bli fornærmet	[ɔ 'bli fɔ:'nærmət]

indignazione (f)	forargelse (m)	[fɔ'rargəlsə]
indignarsi (vr)	å bli indignert	[ɔ 'bli indi'gnɛ:t]
lamentela (f)	klage (m)	['klagə]
lamentarsi (vr)	å klage	[ɔ 'klagə]

scusa (f)	unnskyldning (m/f)	['ʉnˌsyldniŋ]
scusarsi (vr)	å unnskylde seg	[ɔ 'ʉnˌsylə sæj]
chiedere scusa	å be om forlatelse	[ɔ 'be ɔm fɔ:'latəlsə]

critica (f)	kritikk (m)	[kri'tik]
criticare (vt)	å kritisere	[ɔ kriti'serə]
accusa (f)	anklagelse (m)	['anˌklagəlsə]
accusare (vt)	å anklage	[ɔ 'anˌklagə]

vendetta (f)	hevn (m)	['hɛvn]
vendicare (vt)	å hevne	[ɔ 'hɛvnə]
vendicarsi (vr)	å hevne	[ɔ 'hɛvnə]

disprezzo (m)	forakt (m)	[fɔ'rakt]
disprezzare (vt)	å forakte	[ɔ fɔ'raktə]
odio (m)	hat (n)	['hat]
odiare (vt)	å hate	[ɔ 'hatə]

nervoso (agg)	nervøs	[nær'vøs]
essere nervoso	å være nervøs	[ɔ 'værə nær'vøs]
arrabbiato (agg)	vred, sint	['vred], ['sint]
fare arrabbiare	å gjøre sint	[ɔ 'jørə ˌsint]

umiliazione (f)	ydmykelse (m)	['ydˌmykəlsə]
umiliare (vt)	å ydmyke	[ɔ 'ydˌmykə]
umiliarsi (vr)	å ydmyke seg	[ɔ 'ydˌmykə sæj]

shock (m)	sjokk (n)	['ʂɔk]
scandalizzare (vt)	å sjokkere	[ɔ ʂɔ'kerə]
problema (m) (avere ~i)	knipe (m/f)	['knipə]

spiacevole (agg)	ubehagelig	[ʉbeˈhɑgeli]
spavento (m), paura (f)	redsel, frykt (m)	[ˈrɛtsəl], [ˈfrʏkt]
terribile (una tempesta ~)	fryktelig	[ˈfrʏkteli]
spaventoso (un racconto ~)	uhyggelig, skremmende	[ˈʉhygəli], [ˈskrɛmənə]
orrore (m)	redsel (m)	[ˈrɛtsəl]
orrendo (un crimine ~)	forferdelig	[fɔrˈfærdəli]
cominciare a tremare	å begynne å ryste	[ɔ beˈjinə ɔ ˈrystə]
piangere (vi)	å gråte	[ɔ ˈgroːtə]
mettersi a piangere	å begynne å gråte	[ɔ beˈjinə ɔ ˈgroːtə]
lacrima (f)	tåre (m/f)	[ˈtoːrə]
colpa (f)	skyld (m/f)	[ˈṣyl]
senso (m) di colpa	skyldfølelse (m)	[ˈṣylˌføləlsə]
vergogna (f)	skam, vanære (m/f)	[ˈskɑm], [ˈvɑnærə]
protesta (f)	protest (m)	[prʊˈtɛst]
stress (m)	stress (m/n)	[ˈstrɛs]
disturbare (vt)	å forstyrre	[ɔ fɔˈṣtʏrə]
essere arrabbiato	å være sint	[ɔ ˈværə ˌsint]
arrabbiato (agg)	vred, sint	[ˈvred], [ˈsint]
porre fine a ... (~ una relazione)	å avbryte	[ɔ ˈɑvˌbrytə]
rimproverare (vt)	å sverge	[ɔ ˈsværgə]
spaventarsi (vr)	å bli skremt	[ɔ ˈbli ˈskrɛmt]
colpire (vt)	å slå	[ɔ ˈṣlɔ]
picchiarsi (vr)	å slåss	[ɔ ˈṣlɔs]
regolare (~ un conflitto)	å løse	[ɔ ˈløsə]
scontento (agg)	misfornøyd, utilfreds	[ˈmisˌfɔːˈnøjd], [ˈʉtilˌfrɛds]
furioso (agg)	rasende	[ˈrɑsenə]
Non sta bene!	Det er ikke bra!	[de ær ikə ˈbrɑ]
Fa male!	Det er dårlig!	[de ær ˈdoːli]

Medicinali

71. Malattie

malattia (f)	sykdom (m)	['sʏkˌdɔm]
essere malato	å være syk	[ɔ 'værə 'syk]
salute (f)	helse (m/f)	['hɛlsə]

raffreddore (m)	snue (m)	['snʉə]
tonsillite (f)	angina (m)	[an'gina]
raffreddore (m)	forkjølelse (m)	[fɔr'çœlələ]
raffreddarsi (vr)	å forkjøle seg	[ɔ for'çœlə sæj]

bronchite (f)	bronkitt (m)	[brɔn'kit]
polmonite (f)	lungebetennelse (m)	['lʉŋə be'tɛnəlsə]
influenza (f)	influensa (m)	[inflʉ'ɛnsa]

miope (agg)	nærsynt	['næˌsʏnt]
presbite (agg)	langsynt	['laŋsʏnt]
strabismo (m)	skjeløydhet (m)	['ʂɛløjdˌhet]
strabico (agg)	skjeløyd	['ʂɛlˌøjd]
cateratta (f)	grå stær, katarakt (m)	['grɔ ˌstær], [kata'rakt]
glaucoma (m)	glaukom (n)	[glaʊ'kɔm]

ictus (m) cerebrale	hjerneslag (n)	['jæːˌɳəˌslag]
attacco (m) di cuore	infarkt (n)	[in'farkt]
infarto (m) miocardico	myokardieinfarkt (n)	['miɔ'kardiə in'farkt]
paralisi (f)	paralyse, lammelse (m)	['para'lyse], ['lamələ]
paralizzare (vt)	å lamme	[ɔ 'lamə]

allergia (f)	allergi (m)	[alæː'gi]
asma (f)	astma (m)	['astma]
diabete (m)	diabetes (m)	[dia'betəs]

mal (m) di denti	tannpine (m/f)	['tanˌpinə]
carie (f)	karies (m)	['karies]

diarrea (f)	diaré (m)	[dia'rɛ]
stitichezza (f)	forstoppelse (m)	[fɔ'ʂtɔpəlsə]
disturbo (m) gastrico	magebesvær (m)	['magəˌbe'svær]
intossicazione (f) alimentare	matforgiftning (m/f)	['matˌfɔr'jiftniŋ]
intossicarsi (vr)	å få matforgiftning	[ɔ 'fɔ matˌfɔr'jiftniŋ]

artrite (f)	artritt (m)	[aːţ'rit]
rachitide (f)	rakitt (m)	[ra'kit]
reumatismo (m)	revmatisme (m)	[revma'tismə]
aterosclerosi (f)	arteriosklerose (m)	[aːˈteriʊskleˌrʊsə]

gastrite (f)	magekatarr, gastritt (m)	['magəkaˌtar], [ˌga'strit]
appendicite (f)	appendisitt (m)	[apɛndi'sit]

| colecistite (f) | galleblærebetennelse (m) | ['galə‚blærə be'tɛnəlsə] |
| ulcera (f) | magesår (n) | ['magə‚sɔr] |

morbillo (m)	meslinger (m pl)	['mɛsˌliŋər]
rosolia (f)	røde hunder (m pl)	['rødə 'hʉnər]
itterizia (f)	gulsott (m/f)	['gʉlˌsʊt]
epatite (f)	hepatitt (m)	[hepɑ'tit]

schizofrenia (f)	schizofreni (m)	[ṣisʊfre'ni]
rabbia (f)	rabies (m)	['rabiəs]
nevrosi (f)	nevrose (m)	[nev'rʉsə]
commozione (f) cerebrale	hjernerystelse (m)	['jæːŋəˌrʏstəlsə]

cancro (m)	kreft, cancer (m)	['krɛft], ['kansər]
sclerosi (f)	sklerose (m)	[skle'rʉsə]
sclerosi (f) multipla	multippel sklerose (m)	[mʉl'tipəl skle'rʉsə]

alcolismo (m)	alkoholisme (m)	[alkʊhʊ'lismə]
alcolizzato (m)	alkoholiker (m)	[alkʊ'hʊlikər]
sifilide (f)	syfilis (m)	['syfilis]
AIDS (m)	AIDS, aids (m)	['ɛjds]

tumore (m)	svulst, tumor (m)	['svʉlst], [tʉ'mʊr]
maligno (agg)	ondartet, malign	['ʊnˌɑːtət], [mɑ'lign]
benigno (agg)	godartet	['gʊˌɑːtət]

febbre (f)	feber (m)	['febər]
malaria (f)	malaria (m)	[mɑ'lɑriɑ]
cancrena (f)	koldbrann (m)	['kɔlbrɑn]
mal (m) di mare	sjøsyke (m)	['ṣøˌsykə]
epilessia (f)	epilepsi (m)	[ɛpilep'si]

epidemia (f)	epidemi (m)	[ɛpide'mi]
tifo (m)	tyfus (m)	['tyfʉs]
tubercolosi (f)	tuberkulose (m)	[tubærkʉ'lɔsə]
colera (m)	kolera (m)	['kʊlera]
peste (f)	pest (m)	['pɛst]

72. Sintomi. Cure. Parte 1

sintomo (m)	symptom (n)	[sʏmp'tʊm]
temperatura (f)	temperatur (m)	[tɛmpərɑ'tʉr]
febbre (f) alta	høy temperatur (m)	['høj tɛmpərɑ'tʉr]
polso (m)	puls (m)	['pʉls]

capogiro (m)	svimmelhet (m)	['svimǝlˌhet]
caldo (agg)	varm	['vɑrm]
brivido (m)	skjelving (m/f)	['ṣɛlviŋ]
pallido (un viso ~)	blek	['blek]

tosse (f)	hoste (m)	['hʊstə]
tossire (vi)	å hoste	[ɔ 'hʊstə]
starnutire (vi)	å nyse	[ɔ 'nysə]
svenimento (m)	besvimelse (m)	[bɛ'svimǝlsə]

T&P Books. Vocabolario Italiano-Norvegese per studio autodidattico - 9000 parole

svenire (vi)	å besvime	[ɔ be'svimə]
livido (m)	blåmerke (n)	['blɔˌmærkə]
bernoccolo (m)	bule (m)	['bʉlə]
farsi un livido	å slå seg	[ɔ 'ʂlɔ sæj]
contusione (f)	blåmerke (n)	['blɔˌmærkə]
farsi male	å slå seg	[ɔ 'ʂlɔ sæj]

zoppicare (vi)	å halte	[ɔ 'haltə]
slogatura (f)	forvridning (m)	[fɔr'vridniŋ]
slogarsi (vr)	å forvri	[ɔ fɔr'vri]
frattura (f)	brudd (n), fraktur (m)	['brʉd], [frak'tʉr]
fratturarsi (vr)	å få brudd	[ɔ 'fɔ 'brʉd]

taglio (m)	skjæresår (n)	['ʂæːrəˌsɔr]
tagliarsi (vr)	å skjære seg	[ɔ 'ʂæːrə sæj]
emorragia (f)	blødning (m/f)	['blødniŋ]

| scottatura (f) | brannsår (n) | ['branˌsɔr] |
| scottarsi (vr) | å brenne seg | [ɔ 'brɛnə sæj] |

pungere (vt)	å stikke	[ɔ 'stikə]
pungersi (vr)	å stikke seg	[ɔ 'stikə sæj]
ferire (vt)	å skade	[ɔ 'skadə]
ferita (f)	skade (n)	['skadə]
lesione (f)	sår (n)	['sɔr]
trauma (m)	traume (m)	['traʊmə]

delirare (vi)	å snakke i villelse	[ɔ 'snakə i 'viləlsə]
tartagliare (vi)	å stamme	[ɔ 'stamə]
colpo (m) di sole	solstikk (n)	['sʉlˌstik]

73. Sintomi. Cure. Parte 2

| dolore (m), male (m) | smerte (m) | ['smæːtə] |
| scheggia (f) | flis (m/f) | ['flis] |

sudore (m)	svette (m)	['svɛtə]
sudare (vi)	å svette	[ɔ 'svɛtə]
vomito (m)	oppkast (n)	['ɔpˌkast]
convulsioni (f pl)	kramper (m pl)	['krampər]

incinta (agg)	gravid	[gra'vid]
nascere (vi)	å fødes	[ɔ 'fødə]
parto (m)	fødsel (m)	['føtsəl]
essere in travaglio di parto	å føde	[ɔ 'fødə]
aborto (m)	abort (m)	[a'bɔːt]

respirazione (f)	åndedrett (n)	['ɔndəˌdrɛt]
inspirazione (f)	innånding (m/f)	['inˌɔniŋ]
espirazione (f)	utånding (m/f)	['ʉtˌɔndiŋ]
espirare (vi)	å puste ut	[ɔ 'pʉstə ʉt]
inspirare (vi)	å ånde inn	[ɔ 'ɔndə ˌin]
invalido (m)	handikappet person (m)	['handiˌkapət pæ'ʂʉn]
storpio (m)	krøpling (m)	['krøpliŋ]

72

T&P Books. Vocabolario Italiano-Norvegese per studio autodidattico - 9000 parole

drogato (m)	narkoman (m)	[nɑrkʉ'mɑn]
sordo (agg)	døv	['døv]
muto (agg)	stum	['stʉm]
sordomuto (agg)	døvstum	['døf͵stʉm]

matto (agg)	gal	['gɑl]
matto (m)	gal mann (m)	['gɑl ͵mɑn]
matta (f)	gal kvinne (m/f)	['gɑl ͵kvinə]
impazzire (vi)	å bli sinnssyk	[ɔ 'bli 'sin͵syk]

gene (m)	gen (m)	['gen]
immunità (f)	immunitet (m)	[imʉni'tet]
ereditario (agg)	arvelig	['ɑrvəli]
innato (agg)	medfødt	['meː͵føt]

virus (m)	virus (m)	['virʉs]
microbo (m)	mikrobe (m)	[mi'krʉbə]
batterio (m)	bakterie (m)	[bɑk'teriə]
infezione (f)	infeksjon (m)	[infɛk'ʂʉn]

74. Sintomi. Cure. Parte 3

| ospedale (m) | sykehus (n) | ['sykə͵hʉs] |
| paziente (m) | pasient (m) | [pɑsi'ɛnt] |

diagnosi (f)	diagnose (m)	[diɑ'gnʉsə]
cura (f)	kur (m)	['kʉr]
trattamento (m)	behandling (m/f)	[be'hɑndliŋ]
curarsi (vr)	å bli behandlet	[ɔ 'bli be'hɑndlət]
curare (vt)	å behandle	[ɔ be'hɑndlə]
accudire (un malato)	å skjøtte	[ɔ 'ʂøtə]
assistenza (f)	sykepleie (m/f)	['sykə͵plæjə]

operazione (f)	operasjon (m)	[ɔpərɑ'ʂʉn]
bendare (vt)	å forbinde	[ɔ fɔr'binə]
fasciatura (f)	forbinding (m)	[fɔr'biniŋ]

vaccinazione (f)	vaksinering (m/f)	[vɑksi'neriŋ]
vaccinare (vt)	å vaksinere	[ɔ vɑksi'nerə]
iniezione (f)	injeksjon (m), sprøyte (m/f)	[injɛk'ʂʉn], ['sprøjtə]
fare una puntura	å gi en sprøyte	[ɔ 'ji en 'sprøjtə]

attacco (m) (~ epilettico)	anfall (n)	['ɑn͵fɑl]
amputazione (f)	amputasjon (m)	[ɑmpʉtɑ'ʂʉn]
amputare (vt)	å amputere	[ɔ ɑmpʉ'terə]
coma (m)	koma (m)	['kʉmɑ]
essere in coma	å ligge i koma	[ɔ 'ligə i 'kʉmɑ]
rianimazione (f)	intensivavdeling (m/f)	['inten͵siv 'ɑv͵deliŋ]

guarire (vi)	å bli frisk	[ɔ 'bli 'frisk]
stato (f) (del paziente)	tilstand (m)	['til͵stɑn]
conoscenza (f)	bevissthet (m)	[be'vist͵het]
memoria (f)	minne (n), hukommelse (m)	['minə], [hʉ'kɔməlsə]
estrarre (~ un dente)	å trekke ut	[ɔ 'trɛkə ʉt]

73

| otturazione (f) | fylling (m/f) | ['fʏliŋ] |
| otturare (vt) | å plombere | [ɔ plʊm'berə] |

| ipnosi (f) | hypnose (m) | [hʏp'nʊsə] |
| ipnotizzare (vt) | å hypnotisere | [ɔ hʏpnʊti'serə] |

75. Medici

medico (m)	lege (m)	['legə]
infermiera (f)	sykepleierske (m/f)	['sykə‚plæjeʂkə]
medico (m) personale	personlig lege (m)	[pæ'ʂʊnli 'legə]

dentista (m)	tannlege (m)	['tɑn‚legə]
oculista (m)	øyelege (m)	['øjə‚legə]
internista (m)	terapeut (m)	[terɑ'pɛut]
chirurgo (m)	kirurg (m)	[çi'rʉrg]

psichiatra (m)	psykiater (m)	[syki'ɑtər]
pediatra (m)	barnelege (m)	['bɑːnə‚legə]
psicologo (m)	psykolog (m)	[sykʊ'lɔg]
ginecologo (m)	gynekolog (m)	[gynekʊ'lɔg]
cardiologo (m)	kardiolog (m)	[kɑːdiʊ'lɔg]

76. Medicinali. Farmaci. Accessori

medicina (f)	medisin (m)	[medi'sin]
rimedio (m)	middel (n)	['midəl]
prescrivere (vt)	å ordinere	[ɔ ɔrdi'nerə]
prescrizione (f)	resept (m)	[re'sɛpt]

compressa (f)	tablett (m)	[tɑb'let]
unguento (m)	salve (m/f)	['sɑlvə]
fiala (f)	ampulle (m)	[ɑm'pʉlə]
pozione (f)	mikstur (m)	[miks'tʉr]
sciroppo (m)	sirup (m)	['sirʉp]
pillola (f)	pille (m/f)	['pilə]
polverina (f)	pulver (n)	['pʉlvər]

benda (f)	gasbind (n)	['gɑs‚bin]
ovatta (f)	vatt (m/n)	['vɑt]
iodio (m)	jod (m/n)	['ʉd]

cerotto (m)	plaster (n)	['plɑstər]
contagocce (m)	pipette (m)	[pi'pɛtə]
termometro (m)	termometer (n)	[tɛrmʊ'metər]
siringa (f)	sprøyte (m/f)	['sprøjtə]

| sedia (f) a rotelle | rullestol (m) | ['rʉlə‚stʊl] |
| stampelle (f pl) | krykker (m/f pl) | ['krʏkər] |

| analgesico (m) | smertestillende middel (n) | ['smæːtə‚stilenə 'midəl] |
| lassativo (m) | laksativ (n) | [lɑksɑ'tiv] |

alcol (m)	sprit (m)	['sprit]
erba (f) officinale	legeurter (m/f pl)	['leɡəˌʉːtər]
d'erbe (infuso ~)	urte-	['ʉːtə-]

77. Fumo. Prodotti di tabaccheria

tabacco (m)	tobakk (m)	[tʊ'bɑk]
sigaretta (f)	sigarett (m)	[sigɑ'rɛt]
sigaro (m)	sigar (m)	[si'gɑr]
pipa (f)	pipe (m/f)	['pipə]
pacchetto (m) (di sigarette)	pakke (m/f)	['pɑkə]

fiammiferi (m pl)	fyrstikker (m/f pl)	['fyˌstikər]
scatola (f) di fiammiferi	fyrstikkeske (m)	['fyʂtikˌɛskə]
accendino (m)	tenner (m)	['tɛnər]
portacenere (m)	askebeger (n)	['ɑskəˌbegər]
portasigarette (m)	sigarettetui (n)	[sigɑ'rɛt ɛtʉ'i]

| bocchino (m) | munnstykke (n) | ['mʉnˌstʏkə] |
| filtro (m) | filter (n) | ['filtər] |

fumare (vi, vt)	å røyke	[ɔ 'røjkə]
accendere una sigaretta	å tenne en sigarett	[ɔ 'tɛnə en sigɑ'rɛt]
fumo (m)	røyking, røkning (m)	['røjkiŋ], ['røkniŋ]
fumatore (m)	røyker (m)	['røjkər]

cicca (f), mozzicone (m)	stump (m)	['stʉmp]
fumo (m)	røyk (m)	['røjk]
cenere (f)	aske (m/f)	['ɑskə]

HABITAT UMANO

Città

78. Città. Vita di città

città (f)	by (m)	['by]
capitale (f)	hovedstad (m)	['hʊvəd‚stɑd]
villaggio (m)	landsby (m)	['lɑns‚by]
mappa (f) della città	bykart (n)	['by‚kɑːt]
centro (m) della città	sentrum (n)	['sɛntrum]
sobborgo (m)	forstad (m)	['fɔ‚stɑd]
suburbano (agg)	forstads-	['fɔ‚stɑds-]
periferia (f)	utkant (m)	['ʉt‚kɑnt]
dintorni (m pl)	omegner (m pl)	['ɔm‚æjnər]
isolato (m)	kvarter (n)	[kvɑːʈer]
quartiere residenziale	boligkvarter (n)	['bʊli‚kvɑːʈer]
traffico (m)	trafikk (m)	[trɑ'fik]
semaforo (m)	trafikklys (n)	[trɑ'fik‚lys]
trasporti (m pl) urbani	offentlig transport (m)	['ɔfentli trɑns'pɔːt]
incrocio (m)	veikryss (n)	['væjkrʏs]
passaggio (m) pedonale	fotgjengerovergang (m)	['fʊtjɛŋər 'ɔvər‚gɑŋ]
sottopassaggio (m)	undergang (m)	['ʉnər‚gɑŋ]
attraversare (vt)	å gå over	[ɔ 'gɔ 'ɔvər]
pedone (m)	fotgjenger (m)	['fʊtjɛŋər]
marciapiede (m)	fortau (n)	['fɔː‚taʊ]
ponte (m)	bro (m/f)	['brʊ]
banchina (f)	kai (m/f)	['kɑj]
fontana (f)	fontene (m)	['fʊntnə]
vialetto (m)	allé (m)	[ɑ'leː]
parco (m)	park (m)	['pɑrk]
boulevard (m)	bulevard (m)	[bule'vɑr]
piazza (f)	torg (n)	['tɔr]
viale (m), corso (m)	aveny (m)	[ɑve'ny]
via (f), strada (f)	gate (m/f)	['gɑtə]
vicolo (m)	sidegate (m/f)	['sidə‚gɑtə]
vicolo (m) cieco	blindgate (m/f)	['blin‚gɑtə]
casa (f)	hus (n)	['hʉs]
edificio (m)	bygning (m/f)	['bʏgniŋ]
grattacielo (m)	skyskraper (m)	['şy‚skrɑpər]
facciata (f)	fasade (m)	[fɑ'sɑdə]
tetto (m)	tak (n)	['tɑk]

76

finestra (f)	vindu (n)	['vindʉ]
arco (m)	bue (m)	['bʉːə]
colonna (f)	søyle (m)	['søjlə]
angolo (m)	hjørne (n)	['jœːŋə]

vetrina (f)	utstillingsvindu (n)	['ʉtˌstiliŋs 'vindʉ]
insegna (f) (di negozi, ecc.)	skilt (n)	['ʂilt]
cartellone (m)	plakat (m)	[plɑ'kɑt]
cartellone (m) pubblicitario	reklameplakat (m)	[rɛ'klaməˌplɑ'kɑt]
tabellone (m) pubblicitario	reklametavle (m/f)	[rɛ'klaməˌtɑvlə]

pattume (m), spazzatura (f)	søppel (m/f/n), avfall (n)	['sœpəl], ['ɑvˌfɑl]
pattumiera (f)	søppelkasse (m/f)	['sœpəlˌkɑsə]
sporcare (vi)	å kaste søppel	[ɔ 'kɑstə 'sœpəl]
discarica (f) di rifiuti	søppelfylling (m/f), deponi (n)	['sœpəlˌfʏliŋ], [ˌdepɔ'ni]

cabina (f) telefonica	telefonboks (m)	[tele'fʊnˌbɔks]
lampione (m)	lyktestolpe (m)	['lʏktəˌstɔlpə]
panchina (f)	benk (m)	['bɛŋk]

poliziotto (m)	politi (m)	[pʊli'ti]
polizia (f)	politi (n)	[pʊli'ti]
mendicante (m)	tigger (m)	['tigər]
barbone (m)	hjemløs	['jɛmˌløs]

79. Servizi cittadini

negozio (m)	forretning, butikk (m)	[fɔ'rɛtniŋ], [bʉ'tik]
farmacia (f)	apotek (n)	[apʊ'tek]
ottica (f)	optikk (m)	[ɔp'tik]
centro (m) commerciale	kjøpesenter (n)	['çœpəˌsɛntər]
supermercato (m)	supermarked (n)	['sʉpəˌmɑrket]

panetteria (f)	bakeri (n)	[bɑke'ri]
fornaio (m)	baker (m)	['bɑkər]
pasticceria (f)	konditori (n)	[kʊnditɔ'ri]
drogheria (f)	matbutikk (m)	['mɑtbʉˌtik]
macelleria (f)	slakterbutikk (m)	['ʂlɑktəbʉˌtik]

| fruttivendolo (m) | grønnsaksbutikk (m) | ['grœnˌsɑks bʉ'tik] |
| mercato (m) | marked (n) | ['mɑrkəd] |

caffè (m)	kafé, kaffebar (m)	[kɑ'fe], ['kɑfəˌbɑr]
ristorante (m)	restaurant (m)	[rɛstʊ'rɑŋ]
birreria (f), pub (m)	pub (m)	['pʉb]
pizzeria (f)	pizzeria (m)	[pitsə'riɑ]

salone (m) di parrucchiere	frisørsalong (m)	[fri'sør sɑˌlɔŋ]
ufficio (m) postale	post (m)	['pɔst]
lavanderia (f) a secco	renseri (n)	[rɛnse'ri]
studio (m) fotografico	fotostudio (n)	['fɔtoˌstʉdio]

| negozio (m) di scarpe | skobutikk (m) | ['skʊˌbʉ'tik] |
| libreria (f) | bokhandel (m) | ['bʊkˌhɑndəl] |

T&P Books. Vocabolario Italiano-Norvegese per studio autodidattico - 9000 parole

negozio (m) sportivo	idrettsbutikk (m)	['idrɛts bʉ'tik]
riparazione (f) di abiti	reparasjon (m) av klær	[repɑrɑ'ʂʊn ɑːˌklær]
noleggio (m) di abiti	leie (m/f) av klær	['læjə ɑːˌklær]
noleggio (m) di film	filmutleie (m/f)	['filmˌʉt'læje]

circo (m)	sirkus (m/n)	['sirkʉs]
zoo (m)	zoo, dyrepark (m)	['sʊː], [dyrə'pɑrk]
cinema (m)	kino (m)	['çinʊ]
museo (m)	museum (n)	[mʉ'seum]
biblioteca (f)	bibliotek (n)	[bibliʊ'tek]

teatro (m)	teater (n)	[te'ɑtər]
teatro (m) dell'opera	opera (m)	['ʊperɑ]
locale notturno (m)	nattklubb (m)	['nɑtˌklʉb]
casinò (m)	kasino (n)	[kɑ'sinʊ]

moschea (f)	moské (m)	[mʊ'ske]
sinagoga (f)	synagoge (m)	[synɑ'gʊgə]
cattedrale (f)	katedral (m)	[kɑte'drɑl]
tempio (m)	tempel (n)	['tɛmpəl]
chiesa (f)	kirke (m/f)	['çirkə]

istituto (m)	institutt (n)	[insti'tʉt]
università (f)	universitet (n)	[ʉnivæʂi'tet]
scuola (f)	skole (m/f)	['skʊlə]

prefettura (f)	prefektur (n)	[prɛfɛk'tʉr]
municipio (m)	rådhus (n)	['rɔdˌhʉs]
albergo, hotel (m)	hotell (n)	[hʊ'tɛl]
banca (f)	bank (m)	['bɑnk]

ambasciata (f)	ambassade (m)	[ɑmbɑ'sɑdə]
agenzia (f) di viaggi	reisebyrå (n)	['ræjsə byˌrɔ]
ufficio (m) informazioni	opplysningskontor (n)	[ɔp'lʏsniŋs kʊn'tʊr]
ufficio (m) dei cambi	vekslingskontor (n)	['vɛkʂliŋs kʊn'tʊr]

| metropolitana (f) | tunnelbane, T-bane (m) | ['tʉnəlˌbɑnə], ['tɛːˌbɑnə] |
| ospedale (m) | sykehus (n) | ['sykəˌhʉs] |

| distributore (m) di benzina | bensinstasjon (m) | [bɛn'sinˌstɑ'ʂʊn] |
| parcheggio (m) | parkeringsplass (m) | [pɑr'keriŋsˌplɑs] |

80. Cartelli

insegna (f) (di negozi, ecc.)	skilt (n)	['ʂilt]
iscrizione (f)	innskrift (m/f)	['inˌskrift]
cartellone (m)	plakat, poster (m)	['plɑˌkɑt], ['pɔstər]
segnale (m) di direzione	veiviser (m)	['væjˌvisər]
freccia (f)	pil (m/f)	['pil]

avvertimento (m)	advarsel (m)	['ɑdˌvɑʂəl]
avviso (m)	varselskilt (n)	['vɑʂəlˌʂilt]
avvertire, avvisare (vt)	å varsle	[ɔ 'vɑʂlə]
giorno (m) di riposo	fridag (m)	['friˌdɑ]

orario (m)	rutetabell (m)	['rʉtəˌtaˈbɛl]
orario (m) di apertura	åpningstider (m/f pl)	[ˈɔpniŋsˌtidər]

BENVENUTI!	VELKOMMEN!	[ˈvɛlˌkɔmən]
ENTRATA	INNGANG	[ˈinˌgaŋ]
USCITA	UTGANG	[ˈʉtˌgaŋ]

SPINGERE	SKYV	[ˈʂyv]
TIRARE	TREKK	[ˈtrɛk]
APERTO	ÅPENT	[ˈɔpənt]
CHIUSO	STENGT	[ˈstɛŋt]

DONNE	DAMER	[ˈdamər]
UOMINI	HERRER	[ˈhærər]

SCONTI	RABATT	[raˈbat]
SALDI	SALG	[ˈsalg]
NOVITÀ!	NYTT!	[ˈnʏt]
GRATIS	GRATIS	[ˈgratis]

ATTENZIONE!	FORSIKTIG!	[fʊˈʂiktə]
COMPLETO	INGEN LEDIGE ROM	[ˈiŋən ˈlediə rʊm]
RISERVATO	RESERVERT	[resɛrˈvɛːt]

AMMINISTRAZIONE	ADMINISTRASJON	[administraˈʂʊn]
RISERVATO	KUN FOR ANSATTE	[ˈkʉn fɔr anˈsatə]
AL PERSONALE		

ATTENTI AL CANE	VOKT DEM FOR HUNDEN	[ˈvɔkt dem fɔ ˈhʉnən]
VIETATO FUMARE!	RØYKING FORBUDT	[ˈrøjkiŋ fɔrˈbʉt]
NON TOCCARE	IKKE RØR!	[ˈikə ˈrør]

PERICOLOSO	FARLIG	[ˈfaːli]
PERICOLO	FARE	[ˈfarə]
ALTA TENSIONE	HØYSPENNING	[ˈhøjˌspɛniŋ]
DIVIETO DI BALNEAZIONE	BADING FORBUDT	[ˈbadiŋ fɔrˈbʉt]
GUASTO	I USTAND	[i ˈʉˌstan]

INFIAMMABILE	BRANNFARLIG	[ˈbranˌfaːli]
VIETATO	FORBUDT	[fɔrˈbʉt]
VIETATO L'INGRESSO	INGEN INNKJØRING	[ˈiŋən ˈinˌçœriŋ]
VERNICE FRESCA	NYMALT	[ˈnyˌmalt]

81. Mezzi pubblici in città

autobus (m)	buss (m)	[ˈbʉs]
tram (m)	trikk (m)	[ˈtrik]
filobus (m)	trolleybuss (m)	[ˈtrɔliˌbʉs]
itinerario (m)	rute (m/f)	[ˈrʉtə]
numero (m)	nummer (n)	[ˈnʉmər]

andare in …	å kjøre med …	[ɔ ˈçœːrə me …]
salire (~ sull'autobus)	å gå på …	[ɔ ˈgɔ pɔ …]
scendere da …	å gå av …	[ɔ ˈgɔ aː …]

T&P Books. Vocabolario Italiano-Norvegese per studio autodidattico - 9000 parole

fermata (f) (~ dell'autobus)	holdeplass (m)	['hɔləˌplɑs]
prossima fermata (f)	neste holdeplass (m)	['nɛstə 'hɔləˌplɑs]
capolinea (m)	endestasjon (m)	['ɛnəˌstɑ'ʂʉn]
orario (m)	rutetabell (m)	['rʉtəˌtɑ'bɛl]
aspettare (vt)	å vente	[ɔ 'vɛntə]

| biglietto (m) | billett (m) | [bi'let] |
| prezzo (m) del biglietto | billettpris (m) | [bi'letˌpris] |

cassiere (m)	kasserer (m)	[kɑ'serər]
controllo (m) dei biglietti	billettkontroll (m)	[bi'let kʉnˌtrɔl]
bigliettaio (m)	billett inspektør (m)	[bi'let inspɛk'tør]

essere in ritardo	å komme for sent	[ɔ 'kɔmə fɔ'ʂɛnt]
perdere (~ il treno)	å komme for sent til ...	[ɔ 'kɔmə fɔ'ʂɛnt til ...]
avere fretta	å skynde seg	[ɔ 'ʂynə sæj]

taxi (m)	drosje (m/f), taxi (m)	['drɔʂɛ], ['tɑksi]
taxista (m)	taxisjåfør (m)	['tɑksi ʂɔ'før]
in taxi	med taxi	[me 'tɑksi]
parcheggio (m) di taxi	taxiholdeplass (m)	['tɑksi 'hɔləˌplɑs]
chiamare un taxi	å taxi bestellen	[ɔ 'tɑksi be'stɛlən]
prendere un taxi	å ta taxi	[ɔ 'tɑ ˌtɑksi]

traffico (m)	trafikk (m)	[trɑ'fik]
ingorgo (m)	trafikkork (m)	[trɑ'fikˌkɔrk]
ore (f pl) di punta	rushtid (m/f)	['rʉʂˌtid]
parcheggiarsi (vr)	å parkere	[ɔ par'kerə]
parcheggiare (vt)	å parkere	[ɔ par'kerə]
parcheggio (m)	parkeringsplass (m)	[par'keriŋsˌplɑs]

metropolitana (f)	tunnelbane, T-bane (m)	['tʉnəlˌbɑnə], ['tɛːˌbɑnə]
stazione (f)	stasjon (m)	[stɑ'ʂʉn]
prendere la metropolitana	å kjøre med T-bane	[ɔ 'çœːrə me 'tɛːˌbɑnə]
treno (m)	tog (n)	['tɔg]
stazione (f) ferroviaria	togstasjon (m)	['tɔgˌstɑ'ʂʉn]

82. Visita turistica

monumento (m)	monument (n)	[mɔnʉ'mɛnt]
fortezza (f)	festning (m/f)	['fɛstniŋ]
palazzo (m)	palass (n)	[pɑ'lɑs]
castello (m)	borg (m)	['bɔrg]
torre (f)	tårn (n)	['tɔːɳ]
mausoleo (m)	mausoleum (n)	[mɑʉsʉ'leum]

architettura (f)	arkitektur (m)	[ɑrkitɛk'tʉr]
medievale (agg)	middelalderlig	['midəlˌɑldɛːli]
antico (agg)	gammel	['gɑməl]
nazionale (agg)	nasjonal	[nɑʂʉ'nɑl]
famoso (agg)	kjent	['çɛnt]

| turista (m) | turist (m) | [tʉ'rist] |
| guida (f) | guide (m) | ['gɑjd] |

80

escursione (f)	utflukt (m/f)	['ʉtˌflʉkt]
fare vedere	å vise	[ɔ 'visə]
raccontare (vt)	å fortelle	[ɔ fɔː'tɛlə]
trovare (vt)	å finne	[ɔ 'finə]
perdersi (vr)	å gå seg bort	[ɔ 'gɔ sæj 'bʊːt]
mappa (f) (~ della metropolitana)	kart, linjekart (n)	['kɑːt], ['linjə'kɑːt]
piantina (f) (~ della città)	kart (n)	['kɑːt]
souvenir (m)	suvenir (m)	[sʉve'nir]
negozio (m) di articoli da regalo	suvenirbutikk (m)	[sʉve'nir bʉ'tik]
fare foto	å fotografere	[ɔ fɔtɔgrɑ'ferə]
fotografarsi	å bli fotografert	[ɔ 'bli fɔtɔgrɑ'fɛːt]

83. Acquisti

comprare (vt)	å kjøpe	[ɔ 'çœːpə]
acquisto (m)	innkjøp (n)	['inˌçœp]
fare acquisti	å gå shopping	[ɔ 'gɔ ˌʂɔpiŋ]
shopping (m)	shopping (m)	['ʂɔpiŋ]
essere aperto (negozio)	å være åpen	[ɔ 'værə 'ɔpən]
essere chiuso	å være stengt	[ɔ 'værə 'stɛŋt]
calzature (f pl)	skotøy (n)	['skʊtøj]
abbigliamento (m)	klær (n)	['klær]
cosmetica (f)	kosmetikk (m)	[kʊsme'tik]
alimentari (m pl)	matvarer (m/f pl)	['mɑtˌvɑrər]
regalo (m)	gave (m/f)	['gɑvə]
commesso (m)	forselger (m)	[fɔ'ʂɛlər]
commessa (f)	forselger (m)	[fɔ'ʂɛlər]
cassa (f)	kasse (m/f)	['kɑsə]
specchio (m)	speil (n)	['spæjl]
banco (m)	disk (m)	['disk]
camerino (m)	prøverom (n)	['prøvəˌrʊm]
provare (~ un vestito)	å prøve	[ɔ 'prøvə]
stare bene (vestito)	å passe	[ɔ 'pɑsə]
piacere (vi)	å like	[ɔ 'likə]
prezzo (m)	pris (m)	['pris]
etichetta (f) del prezzo	prislapp (m)	['prisˌlɑp]
costare (vt)	å koste	[ɔ 'kɔstə]
Quanto?	Hvor mye?	[vʊr 'mye]
sconto (m)	rabatt (m)	[rɑ'bɑt]
no muy caro (agg)	billig	['bili]
a buon mercato	billig	['bili]
caro (agg)	dyr	['dyr]
È caro	Det er dyrt	[de ær 'dyːt]

T&P Books. Vocabolario Italiano-Norvegese per studio autodidattico - 9000 parole

noleggio (m)	utleie (m/f)	['ʉtˌlæje]
noleggiare (~ un abito)	å leie	[ɔ 'læjə]
credito (m)	kreditt (m)	[krɛ'dit]
a credito	på kreditt	[pɔ krɛ'dit]

84. Denaro

soldi (m pl)	penger (m pl)	['pɛŋər]
cambio (m)	veksling (m/f)	['vɛkʂliŋ]
corso (m) di cambio	kurs (m)	['kʉʂ]
bancomat (m)	minibank (m)	['miniˌbɑnk]
moneta (f)	mynt (m)	['mʏnt]

| dollaro (m) | dollar (m) | ['dɔlɑr] |
| euro (m) | euro (m) | ['ɛʉrʉ] |

lira (f)	lira (m)	['lire]
marco (m)	mark (m/f)	['mɑrk]
franco (m)	franc (m)	['frɑn]
sterlina (f)	pund sterling (m)	['pʉn stɛː'liŋ]
yen (m)	yen (m)	['jɛn]

debito (m)	skyld (m/f), gjeld (m)	['ʂyl], ['jɛl]
debitore (m)	skyldner (m)	['ʂylnər]
prestare (~ i soldi)	å låne ut	[ɔ 'loːnə ʉt]
prendere in prestito	å låne	[ɔ 'loːnə]

banca (f)	bank (m)	['bɑnk]
conto (m)	konto (m)	[ˈkɔntʉ]
versare (vt)	å sette inn	[ɔ 'sɛtə in]
versare sul conto	å sette inn på kontoen	[ɔ 'sɛtə in pɔ 'kɔntuən]
prelevare dal conto	å ta ut fra kontoen	[ɔ 'tɑ ʉt frɑ 'kɔntuən]

carta (f) di credito	kredittkort (n)	[krɛ'ditˌkɔːt]
contanti (m pl)	kontanter (m pl)	[kʊn'tɑntər]
assegno (m)	sjekk (m)	['ʂɛk]
emettere un assegno	å skrive en sjekk	[ɔ 'skrivə en 'ʂɛk]
libretto (m) di assegni	sjekkbok (m/f)	['ʂɛkˌbʊk]

portafoglio (m)	lommebok (m)	['lʊməˌbʊk]
borsellino (m)	pung (m)	['pʉŋ]
cassaforte (f)	safe, seif (m)	['sɛjf]

erede (m)	arving (m)	['ɑrviŋ]
eredità (f)	arv (m)	['ɑrv]
fortuna (f)	formue (m)	['fɔrˌmʉə]

affitto (m), locazione (f)	leie (m)	['læje]
canone (m) d'affitto	husleie (m/f)	['hʉsˌlæje]
affittare (dare in affitto)	å leie	[ɔ 'læjə]

prezzo (m)	pris (m)	['pris]
costo (m)	kostnad (m)	['kɔstnɑd]
somma (f)	sum (m)	['sʉm]

spendere (vt)	å bruke	[ɔ 'brʉkə]
spese (f pl)	utgifter (m/f pl)	['ʉtˌjiftər]
economizzare (vi, vt)	å spare	[ɔ 'sparə]
economico (agg)	sparsom	['spaʂɔm]

pagare (vi, vt)	å betale	[ɔ be'talə]
pagamento (m)	betaling (m/f)	[be'taliŋ]
resto (m) (dare il ~)	vekslepenger (pl)	['vɛkʂləˌpɛŋər]

imposta (f)	skatt (m)	['skɑt]
multa (f), ammenda (f)	bot (m/f)	['bʉt]
multare (vt)	å bøtelegge	[ɔ 'bøtəˌlegə]

85. Posta. Servizio postale

ufficio (m) postale	post (m)	['pɔst]
posta (f) (lettere, ecc.)	post (m)	['pɔst]
postino (m)	postbud (n)	['pɔstˌbʉd]
orario (m) di apertura	åpningstider (m/f pl)	['ɔpniŋsˌtidər]

lettera (f)	brev (n)	['brev]
raccomandata (f)	rekommandert brev (n)	[rekʉmɑn'dɛːʈ ˌbrev]
cartolina (f)	postkort (n)	['pɔstˌkɔːt]
telegramma (m)	telegram (n)	[tele'grɑm]
pacco (m) postale	postpakke (m/f)	['pɔstˌpɑkə]
vaglia (m) postale	pengeoverføring (m/f)	['pɛŋə 'ɔvərˌføriŋ]

ricevere (vt)	å motta	[ɔ 'mɔtɑ]
spedire (vt)	å sende	[ɔ 'sɛnə]
invio (m)	avsending (m)	['ɑfˌsɛniŋ]

indirizzo (m)	adresse (m)	[ɑ'drɛsə]
codice (m) postale	postnummer (n)	['pɔstˌnʉmər]
mittente (m)	avsender (m)	['ɑfˌsɛnər]
destinatario (m)	mottaker (m)	['mɔtˌtɑkər]

nome (m)	fornavn (n)	['fɔrˌnɑvn]
cognome (m)	etternavn (n)	['ɛtəˌnɑvn]

tariffa (f)	tariff (m)	[tɑ'rif]
ordinario (agg)	vanlig	['vɑnli]
standard (agg)	økonomisk	[økʉ'nɔmisk]

peso (m)	vekt (m)	['vɛkt]
pesare (vt)	å veie	[ɔ 'væje]
busta (f)	konvolutt (m)	[kʉnvʉ'lʉt]
francobollo (m)	frimerke (n)	['friˌmærkə]
affrancare (vt)	å sette på frimerke	[ɔ 'sɛtə pɔ 'friˌmærkə]

Abitazione. Casa

86. Casa. Abitazione

casa (f)	hus (n)	['hʉs]
a casa	hjemme	['jɛmə]
cortile (m)	gård (m)	['gɔːr]
recinto (m)	gjerde (n)	['jærə]
mattone (m)	tegl (n), murstein (m)	['tæjl], ['mʉˌstæjn]
di mattoni	tegl-	['tæjl-]
pietra (f)	stein (m)	['stæjn]
di pietra	stein-	['stæjn-]
beton (m)	betong (m)	[be'tɔŋ]
di beton	betong-	[be'tɔŋ-]
nuovo (agg)	ny	['ny]
vecchio (agg)	gammel	['gɑməl]
fatiscente (edificio ~)	falleferdig	['fɑləˌfæːɖi]
moderno (agg)	moderne	[mʊ'dɛːnə]
a molti piani	fleretasjes-	['flerɛˌtɑʂɛs-]
alto (agg)	høy	['høj]
piano (m)	etasje (m)	[ɛ'tɑʂə]
di un piano	enetasjes	[ˌ'ɛnɛˌtɑʂɛs]
pianoterra (m)	første etasje (m)	['fœʂtə ɛ'tɑʂə]
ultimo piano (m)	øverste etasje (m)	['øvəʂtə ɛ'tɑʂə]
tetto (m)	tak (n)	['tɑk]
ciminiera (f)	skorstein (m/f)	['skɔˌstæjn]
tegola (f)	takstein (m)	['tɑkˌstæjn]
di tegole	taksteins-	['tɑkˌstæjns-]
soffitta (f)	loft (n)	['lɔft]
finestra (f)	vindu (n)	['vindʉ]
vetro (m)	glass (n)	['glɑs]
davanzale (m)	vinduskarm (m)	['vindʉsˌkɑrm]
imposte (f pl)	vinduslemmer (m pl)	['vindʉsˌlemər]
muro (m)	mur, vegg (m)	['mʉr], ['vɛg]
balcone (m)	balkong (m)	[bɑl'kɔŋ]
tubo (m) pluviale	nedløpsrør (n)	['nedløpsˌrør]
su, di sopra	oppe	['ɔpə]
andare di sopra	å gå ovenpå	[ɔ 'gɔ 'ɔvənˌpɔ]
scendere (vi)	å gå ned	[ɔ 'gɔ ne]
trasferirsi (vr)	å flytte	[ɔ 'flʏtə]

87. Casa. Ingresso. Ascensore

entrata (f)	inngang (m)	['in͵gɑŋ]
scala (f)	trapp (m/f)	['trɑp]
gradini (m pl)	trinn (n pl)	['trin]
ringhiera (f)	gelender (n)	[ge'lendər]
hall (f) (atrio d'ingresso)	hall, lobby (m)	['hɑl], ['lɔbi]
cassetta (f) della posta	postkasse (m/f)	['pɔst͵kɑsə]
secchio (m) della spazzatura	søppelkasse (m/f)	['sœpəl͵kɑsə]
scivolo (m) per la spazzatura	søppelsjakt (m/f)	['sœpəl͵ʂɑkt]
ascensore (m)	heis (m)	['hæjs]
montacarichi (m)	lasteheis (m)	['lɑstə'hæjs]
cabina (f) di ascensore	heiskorg (m/f)	['hæjs͵kɔrg]
prendere l'ascensore	å ta heisen	[ɔ 'tɑ ͵hæjsən]
appartamento (m)	leilighet (m/f)	['læjli͵het]
inquilini (m pl)	beboere (m pl)	[be'buerə]
vicino (m)	nabo (m)	['nɑbʉ]
vicina (f)	nabo (m)	['nɑbʉ]
vicini (m pl)	naboer (m pl)	['nɑbʉər]

88. Casa. Elettricità

elettricità (f)	elektrisitet (m)	[ɛlektrisi'tet]
lampadina (f)	lyspære (m/f)	['lys͵pærə]
interruttore (m)	strømbryter (m)	['strøm͵brytər]
fusibile (m)	sikring (m)	['sikriŋ]
filo (m)	ledning (m)	['lednıŋ]
impianto (m) elettrico	ledningsnett (n)	['lednıŋs͵nɛt]
contatore (m) dell'elettricità	elmåler (m)	['ɛl͵mɔlər]
lettura, indicazione (f)	avlesninger (m/f pl)	['ɑv͵lesnıŋər]

89. Casa. Porte. Serrature

porta (f)	dør (m/f)	['dœr]
cancello (m)	grind (m/f), port (m)	['grin], ['pɔːt]
maniglia (f)	dørhåndtak (n)	['dœr͵hɔntɑk]
togliere il catenaccio	å låse opp	[ɔ 'loːsə ɔp]
aprire (vt)	å åpne	[ɔ 'ɔpnə]
chiudere (vt)	å lukke	[ɔ 'lʉkə]
chiave (f)	nøkkel (m)	['nøkəl]
mazzo (m)	knippe (n)	['knipə]
cigolare (vi)	å knirke	[ɔ 'knirkə]
cigolio (m)	knirk (m/n)	['knirk]
cardine (m)	hengsel (m/n)	['hɛŋsel]
zerbino (m)	dørmatte (m/f)	['dœr͵mɑtə]
serratura (f)	dørlås (m/n)	['dœr͵lɔs]

T&P Books. Vocabolario Italiano-Norvegese per studio autodidattico - 9000 parole

buco (m) della serratura	nøkkelhull (n)	['nøkəlˌhʉl]
chiavistello (m)	slå (m/f)	['ʂlɔ]
catenaccio (m)	slå (m/f)	['ʂlɔ]
lucchetto (m)	hengelås (m/n)	['hɛŋeˌlɔs]

suonare (~ il campanello)	å ringe	[ɔ 'riŋə]
suono (m)	ringing (m/f)	['riŋiŋ]
campanello (m)	ringeklokke (m/f)	['riŋəˌklɔkə]
pulsante (m)	ringeklokke knapp (m)	['riŋəˌklɔkə 'knɑp]
bussata (f)	kakking (m/f)	['kɑkiŋ]
bussare (vi)	å kakke	[ɔ 'kɑkə]

codice (m)	kode (m)	['kʊdə]
serratura (f) a codice	kodelås (m/n)	['kʊdəˌlɔs]
citofono (m)	dørtelefon (m)	['dœrˌtele'fʊn]
numero (m) (~ civico)	nummer (n)	['nʉmər]
targhetta (f) di porta	dørskilt (n)	['dœˌʂilt]
spioncino (m)	kikhull (n)	['çikˌhʉl]

90. Casa di campagna

villaggio (m)	landsby (m)	['lɑnsˌby]
orto (m)	kjøkkenhage (m)	['çœkənˌhɑgə]
recinto (n)	gjerde (n)	['jærə]
steccato (m)	stakitt (m/n)	[stɑ'kit]
cancelletto (m)	port, stakittport (m)	['pɔːt], [stɑ'kitˌpɔːt]

granaio (m)	kornlåve (m)	['kʊːɳˌloːvə]
cantina (f), scantinato (m)	jordkjeller (m)	['juːrˌçɛlər]
capanno (m)	skur, skjul (n)	['skʉr], ['ʂʉl]
pozzo (m)	brønn (m)	['brœn]

stufa (f)	ovn (m)	['ɔvn]
attizzare (vt)	å fyre	[ɔ 'fyrə]
legna (f) da ardere	ved (m)	['ve]
ciocco (m)	vedstykke (n), vedskie (f)	['vɛdˌstʏkə], ['vɛˌʂiə]

veranda (f)	veranda (m)	[væ'rɑndɑ]
terrazza (f)	terrasse (m)	[tɛ'rɑsə]
scala (f) d'ingresso	yttertrapp (m/f)	['ytəˌtrɑp]
altalena (f)	gynge (m/f)	['jiŋə]

91. Villa. Palazzo

casa (f) di campagna	fritidshus (n)	['fritidsˌhʉs]
villa (f)	villa (m)	['vilɑ]
ala (f)	fløy (m)	['fløj]
giardino (m)	hage (m)	['hɑgə]
parco (m)	park (m)	['pɑrk]
serra (f)	drivhus (n)	['drivˌhʉs]
prendersi cura (~ del giardino)	å ta vare	[ɔ 'tɑ ˌvɑrə]

86

T&P Books. Vocabolario Italiano-Norvegese per studio autodidattico - 9000 parole

piscina (f)	svømmebasseng (n)	['svœmə͵bɑ'sɛŋ]
palestra (f)	gym (m)	['dʒym]
campo (m) da tennis	tennisbane (m)	['tɛnis͵bɑnə]
home cinema (m)	hjemmekino (m)	['jɛmə͵çinʊ]
garage (m)	garasje (m)	[gɑ'rɑşə]

| proprietà (f) privata | privateiendom (m) | [pri'vɑt 'æjəndɔm] |
| terreno (m) privato | privat terreng (n) | [pri'vɑt tɛ'rɛŋ] |

| avvertimento (m) | advarsel (m) | ['ɑd͵vɑşəl] |
| cartello (m) di avvertimento | varselskilt (n) | ['vɑşəl͵şilt] |

sicurezza (f)	sikkerhet (m/f)	['sikər͵het]
guardia (f) giurata	sikkerhetsvakt (m/f)	['sikərhɛts͵vɑkt]
allarme (f) antifurto	tyverialarm (m)	[tyve'ri ɑ'lɑrm]

92. Castello. Reggia

castello (m)	borg (m)	['bɔrg]
palazzo (m)	palass (n)	[pɑ'lɑs]
fortezza (f)	festning (m/f)	['fɛstniŋ]

muro (m)	mur (m)	['mʉr]
torre (f)	tårn (n)	['tɔːn]
torre (f) principale	kjernetårn (n)	['çæːɳə'tɔːn]

saracinesca (f)	fallgitter (n)	['fɑl͵gitər]
tunnel (m)	underjordisk gang (m)	['ʉnərjuːrdisk 'gɑŋ]
fossato (m)	vollgrav (m/f)	['vɔl͵grɑv]
catena (f)	kjede (n)	['çɛːde]
feritoia (f)	skyteskår (n)	['şytə͵skɔr]

magnifico (agg)	praktfull	['prɑkt͵fʉl]
maestoso (agg)	majestetisk	[mɑje'stɛtisk]
inespugnabile (agg)	uinntakelig	[ʉən'tɑkəli]
medievale (agg)	middelalderlig	['midəl͵ɑldɛːli]

93. Appartamento

appartamento (m)	leilighet (m/f)	['læjli͵het]
camera (f), stanza (f)	rom (n)	['rʊm]
camera (f) da letto	soverom (n)	['sɔvə͵rʊm]
sala (f) da pranzo	spisestue (m/f)	['spisə͵stʉə]
salotto (m)	dagligstue (m/f)	['dɑgli͵stʉə]
studio (m)	arbeidsrom (n)	['ɑrbæjds͵rʊm]
ingresso (m)	entré (m)	[ɑn'trɛː]
bagno (m)	bad, baderom (n)	['bɑd], ['bɑdə͵rʊm]
gabinetto (m)	toalett, WC (n)	[tʊɑ'let], [vɛ'sɛ]

soffitto (m)	tak (n)	['tɑk]
pavimento (m)	gulv (n)	['gʉlv]
angolo (m)	hjørne (n)	['jœːɳə]

T&P Books. Vocabolario Italiano-Norvegese per studio autodidattico - 9000 parole

94. Appartamento. Pulizie

pulire (vt)	å rydde	[ɔ 'rʏdə]
mettere via	å stue unna	[ɔ 'stʉə 'ʉnɑ]
polvere (f)	støv (n)	['støv]
impolverato (agg)	støvet	['støvət]
spolverare (vt)	å tørke støv	[ɔ 'tœrkə 'støv]
aspirapolvere (m)	støvsuger (m)	['støf‚sʉgər]
passare l'aspirapolvere	å støvsuge	[ɔ 'støf‚sʉgə]
spazzare (vi, vt)	å sope, å feie	[ɔ 'sɔpə], [ɔ 'fæje]
spazzatura (f)	søppel (m/f/n)	['sœpəl]
ordine (m)	orden (m)	['ɔrdən]
disordine (m)	uorden (m)	['ʉːˌɔrdən]
frettazzo (m)	mopp (m)	['mɔp]
strofinaccio (m)	klut (m)	['klʉt]
scopa (f)	feiekost (m)	['fæjəˌkʊst]
paletta (f)	feiebrett (n)	['fæjəˌbrɛt]

95. Arredamento. Interno

mobili (m pl)	møbler (n pl)	['møblər]
tavolo (m)	bord (n)	['bʊr]
sedia (f)	stol (m)	['stʊl]
letto (m)	seng (m/f)	['sɛŋ]
divano (m)	sofa (m)	['sʊfɑ]
poltrona (f)	lenestol (m)	['lenəˌstʊl]
libreria (f)	bokskap (n)	['bʊkˌskɑp]
ripiano (m)	hylle (m/f)	['hʏlə]
armadio (m)	klesskap (n)	['kleˌskɑp]
attaccapanni (m) da parete	knaggbrett (n)	['knɑgˌbrɛt]
appendiabiti (m) da terra	stumtjener (m)	['stʉmˌtjenər]
comò (m)	kommode (m)	[kʊ'mʊdə]
tavolino (m) da salotto	kaffebord (n)	['kɑfəˌbʊr]
specchio (m)	speil (n)	['spæjl]
tappeto (m)	teppe (n)	['tɛpə]
tappetino (m)	lite teppe (n)	['litə 'tɛpə]
camino (m)	peis (m), ildsted (n)	['pæjs], ['ilsted]
candela (f)	lys (n)	['lys]
candeliere (m)	lysestake (m)	['lysəˌstɑkə]
tende (f pl)	gardiner (m/f pl)	[gɑːˈdinər]
carta (f) da parati	tapet (n)	[tɑ'pet]
tende (f pl) alla veneziana	persienne (m)	[pæʂi'enə]
lampada (f) da tavolo	bordlampe (m/f)	['bʊrˌlɑmpə]
lampada (f) da parete	vegglampe (m/f)	['vɛgˌlɑmpə]

88

| lampada (f) a stelo | gulvlampe (m/f) | ['gʉlvˌlampə] |
| lampadario (m) | lysekrone (m/f) | ['lysəˌkrʊnə] |

gamba (f)	bein (n)	['bæjn]
bracciolo (m)	armlene (n)	['armˌlenə]
spalliera (f)	rygg (m)	['rʏg]
cassetto (m)	skuff (m)	['skʉf]

96. Biancheria da letto

biancheria (f) da letto	sengetøy (n)	['sɛŋəˌtøj]
cuscino (m)	pute (m/f)	['pʉtə]
federa (f)	putevar, putetrekk (n)	['pʉtəˌvar], ['pʉtəˌtrɛk]
coperta (f)	dyne (m/f)	['dynə]
lenzuolo (m)	laken (n)	['lakən]
copriletto (m)	sengeteppe (n)	['sɛŋəˌtɛpə]

97. Cucina

cucina (f)	kjøkken (n)	['çœkən]
gas (m)	gass (m)	['gas]
fornello (m) a gas	gasskomfyr (m)	['gas kɔmˌfyr]
fornello (m) elettrico	elektrisk komfyr (m)	[ɛ'lektrisk kɔmˌfyr]
forno (m)	bakeovn (m)	['bakəˌɔvn]
forno (m) a microonde	mikrobølgeovn (m)	['mikrʊˌbølgə'ɔvn]

frigorifero (m)	kjøleskap (n)	['çœləˌskap]
congelatore (m)	fryser (m)	['frysər]
lavastoviglie (f)	oppvaskmaskin (m)	['ɔpvask maˌʂin]

tritacarne (m)	kjøttkvern (m/f)	['çœtˌkvɛːŋ]
spremifrutta (m)	juicepresse (m/f)	['dʒʉsˌprɛsə]
tostapane (m)	brødrister (m)	['brøˌristər]
mixer (m)	mikser (m)	['miksər]

macchina (f) da caffè	kaffetrakter (m)	['kafəˌtraktər]
caffettiera (f)	kaffekanne (m/f)	['kafəˌkanə]
macinacaffè (m)	kaffekvern (m/f)	['kafəˌkvɛːŋ]

bollitore (m)	tekjele (m)	['teˌçelə]
teiera (f)	tekanne (m/f)	['teˌkanə]
coperchio (m)	lokk (n)	['lɔk]
colino (m) da tè	tesil (m)	['teˌsil]

cucchiaio (m)	skje (m)	['ʂe]
cucchiaino (m) da tè	teskje (m)	['teˌʂe]
cucchiaio (m)	spiseskje (m)	['spisəˌʂɛ]
forchetta (f)	gaffel (m)	['gafəl]
coltello (m)	kniv (m)	['kniv]

| stoviglie (f pl) | servise (n) | [sær'visə] |
| piatto (m) | tallerken (m) | [tɑ'lærkən] |

T&P Books. Vocabolario Italiano-Norvegese per studio autodidattico - 9000 parole

piattino (m)	tefat (n)	['te̩fat]
cicchetto (m)	shotglass (n)	['ʂɔt̩glɑs]
bicchiere (m) (~ d'acqua)	glass (n)	['glɑs]
tazzina (f)	kopp (m)	['kɔp]

zuccheriera (f)	sukkerskål (m/f)	['sʉkər̩skɔl]
saliera (f)	saltbøsse (m/f)	['salt̩bøsə]
pepiera (f)	pepperbøsse (m/f)	['pɛpər̩bøsə]
burriera (f)	smørkopp (m)	['smœr̩kɔp]

pentola (f)	gryte (m/f)	['grytə]
padella (f)	steikepanne (m/f)	['stæjkə̩panə]
mestolo (m)	sleiv (m/f)	['ʂlæjv]
colapasta (m)	dørslag (n)	['dœʂlag]
vassoio (m)	brett (n)	['brɛt]

bottiglia (f)	flaske (m)	['flaskə]
barattolo (m) di vetro	glasskrukke (m/f)	['glɑs̩krʉkə]
latta, lattina (f)	boks (m)	['bɔks]

apribottiglie (m)	flaskeåpner (m)	['flaskə̩ɔpnər]
apriscatole (m)	konservåpner (m)	['kʉnsəv̩ɔpnər]
cavatappi (m)	korketrekker (m)	['kɔrkə̩trɛkər]
filtro (m)	filter (n)	['filtər]
filtrare (vt)	å filtrere	[ɔ fil'trerə]

| spazzatura (f) | søppel (m/f/n) | ['sœpəl] |
| pattumiera (f) | søppelbøtte (m/f) | ['sœpəl̩bœtə] |

98. Bagno

bagno (m)	bad, baderom (n)	['bɑd], ['bɑdə̩rʉm]
acqua (f)	vann (n)	['vɑn]
rubinetto (m)	kran (m/f)	['krɑn]
acqua (f) calda	varmt vann (n)	['varmt ̩vɑn]
acqua (f) fredda	kaldt vann (n)	['kalt vɑn]

dentifricio (m)	tannpasta (m)	['tan̩pasta]
lavarsi i denti	å pusse tennene	[ɔ 'pʉsə 'tɛnənə]
spazzolino (m) da denti	tannbørste (m)	['tan̩bœʂtə]

rasarsi (vr)	å barbere seg	[ɔ bar'berə sæj]
schiuma (f) da barba	barberskum (n)	[bar'bɛ̩skʉm]
rasoio (m)	høvel (m)	['høvəl]

lavare (vt)	å vaske	[ɔ 'vaskə]
fare un bagno	å vaske seg	[ɔ 'vaskə sæj]
doccia (f)	dusj (m)	['dʉʂ]
fare una doccia	å ta en dusj	[ɔ 'ta ən 'dʉʂ]

vasca (f) da bagno	badekar (n)	['bɑdə̩kar]
water (m)	toalettstol (m)	[tʉɑ'let̩stʉl]
lavandino (m)	vaskeservant (m)	['vaskə̩sɛr'vant]
sapone (m)	såpe (m/f)	['soːpə]

T&P Books. Vocabolario Italiano-Norvegese per studio autodidattico - 9000 parole

porta (m) sapone	såpeskål (m/f)	['soːpəˌskɔl]
spugna (f)	svamp (m)	['svamp]
shampoo (m)	sjampo (m)	['ṣamˌpʊ]
asciugamano (m)	håndkle (n)	['hɔnˌkle]
accappatoio (m)	badekåpe (m/f)	['badəˌkoːpə]

bucato (m)	vask (m)	['vɑsk]
lavatrice (f)	vaskemaskin (m)	['vɑskə mɑˌṣin]
fare il bucato	å vaske tøy	[ɔ 'vɑskə 'tøj]
detersivo (m) per il bucato	vaskepulver (n)	['vɑskəˌpʉlvər]

99. Elettrodomestici

televisore (m)	TV (m), TV-apparat (n)	['tɛvɛ], ['tɛvɛ ɑpɑ'rɑt]
registratore (m) a nastro	båndopptaker (m)	['bɔnˌɔptɑkər]
videoregistratore (m)	video (m)	['videʊ]
radio (f)	radio (m)	['rɑdiʊ]
lettore (m)	spiller (m)	['spilər]

videoproiettore (m)	videoprojektor (m)	['videʊ prɔ'jɛktɔr]
home cinema (m)	hjemmekino (m)	['jɛməˌçinʊ]
lettore (m) DVD	DVD-spiller (m)	[deve'de ˌspilər]
amplificatore (m)	forsterker (m)	[fɔ'ṣtærkər]
console (f) video giochi	spillkonsoll (m)	['spil kʊn'sɔl]

videocamera (f)	videokamera (n)	['videʊ ˌkɑmerɑ]
macchina (f) fotografica	kamera (n)	['kɑmerɑ]
fotocamera (f) digitale	digitalkamera (n)	[digi'tɑl ˌkɑmerɑ]

aspirapolvere (m)	støvsuger (m)	['støfˌsʉgər]
ferro (m) da stiro	strykejern (n)	['strykəˌjæːn̩]
asse (f) da stiro	strykebrett (n)	['strykəˌbrɛt]

telefono (m)	telefon (m)	[tele'fʊn]
telefonino (m)	mobiltelefon (m)	[mʊ'bil tele'fʊn]
macchina (f) da scrivere	skrivemaskin (m)	['skrivə mɑˌṣin]
macchina (f) da cucire	symaskin (m)	['siːmɑˌṣin]

microfono (m)	mikrofon (m)	[mikrʊ'fʊn]
cuffia (f)	hodetelefoner (n pl)	['hɔdəteləˌfʊnər]
telecomando (m)	fjernkontroll (m)	['fjæːn̩ kʊn'trɔl]

CD (m)	CD-rom (m)	['sɛdɛˌrʊm]
cassetta (f)	kassett (m)	[kɑ'sɛt]
disco (m) (vinile)	plate, skive (m/f)	['plɑtə], ['ṣivə]

100. Riparazioni. Restauro

lavori (m pl) di restauro	renovering (m/f)	[renʊ'veriŋ]
rinnovare (ridecorare)	å renovere	[ɔ renʊ'verə]
riparare (vt)	å reparere	[ɔ repɑ'rerə]
mettere in ordine	å bringe orden	[ɔ 'briŋə 'ɔrdən]

91

T&P Books. Vocabolario Italiano-Norvegese per studio autodidattico - 9000 parole

rifare (vt)	å gjøre om	[ɔ 'jørə ɔm]
pittura (f)	maling (m/f)	['malıŋ]
pitturare (~ un muro)	å male	[ɔ 'malə]
imbianchino (m)	maler (m)	['malər]
pennello (m)	pensel (m)	['pɛnsəl]

| imbiancatura (f) | kalkmaling (m/f) | ['kalk‚malıŋ] |
| imbiancare (vt) | å hvitmale | [ɔ 'vit‚malə] |

carta (f) da parati	tapet (n)	[tɑ'pet]
tappezzare (vt)	å tapetsere	[ɔ tapet'serə]
vernice (f)	ferniss (m)	['fæː‚nıs]
verniciare (vt)	å lakkere	[ɔ lɑ'kerə]

101. Impianto idraulico

acqua (f)	vann (n)	['vɑn]
acqua (f) calda	varmt vann (n)	['vɑrmt ‚vɑn]
acqua (f) fredda	kaldt vann (n)	['kɑlt vɑn]
rubinetto (m)	kran (m/f)	['krɑn]

goccia (f)	dråpe (m)	['droːpə]
gocciolare (vi)	å dryppe	[ɔ 'drʏpə]
perdere (il tubo, ecc.)	å lekke	[ɔ 'lekə]
perdita (f) (~ dai tubi)	lekk (m)	['lek]
pozza (f)	pøl, pytt (m)	['pøl], ['pʏt]

tubo (m)	rør (n)	['rør]
valvola (f)	ventil (m)	[vɛn'til]
intasarsi (vr)	å bli tilstoppet	[ɔ 'bli til'stɔpət]

strumenti (m pl)	verktøy (n pl)	['værk‚tøj]
chiave (f) inglese	skiftenøkkel (m)	['ʂiftə‚nøkəl]
svitare (vt)	å skru ut	[ɔ 'skrʉ ʉt]
avvitare (stringere)	å skru fast	[ɔ 'skrʉ 'fɑst]

stasare (vt)	å rense	[ɔ 'rɛnsə]
idraulico (m)	rørlegger (m)	['rør‚legər]
seminterrato (m)	kjeller (m)	['çɛlər]
fognatura (f)	avløp (n)	['ɑv‚løp]

102. Incendio. Conflagrazione

fuoco (m)	ild (m)	['il]
fiamma (f)	flamme (m)	['flɑmə]
scintilla (f)	gnist (m)	['gnist]
fumo (m)	røyk (m)	['røjk]
fiaccola (f)	fakkel (m)	['fɑkəl]
falò (m)	bål (n)	['bɔl]

| benzina (f) | bensin (m) | [bɛn'sin] |
| cherosene (m) | parafin (m) | [pɑrɑ'fin] |

combustibile (agg)	brennbar	['brɛnˌbar]
esplosivo (agg)	eksplosiv	['ɛkspluˌsiv]
VIETATO FUMARE!	RØYKING FORBUDT	['røjkiŋ fɔr'bʉt]
sicurezza (f)	sikkerhet (m/f)	['sikərˌhet]
pericolo (m)	fare (m)	['farə]
pericoloso (agg)	farlig	['fɑːli]
prendere fuoco	å ta fyr	[ɔ 'tɑ ˌfyr]
esplosione (f)	eksplosjon (m)	[ɛksplʉ'ʂʊn]
incendiare (vt)	å sette fyr	[ɔ 'sɛtə ˌfyr]
incendiario (m)	brannstifter (m)	['branˌstiftər]
incendio (m) doloso	brannstiftelse (m)	['branˌstiftəlsə]
divampare (vi)	å flamme	[ɔ 'flamə]
bruciare (vi)	å brenne	[ɔ 'brɛnə]
bruciarsi (vr)	å brenne ned	[ɔ 'brɛnə ne]
chiamare i pompieri	å ringe bransvesenet	[ɔ 'riŋə 'bransˌvesənə]
pompiere (m)	brannmann (m)	['branˌman]
autopompa (f)	brannbil (m)	['branˌbil]
corpo (m) dei pompieri	brannkorps (n)	['branˌkɔrps]
autoscala (f) da pompieri	teleskopstige (m)	['tele'skʊpˌstiːə]
manichetta (f)	slange (m)	['ʂlaŋə]
estintore (m)	brannslukker (n)	['branˌʂlʉkər]
casco (m)	hjelm (m)	['jɛlm]
sirena (f)	sirene (m/f)	[si'renə]
gridare (vi)	å skrike	[ɔ 'skrikə]
chiamare in aiuto	å rope på hjelp	[ɔ 'rʊpə pɔ 'jɛlp]
soccorritore (m)	redningsmann (m)	['rɛdniŋsˌman]
salvare (vt)	å redde	[ɔ 'rɛdə]
arrivare (vi)	å ankomme	[ɔ 'anˌkɔmə]
spegnere (vt)	å slokke	[ɔ 'ʂløkə]
acqua (f)	vann (n)	['van]
sabbia (f)	sand (m)	['san]
rovine (f pl)	ruiner (m pl)	[rʉ'inər]
crollare (edificio)	å falle sammen	[ɔ 'falə 'samən]
cadere (vi)	å styrte ned	[ɔ 'styːʈə ne]
collassare (vi)	å styrte inn	[ɔ 'styːʈə in]
frammento (m)	del (m)	['del]
cenere (f)	aske (m/f)	['askə]
asfissiare (vi)	å kveles	[ɔ 'kveləs]
morire, perire (vi)	å omkomme	[ɔ 'ɔmˌkɔmə]

ATTIVITÀ UMANA

Lavoro. Affari. Parte 1

103. Ufficio. Lavorare in ufficio

uffici (m pl) (gli ~ della società)	kontor (n)	[kʊn'tʊr]
ufficio (m)	kontor (n)	[kʊn'tʊr]
portineria (f)	resepsjon (m)	[resɛp'ʂʊn]
segretario (m)	sekretær (m)	[sɛkrə'tær]
segretaria (f)	sekretær (m)	[sɛkrə'tær]
direttore (m)	direktør (m)	[dirɛk'tør]
manager (m)	manager (m)	['mɛnidʒər]
contabile (m)	regnskapsfører (m)	['rɛjnskaps‚førər]
impiegato (m)	ansatt (n)	['an‚sat]
mobili (m pl)	møbler (n pl)	['møblər]
scrivania (f)	bord (n)	['bʊr]
poltrona (f)	arbeidsstol (m)	['arbæjds‚stʉl]
cassettiera (f)	skuffeseksjon (m)	['skʉfə‚sɛk'ʂʊn]
appendiabiti (m) da terra	stumtjener (m)	['stʉm‚tjenər]
computer (m)	datamaskin (m)	['data ma‚ʂin]
stampante (f)	skriver (m)	['skrivər]
fax (m)	faks (m)	['faks]
fotocopiatrice (f)	kopimaskin (m)	[kʊ'pi ma‚ʂin]
carta (f)	papir (n)	[pa'pir]
cancelleria (f)	kontorartikler (m pl)	[kʊn'tʊr aː'ʈiklər]
tappetino (m) del mouse	musematte (m/f)	['mʉsə‚matə]
foglio (m)	ark (n)	['ark]
cartella (f)	mappe (m/f)	['mapə]
catalogo (m)	katalog (m)	[kata'lɔg]
elenco (m) del telefono	telefonkatalog (m)	[tele'fʊn kata'lɔg]
documentazione (f)	dokumentasjon (m)	[dɔkʉmɛnta'ʂʊn]
opuscolo (m)	brosjyre (m)	[brɔ'ʂyrə]
volantino (m)	reklameblad (n)	[rɛ'klamə‚bla]
campione (m)	prøve (m)	['prøvə]
formazione (f)	trening (m/f)	['treniŋ]
riunione (f)	møte (n)	['møtə]
pausa (f) pranzo	lunsj pause (m)	['lʉnʂ ‚paʊsə]
copiare (vt)	å lage en kopi	[ɔ 'lagə en kʊ'pi]
fare copie	å kopiere	[ɔ kʊ'pjerə]
ricevere un fax	å motta faks	[ɔ 'mɔta ‚faks]
spedire un fax	å sende faks	[ɔ 'sɛnə ‚faks]

telefonare (vi, vt)	å ringe	[ɔ 'riŋə]
rispondere (vi, vt)	å svare	[ɔ 'svarə]
passare (glielo passo)	å sætte over til ...	[ɔ 'sætə 'ɔvər til ...]

fissare (organizzare)	å arrangere	[ɔ araŋ'ʂerə]
dimostrare (vt)	å demonstrere	[ɔ demɔn'strerə]
essere assente	å være fraværende	[ɔ 'værə 'fra‚værənə]
assenza (f)	fravær (n)	['fra‚vær]

104. Operazioni d'affari. Parte 1

attività (f)	bedrift, handel (m)	[be'drift], ['handəl]
occupazione (f)	yrke (n)	['yrkə]
ditta (f)	firma (n)	['firma]
compagnia (f)	foretak (n)	['fɔrə‚tak]
corporazione (f)	korporasjon (m)	[kʊrpʊra'ʂʊn]
impresa (f)	foretak (n)	['fɔrə‚tak]
agenzia (f)	agentur (n)	[agɛn'tʉr]

accordo (m)	avtale (m)	['av‚talə]
contratto (m)	kontrakt (m)	[kʊn'trakt]
affare (m)	avtale (m)	['av‚talə]
ordine (m) (ordinazione)	bestilling (m)	[be'stiliŋ]
termine (m) dell'accordo	vilkår (n)	['vil‚kɔ:r]

all'ingrosso	en gros	[ɛn 'grɔ]
all'ingrosso (agg)	engros-	[ɛŋ'grɔ-]
vendita (f) all'ingrosso	engroshandel (m)	[ɛŋ'grɔ‚handəl]
al dettaglio (agg)	detalj-	[de'talj-]
vendita (f) al dettaglio	detaljhandel (m)	[de'talj‚handəl]

concorrente (m)	konkurrent (m)	[kʊnkʉ'rɛnt]
concorrenza (f)	konkurranse (m)	[kʊnkʉ'ransə]
competere (vi)	å konkurrere	[ɔ kʊnkʉ'rerə]

| socio (m), partner (m) | partner (m) | ['pɑ:ʈnər] |
| partenariato (m) | partnerskap (n) | ['pɑ:ʈnə‚ʂkap] |

crisi (f)	krise (m/f)	['krisə]
bancarotta (f)	fallitt (m)	[fa'lit]
fallire (vi)	å gå konkurs	[ɔ 'gɔ kɔn'kʉʂ]
difficoltà (f)	vanskelighet (m)	['vanskəli‚het]
problema (m)	problem (n)	[prʊ'blem]
disastro (m)	katastrofe (m)	[kata'strɔfə]

economia (f)	økonomi (m)	[økʊnʊ'mi]
economico (agg)	økonomisk	[økʉ'nɔmisk]
recessione (f) economica	økonomisk nedgang (m)	[økʉ'nɔmisk 'ned‚gaŋ]

| scopo (m), obiettivo (m) | mål (n) | ['mol] |
| incarico (m) | oppgave (m/f) | ['ɔp‚gavə] |

| commerciare (vi) | å handle | [ɔ 'handlə] |
| rete (f) (~ di distribuzione) | nettverk (n) | ['nɛt‚værk] |

T&P Books. Vocabolario Italiano-Norvegese per studio autodidattico - 9000 parole

| giacenza (f) | lager (n) | ['lagər] |
| assortimento (m) | sortiment (n) | [sɔːtiˈmɛn] |

leader (m), capo (m)	leder (m)	['ledər]
grande (agg)	stor	['stʊr]
monopolio (m)	monopol (n)	[mʊnʊˈpɔl]

teoria (f)	teori (m)	[teʊˈri]
pratica (f)	praksis (m)	['praksis]
esperienza (f)	erfaring (m/f)	[ærˈfariŋ]
tendenza (f)	tendens (m)	[tɛnˈdɛns]
sviluppo (m)	utvikling (m/f)	['ʉtˌviklıŋ]

105. Operazioni d'affari. Parte 2

| profitto (m) | utbytte (n), fordel (m) | ['ʉtˌbʏtə], ['fɔːdel] |
| profittevole (agg) | fordelaktig | [fɔːdəlˈakti] |

delegazione (f)	delegasjon (m)	[delegaˈʂʊn]
stipendio (m)	lønn (m/f)	['lœn]
correggere (vt)	å rette	[ɔ ˈrɛtə]
viaggio (m) d'affari	forretningsreise (m/f)	[fɔˈrɛtniŋsˌræjsə]
commissione (f)	provisjon (m)	[prʊviˈʂʊn]

controllare (vt)	å kontrollere	[ɔ kʊntrɔˈlerə]
conferenza (f)	konferanse (m)	[kʊnfəˈransə]
licenza (f)	lisens (m)	[liˈsɛns]
affidabile (agg)	pålitelig	[pɔˈliteli]

iniziativa (f) (progetto nuovo)	initiativ (n)	[initsiaˈtiv]
norma (f)	norm (m)	['nɔrm]
circostanza (f)	omstendighet (m)	[ɔmˈstɛndiˌhet]
mansione (f)	plikt (m/f)	['plikt]

impresa (f)	organisasjon (m)	[ɔrganisaˈʂʊn]
organizzazione (f)	organisering (m)	[ɔrganiˈseriŋ]
organizzato (agg)	organisert	[ɔrganiˈsɛːt]
annullamento (m)	avlysning (m/f)	['avˌlʏsniŋ]
annullare (vt)	å avlyse, å annullere	[ɔ ˈavˌlysə], [ɔ anʉˈlerə]
rapporto (m) (~ ufficiale)	rapport (m)	[raˈpɔːt]

brevetto (m)	patent (n)	[paˈtɛnt]
brevettare (vt)	å patentere	[ɔ patenˈterə]
pianificare (vt)	å planlegge	[ɔ ˈplanˌlegə]

premio (m)	gratiale (n)	[gratsiˈaːlə]
professionale (agg)	professionel	[prʊˈfɛsiɔˌnɛl]
procedura (f)	prosedyre (m)	[prʊsəˈdyrə]

esaminare (~ un contratto)	å undersøke	[ɔ ˈʉnəˌsøkə]
calcolo (m)	beregning (m/f)	[beˈrɛjniŋ]
reputazione (f)	rykte (n)	['rʏktə]
rischio (m)	risiko (m)	['risikʊ]
dirigere (~ un'azienda)	å styre, å lede	[ɔ ˈstyrə], [ɔ ˈledə]

96

informazioni (f pl)	opplysninger (m/f pl)	['ɔpˌlʏsniŋər]
proprietà (f)	eiendom (m)	['æjənˌdɔm]
unione (f)	forbund (n)	['fɔrˌbʉn]
(~ Italiana Vini, ecc.)		
assicurazione (f) sulla vita	livsforsikring (m/f)	['lifsfɔˌsikriŋ]
assicurare (vt)	å forsikre	[ɔ fɔ'ʂikrə]
assicurazione (f)	forsikring (m/f)	[fɔ'ʂikriŋ]
asta (f)	auksjon (m)	[aʉk'ʂʉn]
avvisare (informare)	å underrette	[ɔ 'ʉnəˌrɛtə]
gestione (f)	ledelse (m)	['ledəlsə]
servizio (m)	tjeneste (m)	['tjenɛstə]
forum (m)	forum (n)	['fɔrum]
funzionare (vi)	å fungere	[ɔ fʉ'ŋerə]
stadio (m) (fase)	etappe (m)	[e'tapə]
giuridico (agg)	juridisk	[jʉ'ridisk]
esperto (m) legale	jurist (m)	[jʉ'rist]

106. Attività produttiva. Lavori

stabilimento (m)	verk (n)	['værk]
fabbrica (f)	fabrikk (m)	[fɑ'brik]
officina (f) di produzione	verkstad (m)	['værkˌstɑd]
stabilimento (m)	produksjonsplass (m)	[prʊdʊk'ʂʊns ˌplɑs]
industria (f)	industri (m)	[indʉ'stri]
industriale (agg)	industriell	[indʉstri'ɛl]
industria (f) pesante	tungindustri (m)	['tʉŋ ˌindʉ'stri]
industria (f) leggera	lettindustri (m)	['letˌindʉ'stri]
prodotti (m pl)	produksjon (m)	[prʊdʊk'ʂʊn]
produrre (vt)	å produsere	[ɔ prʊdʉ'serə]
materia (f) prima	råstoffer (n pl)	['rɔˌstɔfər]
caposquadra (m)	formann, bas (m)	['fɔrmɑn], ['bɑs]
squadra (f)	arbeidslag (n)	['ɑrbæjdsˌlɑg]
operaio (m)	arbeider (m)	['ɑrˌbæjdər]
giorno (m) lavorativo	arbeidsdag (m)	['ɑrbæjdsˌdɑ]
pausa (f)	hvilepause (m)	['viləˌpaʊsə]
riunione (f)	møte (n)	['møtə]
discutere (~ di un problema)	å drøfte, å diskutere	[ɔ 'drœftə], [ɔ diskʉ'terə]
piano (m)	plan (m)	['plɑn]
eseguire il piano	å oppfylle planen	[ɔ 'ɔpˌfʏlə 'plɑnən]
tasso (m) di produzione	produksjonsmål (n)	[prʊdʊk'ʂʊns ˌmɔl]
qualità (f)	kvalitet (m)	[kvɑli'tɛt]
controllo (m)	kontroll (m)	[kʊn'trɔl]
controllo (m) di qualità	kvalitetskontroll (m)	[kvɑli'tɛt kʊn'trɔl]
sicurezza (f) sul lavoro	arbeidervern (n)	['ɑrbæjdərˌvæːŋ]
disciplina (f)	disiplin (m)	[disip'lin]

T&P Books. Vocabolario Italiano-Norvegese per studio autodidattico - 9000 parole

| infrazione (f) | brudd (n) | ['brʉd] |
| violare (~ le regole) | å bryte | [ɔ 'brytə] |

sciopero (m)	streik (m)	['stræjk]
scioperante (m)	streiker (m)	['stræjkər]
fare sciopero	å streike	[ɔ 'stræjkə]
sindacato (m)	fagforening (m/f)	['fɑgfɔˌreniŋ]

inventare (vt)	å oppfinne	[ɔ 'ɔpˌfinə]
invenzione (f)	oppfinnelse (m)	['ɔpˌfinəlsə]
ricerca (f)	forskning (m)	['fɔːʂkniŋ]
migliorare (vt)	å forbedre	[ɔ fɔr'bɛdrə]
tecnologia (f)	teknologi (m)	[tɛknʊlʊ'gi]
disegno (m) tecnico	teknisk tegning (m/f)	['tɛknisk ˌtæjniŋ]

carico (m)	last (m/f)	['lɑst]
caricatore (m)	lastearbeider (m)	['lɑstə'ɑrˌbæjdər]
caricare (~ un camion)	å laste	[ɔ 'lɑstə]
caricamento (m)	lasting (m/f)	['lɑstiŋ]
scaricare (vt)	å lesse av	[ɔ 'lese ɑː]
scarico (m)	avlessing (m/f)	['ɑvˌlesiŋ]

trasporto (m)	transport (m)	[trɑns'pɔːt]
società (f) di trasporti	transportfirma (n)	[trɑns'pɔːtˌfirmɑ]
trasportare (vt)	å transportere	[ɔ trɑnspɔː'terə]

vagone (m) merci	godsvogn (m/f)	['gʊtsˌvɔŋn]
cisterna (f)	tank (m)	['tɑnk]
camion (m)	lastebil (m)	['lɑstəˌbil]

| macchina (f) utensile | verktøymaskin (m) | ['værktøj mɑˌʂinˌ] |
| meccanismo (m) | mekanisme (m) | [mekɑ'nismə] |

rifiuti (m pl) industriali	industrielt avfall (n)	[indʉstri'ɛlt 'ɑvˌfɑl]
imballaggio (m)	pakning (m/f)	['pɑkniŋ]
imballare (vt)	å pakke	[ɔ 'pɑkə]

107. Contratto. Accordo

contratto (m)	kontrakt (m)	[kʊn'trɑkt]
accordo (m)	avtale (m)	['ɑvˌtɑlə]
allegato (m)	tillegg, bilag (n)	['tiˌleg], ['biˌlɑg]

firmare un contratto	å inngå kontrakt	[ɔ 'inˌgɔ kʊn'trɑkt]
firma (f)	underskrift (m/f)	['ʉnəˌskrift]
firmare (vt)	å underskrive	[ɔ 'ʉnəˌskrivə]
timbro (m) (su documenti)	stempel (n)	['stɛmpəl]

oggetto (m) del contratto	kontraktens gjenstand (m)	[kʊn'trɑktəns 'jɛnˌstɑn]
clausola (f)	klausul (m)	[klɑʊ'sʉl]
parti (f pl) (in un contratto)	parter (m pl)	['pɑːtər]
sede (f) legale	juridisk adresse (m/f)	[jʉ'ridisk ɑ'drɛsə]
sciogliere un contratto	å bryte kontrakten	[ɔ 'brytə kʊn'trɑktən]
obbligo (m)	forpliktelse (m)	[fɔr'pliktəlsə]

98

responsabilità (f)	ansvar (n)	['an‚svɑr]
forza (f) maggiore	force majeure (m)	[‚fɔrs mɑ'ʒøːr]
discussione (f)	tvist (m)	['tvist]
sanzioni (f pl)	straffeavgifter (m pl)	['strɑfə ɑv'jiftər]

108. Import-export

importazione (f)	import (m)	[im'pɔːt]
importatore (m)	importør (m)	[impɔː'tør]
importare (vt)	å importere	[ɔ impɔː'terə]
d'importazione (agg)	import-	[im'pɔːt-]

esportazione (f)	eksport (m)	[ɛks'pɔːt]
esportatore (m)	eksportør (m)	[ɛkspɔː'tør]
esportare (vt)	å eksportere	[ɔ ɛkspɔː'terə]
d'esportazione (agg)	eksport-	[ɛks'pɔːt-]

| merce (f) | vare (m/f) | ['vɑrə] |
| carico (m) | parti (n) | [pɑː'ti] |

peso (m)	vekt (m)	['vɛkt]
volume (m)	volum (n)	[vɔ'lʉm]
metro (m) cubo	kubikkmeter (m)	[kʉ'bik‚metər]

produttore (m)	produsent (m)	[prʉdʉ'sɛnt]
società (f) di trasporti	transportfirma (n)	[trɑns'pɔːt ‚firmɑ]
container (m)	container (m)	[kɔn'tɛjnər]

frontiera (f)	grense (m/f)	['grɛnsə]
dogana (f)	toll (m)	['tɔl]
dazio (m) doganale	tollavgift (m)	['tɔl ɑv'jift]
doganiere (m)	tollbetjent (m)	['tɔlbe‚tjɛnt]
contrabbando (m)	smugling (m/f)	['smʉgliŋ]
merci (f pl) contrabbandate	smuglergods (n)	['smʉglə‚guʦ]

109. Mezzi finanziari

azione (f)	aksje (m)	['ɑkʂə]
obbligazione (f)	obligasjon (m)	[ɔbligɑ'ʂʉn]
cambiale (f)	veksel (m)	['vɛksəl]

| borsa (f) | børs (m) | ['bœʂ] |
| quotazione (f) | aksjekurs (m) | ['ɑkʂə‚kʉʂ] |

| diminuire di prezzo | å gå ned | [ɔ 'gɔ ne] |
| aumentare di prezzo | å gå opp | [ɔ 'gɔ ɔp] |

quota (f)	andel (m)	['ɑn‚del]
pacchetto (m) di maggioranza	aksjemajoritet (m)	['ɑkʂə‚mɑjɔri'tet]
investimento (m)	investering (m/f)	[inve'steriŋ]
investire (vt)	å investere	[ɔ inve'sterə]
percento (m)	prosent (m)	[prʉ'sɛnt]

T&P Books. Vocabolario Italiano-Norvegese per studio autodidattico - 9000 parole

interessi (m pl) (su investimenti)	rente (m/f)	['rɛntə]
profitto (m)	profitt (m), fortjeneste (m/f)	[prɔ'fit], [fɔː'tjenɛstə]
redditizio (agg)	profitabel	[prɔfi'tabəl]
imposta (f)	skatt (m)	['skat]

valuta (f) (~ estera)	valuta (m)	[va'lʉta]
nazionale (agg)	nasjonal	[naʂʉ'nal]
cambio (m) (~ valuta)	veksling (m/f)	['vɛkʂliŋ]

contabile (m)	regnskapsfører (m)	['rɛjnskaps,førər]
ufficio (m) contabilità	bokføring (m/f)	['bʊk'føriŋ]

bancarotta (f)	fallitt (m)	[fa'lit]
fallimento (m)	krakk (n)	['krak]
rovina (f)	ruin (m)	[rʉ'in]
andare in rovina	å ruinere seg	[ɔ rʉi'nerə sæj]
inflazione (f)	inflasjon (m)	[infla'ʂʊn]
svalutazione (f)	devaluering (m)	[devalʉ'eriŋ]

capitale (m)	kapital (m)	[kapi'tal]
reddito (m)	inntekt (m/f), innkomst (m)	['in,tɛkt], ['in,kɔmst]
giro (m) di affari	omsetning (m/f)	['ɔm,sɛtniŋ]
risorse (f pl)	ressurser (m pl)	[re'sʉʂər]
mezzi (m pl) finanziari	pengemidler (m pl)	['pɛŋə,midlər]
spese (f pl) generali	faste utgifter (m/f pl)	['fastə 'ʉt,jiftər]
ridurre (~ le spese)	å redusere	[ɔ redʉ'serə]

110. Marketing

marketing (m)	markedsføring (m/f)	['markəds,føriŋ]
mercato (m)	marked (n)	['markəd]
segmento (m) di mercato	markedssegment (n)	['markəds seg'mɛnt]
prodotto (m)	produkt (n)	[prʊ'dʉkt]
merce (f)	vare (m/f)	['varə]

marca (f)	merkenavn (n)	['mærkə,navn]
marchio (m) di fabbrica	varemerke (n)	['varə,mærkə]
logotipo (m)	firmamerke (n)	['firma,mærkə]
logo (m)	logo (m)	['lugʊ]

domanda (f)	etterspørsel (m)	['ɛtə,spœʂəl]
offerta (f)	tilbud (n)	['til,bʉd]
bisogno (m)	behov (n)	[be'hʊv]
consumatore (m)	forbruker (m)	[fɔr'brʉkər]

analisi (f)	analyse (m)	[ana'lysə]
analizzare (vt)	å analysere	[ɔ analy'serə]
posizionamento (m)	posisjonering (m/f)	[pʊsiʂʊ'neriŋ]
posizionare (vt)	å posisjonere	[ɔ pʊsiʂʊ'nerə]

prezzo (m)	pris (m)	['pris]
politica (f) dei prezzi	prispolitikk (m)	['pris pʊli'tik]
determinazione (f) dei prezzi	prisdannelse (m)	['pris,danəlsə]

100

111. Pubblicità

pubblicità (f)	reklame (m)	[rɛ'klamə]
pubblicizzare (vt)	å reklamere	[ɔ rɛkla'merə]
bilancio (m) (budget)	budsjett (n)	[bʉd'ʂɛt]
annuncio (m)	annonse (m)	[a'nɔnsə]
pubblicità (f) televisiva	TV-reklame (m)	['tɛvɛ rɛ'klamə]
pubblicità (f) radiofonica	radioreklame (m)	['radiʉ rɛ'klamə]
pubblicità (f) esterna	utendørsreklame (m)	['ʉtən͵dœʂ rɛ'klamə]
mass media (m pl)	massemedier (n pl)	['masə͵mediər]
periodico (m)	tidsskrift (n)	['tid͵skrift]
immagine (f)	image (m)	['imidʒ]
slogan (m)	slogan (n)	['slɔgan]
motto (m)	motto (n)	['mɔtʉ]
campagna (f)	kampanje (m)	[kam'panjə]
campagna (f) pubblicitaria	reklamekampanje (m)	[rɛ'klamə kam'panjə]
gruppo (m) di riferimento	målgruppe (m/f)	['mɔːl͵grʉpə]
biglietto (m) da visita	visittkort (n)	[vi'sit͵kɔːt]
volantino (m)	reklameblad (n)	[rɛ'klamə͵bla]
opuscolo (m)	brosjyre (m)	[brɔ'ʂyrə]
pieghevole (m)	folder (m)	['fɔlər]
bollettino (m)	nyhetsbrev (n)	['nyhets͵brev]
insegna (f) (di negozi, ecc.)	skilt (n)	['ʂilt]
cartellone (m)	plakat, poster (m)	['pla͵kat], ['pɔstər]
tabellone (m) pubblicitario	reklameskilt (m/f)	[rɛ'klamə͵ʂilt]

112. Attività bancaria

banca (f)	bank (m)	['bank]
filiale (f)	avdeling (m)	['av͵delin]
consulente (m)	konsulent (m)	[kʉnsʉ'lent]
direttore (m)	forstander (m)	[fɔ'ʂtandər]
conto (m) bancario	bankkonto (m)	['bank͵kɔntʉ]
numero (m) del conto	kontonummer (n)	['kɔntʉ͵nʉmər]
conto (m) corrente	sjekkonto (m)	['ʂɛk͵kɔntʉ]
conto (m) di risparmio	sparekonto (m)	['sparə͵kɔntʉ]
aprire un conto	å åpne en konto	[ɔ 'ɔpnə en 'kɔntʉ]
chiudere il conto	å lukke kontoen	[ɔ 'lʉkə 'kɔntʉən]
versare sul conto	å sette inn på kontoen	[ɔ 'sɛtə in pɔ 'kɔntʉən]
prelevare dal conto	å ta ut fra kontoen	[ɔ 'ta ʉt fra 'kɔntʉən]
deposito (m)	innskudd (n)	['in͵skʉd]
depositare (vt)	å sette inn	[ɔ 'sɛtə in]
trasferimento (m) telegrafico	overføring (m/f)	['ɔvər͵førin]

T&P Books. Vocabolario Italiano-Norvegese per studio autodidattico - 9000 parole

rimettere i soldi	å overføre	[ɔ 'ɔvərˌførə]
somma (f)	sum (m)	['sʉm]
Quanto?	Hvor mye?	[vʊr 'mye]

| firma (f) | underskrift (m/f) | ['ʉnəˌskrift] |
| firmare (vt) | å underskrive | [ɔ 'ʉnəˌskrivə] |

carta (f) di credito	kredittkort (n)	[krɛ'ditˌkɔːt]
codice (m)	kode (m)	['kʊdə]
numero (m) della carta di credito	kredittkortnummer (n)	[krɛ'ditˌkɔːt 'nʉmər]
bancomat (m)	minibank (m)	['miniˌbɑnk]

assegno (m)	sjekk (m)	['ʂɛk]
emettere un assegno	å skrive en sjekk	[ɔ 'skrivə en 'ʂɛk]
libretto (m) di assegni	sjekkbok (m/f)	['ʂɛkˌbʊk]

prestito (m)	lån (n)	['lɔn]
fare domanda per un prestito	å søke om lån	[ɔ ˌsøkə ɔm 'lɔn]
ottenere un prestito	å få lån	[ɔ 'fɔ 'lɔn]
concedere un prestito	å gi lån	[ɔ 'ji 'lɔn]
garanzia (f)	garanti (m)	[gɑrɑn'ti]

113. Telefono. Conversazione telefonica

telefono (m)	telefon (m)	[tele'fʊn]
telefonino (m)	mobiltelefon (m)	[mʊ'bil tele'fʊn]
segreteria (f) telefonica	telefonsvarer (m)	[tele'fʊnˌsvɑrər]

| telefonare (vi, vt) | å ringe | [ɔ 'riŋə] |
| chiamata (f) | telefonsamtale (m) | [tele'fʊn 'sɑmˌtɑlə] |

comporre un numero	å slå et nummer	[ɔ 'ʂlɔ et 'nʉmər]
Pronto!	Hallo!	[hɑ'lʉ]
chiedere (domandare)	å spørre	[ɔ 'spørə]
rispondere (vi, vt)	å svare	[ɔ 'svɑrə]

udire (vt)	å høre	[ɔ 'hørə]
bene	godt	['gɔt]
male	dårlig	['dɔːli]
disturbi (m pl)	støy (m)	['støj]

cornetta (f)	telefonrør (n)	[tele'fʊnˌrør]
alzare la cornetta	å ta telefonen	[ɔ 'tɑ tele'fʊnən]
riattaccare la cornetta	å legge på røret	[ɔ 'legə pɔ 'rørə]

occupato (agg)	opptatt	['ɔpˌtɑt]
squillare (del telefono)	å ringe	[ɔ 'riŋə]
elenco (m) telefonico	telefonkatalog (m)	[tele'fʊn kɑtɑ'lɔg]

locale (agg)	lokal-	[lɔ'kɑl-]
telefonata (f) urbana	lokalsamtale (m)	[lɔ'kɑl 'sɑmˌtɑlə]
interurbano (agg)	riks-	['riks-]
telefonata (f) interurbana	rikssamtale (m)	['riks 'sɑmˌtɑlə]

102

| internazionale (agg) | internasjonal | [ˈintɛːɳɑʂʉˌnɑl] |
| telefonata (f) internazionale | internasjonal samtale (m) | [ˈintɛːɳɑʂʉˌnɑl ˈsɑmˌtɑlə] |

114. Telefono cellulare

| telefonino (m) | mobiltelefon (m) | [mʉˈbil teleˈfʉn] |
| schermo (m) | skjerm (m) | [ˈʂærm] |

| tasto (m) | knapp (m) | [ˈknɑp] |
| scheda SIM (f) | SIM-kort (n) | [ˈsimˌkɔːt] |

pila (f)	batteri (n)	[bɑtɛˈri]
essere scarico	å bli utladet	[ɔ ˈbli ˈʉtˌlɑdət]
caricabatteria (m)	lader (m)	[ˈlɑdər]

menù (m)	meny (m)	[meˈny]
impostazioni (f pl)	innstillinger (m/f pl)	[ˈinˌstiliŋər]
melodia (f)	melodi (m)	[melɔˈdi]
scegliere (vt)	å velge	[ɔ ˈvɛlgə]

calcolatrice (f)	regnemaskin (m)	[ˈrɛjnə mɑˌʂin]
segreteria (f) telefonica	telefonsvarer (m)	[teleˈfʉnˌsvɑrər]
sveglia (f)	vekkerklokka (m/f)	[ˈvɛkərˌklɔkɑ]
contatti (m pl)	kontakter (m pl)	[kʉnˈtɑktər]

| messaggio (m) SMS | SMS-beskjed (m) | [ɛsɛmˈɛs bɛˌʂɛ] |
| abbonato (m) | abonnent (m) | [ɑbɔˈnɛnt] |

115. Articoli di cancelleria

| penna (f) a sfera | kulepenn (m) | [ˈkʉːləˌpɛn] |
| penna (f) stilografica | fyllepenn (m) | [ˈfʏləˌpɛn] |

matita (f)	blyant (m)	[ˈblyˌɑnt]
evidenziatore (m)	merkepenn (m)	[ˈmærkəˌpɛn]
pennarello (m)	tusjpenn (m)	[ˈtʉʂˌpɛn]

| taccuino (m) | notatbok (m/f) | [nʉˈtɑtˌbʉk] |
| agenda (f) | dagbok (m/f) | [ˈdɑgˌbʉk] |

righello (m)	linjal (m)	[liˈnjɑl]
calcolatrice (f)	regnemaskin (m)	[ˈrɛjnə mɑˌʂin]
gomma (f) per cancellare	viskelær (n)	[ˈviskəˌlær]

| puntina (f) | tegnestift (m) | [ˈtæjnəˌstift] |
| graffetta (f) | binders (m) | [ˈbindɛʂ] |

| colla (f) | lim (n) | [ˈlim] |
| pinzatrice (f) | stiftemaskin (m) | [ˈstiftə mɑˌʂin] |

| perforatrice (f) | hullemaskin (m) | [ˈhʉlə mɑˌʂin] |
| temperamatite (m) | blyantspisser (m) | [ˈblyɑntˌspisər] |

116. Diversi tipi di documenti

resoconto (m)	rapport (m)	[rɑˈpɔːt]
accordo (m)	avtale (m)	[ˈɑvˌtɑlə]
modulo (m) di richiesta	søknadsskjema (n)	[ˈsøknɑdsˌʂemɑ]
autentico (agg)	ekte	[ˈɛktə]
tesserino (m)	badge (n)	[ˈbædʒ]
biglietto (m) da visita	visittkort (n)	[viˈsitˌkɔːt]

certificato (m)	sertifikat (n)	[sæːtifiˈkɑt]
assegno (m) (fare un ~)	sjekk (m)	[ˈʂɛk]
conto (m) (in un ristorante)	regning (m/f)	[ˈrɛjniŋ]
costituzione (f)	grunnlov (m)	[ˈgrʉnˌlɔv]

contratto (m)	avtale (m)	[ˈɑvˌtɑlə]
copia (f)	kopi (m)	[kʉˈpi]
copia (f) (~ di un contratto)	eksemplar (n)	[ɛksɛmˈplɑr]

dichiarazione (f)	tolldeklarasjon (m)	[ˈtɔldɛklɑrɑˈʂʉn]
documento (m)	dokument (n)	[dɔkʉˈmɛnt]
patente (f) di guida	førerkort (n)	[ˈførərˌkɔːt]
allegato (m)	tillegg, bilag (n)	[ˈtiˌleg], [ˈbiˌlɑg]
modulo (m)	skjema (n)	[ˈʂemɑ]

carta (f) d'identità	legitimasjon (m)	[legitimɑˈʂʉn]
richiesta (f) di informazioni	forespørsel (m)	[ˈfɔrəˌspœʂəl]
biglietto (m) d'invito	invitasjonskort (n)	[invitɑˈʂʉnsˌkɔːt]
fattura (f)	faktura (m)	[fɑkˈtʉrɑ]

legge (f)	lov (m)	[ˈlɔv]
lettera (f) (missiva)	brev (n)	[ˈbrev]
carta (f) intestata	brevpapir (n)	[ˈbrevˌpɑˈpir]
lista (f) (~ di nomi, ecc.)	liste (m/f)	[ˈlistə]
manoscritto (m)	manuskript (n)	[mɑnʉˈskript]
bollettino (m)	nyhetsbrev (n)	[ˈnyhetsˌbrev]
appunto (m), nota (f)	lapp, seddel (m)	[ˈlɑp], [ˈsɛdəl]

lasciapassare (m)	adgangskort (n)	[ˈɑdgɑŋsˌkɔːt]
passaporto (m)	pass (n)	[ˈpɑs]
permesso (m)	tillatelse (m)	[ˈtiˌlɑtəlsə]
curriculum vitae (f)	CV (m/n)	[ˈsɛvɛ]
nota (f) di addebito	skyldbrev, gjeldsbrev (m/f)	[ˈʂylˌbrev], [ˈjɛlˌbrev]
ricevuta (f)	kvittering (m/f)	[kviˈtəriŋ]
scontrino (m)	kassalapp (m)	[ˈkɑsɑˌlɑp]
rapporto (m)	rapport (m)	[rɑˈpɔːt]

mostrare (vt)	å vise	[ɔ ˈvisə]
firmare (vt)	å underskrive	[ɔ ˈʉnəˌskrivə]
firma (f)	underskrift (m/f)	[ˈʉnəˌskrift]
timbro (m) (su documenti)	stempel (n)	[ˈstɛmpəl]
testo (m)	tekst (m/f)	[ˈtɛkst]
biglietto (m)	billett (m)	[biˈlet]

cancellare (~ dalla lista)	å stryke ut	[ɔ ˈstrykə ʉt]
riempire (~ un modulo)	å utfylle	[ɔ ˈʉtˌfylə]

bolla (f) di consegna	fraktbrev (n)	['frakt̩brev]
testamento (m)	testament (n)	[tɛsta'mɛnt]

117. Generi di attività commerciali

servizi (m pl) di contabilità	bokføringstjenester (m pl)	['bʊk̩føriŋs 'tjenɛstər]
pubblicità (f)	reklame (m)	[rɛ'klamə]
agenzia (f) pubblicitaria	reklamebyrå (n)	[rɛ'klamə by̩ro]
condizionatori (m pl) d'aria	klimaanlegg (n pl)	['klima'an̩leg]
compagnia (f) aerea	flyselskap (n)	['flysəl̩skap]
bevande (f pl) alcoliche	alkoholholdige drikke (m pl)	[alkʊ'hʊl̩hɔldiə 'drikə]
antiquariato (m)	antikviteter (m pl)	[antikvi'tetər]
galleria (f) d'arte	kunstgalleri (n)	['kʊnst gale'ri]
società (f) di revisione contabile	revisjonstjenester (m pl)	[revi'ʂʊns̩tjenɛstər]
imprese (f pl) bancarie	bankvirksomhet (m/f)	['bank̩virksɔmhet]
bar (m)	bar (m)	['bar]
salone (m) di bellezza	skjønnhetssalong (m)	['ʂønhɛts sa'lɔŋ]
libreria (f)	bokhandel (m)	['bʊk̩handəl]
birreria (f)	bryggeri (n)	[brʏge'ri]
business centre (m)	forretningssenter (n)	[fɔ'rɛtniŋs̩sɛntər]
scuola (f) di commercio	handelsskole (m)	['handəls̩skʊlə]
casinò (m)	kasino (n)	[ka'sinʊ]
edilizia (f)	byggeri (m/f)	[bʏgə'ri]
consulenza (f)	konsulenttjenester (m pl)	[kʊnsu'lent ̩tjenɛstər]
odontoiatria (f)	tannklinik (m)	['tankli'nik]
design (m)	design (m)	['desajn]
farmacia (f)	apotek (n)	[apʊ'tek]
lavanderia (f) a secco	renseri (n)	[rɛnse'ri]
agenzia (f) di collocamento	rekrutteringsbyrå (n)	['rekrʊ̩teriŋs by̩ro]
servizi (m pl) finanziari	finansielle tjenester (m pl)	[finan'sielə ̩tjenɛstər]
industria (f) alimentare	matvarer (m/f pl)	['mat̩varər]
agenzia (f) di pompe funebri	begravelsesbyrå (n)	[be'gravəlsəs by̩ro]
mobili (m pl)	møbler (n pl)	['møblər]
abbigliamento (m)	klær (n)	['klær]
albergo, hotel (m)	hotell (n)	[hʊ'tɛl]
gelato (m)	iskrem (m)	['iskrɛm]
industria (f)	industri (m)	[indʊ'stri]
assicurazione (f)	forsikring (m/f)	[fɔ'ʂikriŋ]
internet (f)	Internett	['intə̩nɛt]
investimenti (m pl)	investering (m/f)	[inve'steriŋ]
gioielliere (m)	juveler (m)	[jʉ'velər]
gioielli (m pl)	smykker (n pl)	['smʏkər]
lavanderia (f)	vaskeri (n)	[vaske'ri]
consulente (m) legale	juridisk rådgiver (m pl)	[jʉ'ridisk 'rɔd̩jivər]
industria (f) leggera	lettindustri (m)	['let̩indʊ'stri]
rivista (f)	magasin, tidsskrift (n)	[maga'sin], ['tid̩skrift]

vendite (f pl) per corrispondenza	postordresalg (m)	['pɔstˌɔrdrə'salg]
medicina (f)	medisin (m)	[medi'sin]
cinema (m)	kino (m)	['çinʉ]
museo (m)	museum (n)	[mʉ'seum]
agenzia (f) di stampa	nyhetsbyrå (n)	['nyhets byˌro]
giornale (m)	avis (m/f)	[a'vis]
locale notturno (m)	nattklubb (m)	['natˌklʉb]
petrolio (m)	olje (m)	['ɔljə]
corriere (m) espresso	budtjeneste (m)	[bʉd'tjenɛstə]
farmaci (m pl)	legemidler (pl)	['legə'midlər]
stampa (f) (~ di libri)	trykkeri (n)	[trykə'ri]
casa (f) editrice	forlag (n)	['fɔːlɑg]
radio (f)	radio (m)	['rɑdiʉ]
beni (m pl) immobili	fast eiendom (m)	[ˌfast 'æjənˌdɔm]
ristorante (m)	restaurant (m)	[rɛstʉ'rɑŋ]
agenzia (f) di sicurezza	sikkerhetsselskap (n)	['sikərhɛts 'selˌskɑp]
sport (m)	sport, idrett (m)	['spɔːt], ['idrɛt]
borsa (f)	børs (m)	['bœʂ]
negozio (m)	forretning, butikk (m)	[fɔ'rɛtniŋ], [bʉ'tik]
supermercato (m)	supermarked (n)	['sʉpəˌmarket]
piscina (f)	svømmebasseng (n)	['svœməˌba'sɛŋ]
sartoria (f)	skredderi (n)	[skrɛde'ri]
televisione (f)	televisjon (m)	['televiˌʂʉn]
teatro (m)	teater (n)	[te'ɑtər]
commercio (m)	handel (m)	['handəl]
mezzi (m pl) di trasporto	transport (m)	[trans'pɔːt]
viaggio (m)	turisme (m)	[tʉ'rismə]
veterinario (m)	dyrlege, veterinær (m)	['dyrˌlegə], [vetəri'nær]
deposito, magazzino (m)	lager (n)	['lɑgər]
trattamento (m) dei rifiuti	avfallstømming (m/f)	['ɑvfalsˌtømiŋ]

Lavoro. Affari. Parte 2

118. Spettacolo. Mostra

fiera (f)	messe (m/f)	['mɛsə]
fiera (f) campionaria	varemesse (m/f)	['varə‚mɛsə]
partecipazione (f)	deltagelse (m)	['del‚tagəlsə]
partecipare (vi)	å delta	[ɔ 'dɛlta]
partecipante (m)	deltaker (m)	['del‚takər]
direttore (m)	direktør (m)	[dirɛk'tør]
ufficio (m) organizzativo	arrangørkontor (m)	[araŋ'sør kʉn'tʉr]
organizzatore (m)	arrangør (m)	[araŋ'sør]
organizzare (vt)	å organisere	[ɔ ɔrgani'serə]
domanda (f) di partecipazione	påmeldingsskjema (n)	['pɔmeliŋs‚sɛma]
riempire (vt)	å utfylle	[ɔ 'ʉt‚fʏlə]
dettagli (m pl)	detaljer (m pl)	[de'taljər]
informazione (f)	informasjon (m)	[infɔrma'ʂʉn]
prezzo (m)	pris (m)	['pris]
incluso (agg)	inklusive	['inklʉ‚sivə]
includere (vt)	å inkludere	[ɔ inklʉ'derə]
pagare (vi, vt)	å betale	[ɔ be'talə]
quota (f) d'iscrizione	registreringsavgift (m/f)	[rɛgi'strɛriŋs av'jift]
entrata (f)	inngang (m)	['in‚gaŋ]
padiglione (m)	paviljong (m)	[pavi'ljɔŋ]
registrare (vt)	å registrere	[ɔ regi'strerə]
tesserino (m)	badge (n)	['bædʒ]
stand (m)	messestand (m)	['mɛsə‚stan]
prenotare (riservare)	å reservere	[ɔ resɛr'verə]
vetrina (f)	glassmonter (m)	['glas‚mɔntər]
faretto (m)	lampe (m/f), spotlys (n)	['lampə], ['spɔt‚lys]
design (m)	design (m)	['desajn]
collocare (vt)	å plassere	[ɔ pla'serə]
collocarsi (vr)	å bli plasseret	[ɔ 'bli pla'serət]
distributore (m)	distributør (m)	[distribʉ'tør]
fornitore (m)	leverandør (m)	[levəran'dør]
fornire (vt)	å levere	[ɔ le'verə]
paese (m)	land (n)	['lan]
straniero (agg)	utenlandsk	['ʉtən‚lansk]
prodotto (m)	produkt (n)	[prʉ'dʉkt]
associazione (f)	forening (m/f)	[fɔ'reniŋ]
sala (f) conferenze	konferansesal (m)	[kʉnfə'ransə‚sal]

T&P Books. Vocabolario Italiano-Norvegese per studio autodidattico - 9000 parole

| congresso (m) | kongress (m) | [kʊn'grɛs] |
| concorso (m) | tevling (m) | ['tɛvliŋ] |

visitatore (m)	besøkende (m)	[be'søkenə]
visitare (vt)	å besøke	[ɔ be'søkə]
cliente (m)	kunde (m)	['kʉndə]

119. Mezzi di comunicazione di massa

giornale (m)	avis (m/f)	[ɑ'vis]
rivista (f)	magasin, tidsskrift (n)	[mɑgɑ'sin], ['tid͵skrift]
stampa (f) (giornali, ecc.)	presse (m/f)	['prɛsə]
radio (f)	radio (m)	['rɑdiʉ]
stazione (f) radio	radiostasjon (m)	['rɑdiʉ͵stɑ'ʂʊn]
televisione (f)	televisjon (m)	['televi͵ʂʊn]

presentatore (m)	programleder (m)	[prʊ'grɑm͵ledər]
annunciatore (m)	nyhetsoppleser (m)	['nyhets'ɔp͵lesər]
commentatore (m)	kommentator (m)	[kʊmən'tɑtʊr]

giornalista (m)	journalist (m)	[ʂuːŋɑ'list]
corrispondente (m)	korrespondent (m)	[kʊrespɔn'dɛnt]
fotocronista (m)	pressefotograf (m)	['prɛsə fotɔ'grɑf]
cronista (m)	reporter (m)	[re'pɔːṭər]

| redattore (m) | redaktør (m) | [rɛdɑk'tør] |
| redattore capo (m) | sjefredaktør (m) | ['ʂɛf rɛdɑk'tør] |

abbonarsi a ...	å abonnere	[ɔ ɑbɔ'nerə]
abbonamento (m)	abonnement (n)	[ɑbɔnə'mɑŋ]
abbonato (m)	abonnent (m)	[ɑbɔ'nɛnt]
leggere (vi, vt)	å lese	[ɔ 'lesə]
lettore (m)	leser (m)	['lesər]

tiratura (f)	opplag (n)	['ɔp͵lɑg]
mensile (agg)	månedlig	['moːnədli]
settimanale (agg)	ukentlig	['ʉkəntli]
numero (m)	nummer (n)	['nʉmər]
fresco (agg)	ny, fersk	['ny], ['fæʂk]

testata (f)	overskrift (m)	['ɔvə͵skrift]
trafiletto (m)	notis (m)	[nʊ'tis]
rubrica (f)	rubrikk (m)	[rʉ'brik]
articolo (m)	artikkel (m)	[ɑːˈṭikəl]
pagina (f)	side (m/f)	['sidə]

servizio (m), reportage (m)	reportasje (m)	[repɔːˈṭɑʂə]
evento (m)	hendelse (m)	['hɛndəlsə]
sensazione (f)	sensasjon (m)	[sɛnsɑ'ʂʊn]
scandalo (m)	skandale (m)	[skɑn'dɑlə]
scandaloso (agg)	skandaløs	[skɑndɑ'løs]
enorme (un ~ scandalo)	stor	['stʊr]
trasmissione (f)	program (n)	[prʊ'grɑm]
intervista (f)	intervju (n)	[intə'vjʉː]

108

trasmissione (f) in diretta | direktesending (m/f) | [di'rɛktəˌsɛniŋ]
canale (m) | kanal (m) | [kɑ'nɑl]

120. Agricoltura

agricoltura (f)	landbruk (n)	['lɑnˌbrʉk]
contadino (m)	bonde (m)	['bɔnə]
contadina (f)	bondekone (m/f)	['bɔnəˌkʊnə]
fattore (m)	gårdbruker, bonde (m)	['gɔːrˌbrʉkər], ['bɔnə]

trattore (m)	traktor (m)	['trɑktʊr]
mietitrebbia (f)	skurtresker (m)	['skʉːˌtrɛskər]

aratro (m)	plog (m)	['plug]
arare (vt)	å pløye	[ɔ 'pløjə]
terreno (m) coltivato	pløyemark (m/f)	['pløjəˌmɑrk]
solco (m)	fure (m)	['fʉrə]

seminare (vt)	å så	[ɔ 'sɔ]
seminatrice (f)	såmaskin (m)	['soːmɑˌsin]
semina (f)	såing (m/f)	['soːiŋ]

falce (f)	ljå (m)	['ljoː]
falciare (vt)	å meie, å slå	[ɔ 'mæjə], [ɔ 'slɔ]

pala (f)	spade (m)	['spɑdə]
scavare (vt)	å grave	[ɔ 'grɑvə]

zappa (f)	hakke (m/f)	['hɑkə]
zappare (vt)	å hakke	[ɔ 'hɑkə]
erbaccia (f)	ugras (n)	[ʉ'grɑs]

innaffiatoio (m)	vannkanne (f)	['vɑnˌkɑnə]
innaffiare (vt)	å vanne	[ɔ 'vɑnə]
innaffiamento (m)	vanning (m/f)	['vɑniŋ]

forca (f)	greip (m)	['græjp]
rastrello (m)	rive (m/f)	['rivə]

concime (m)	gjødsel (m/f)	['jøtsəl]
concimare (vt)	å gjødsle	[ˈɔ 'jøtslə]
letame (m)	møkk (m/f)	['møk]

campo (m)	åker (m)	['oːker]
prato (m)	eng (m/f)	['ɛŋ]
orto (m)	kjøkkenhage (m)	['çœkənˌhɑgə]
frutteto (m)	frukthage (m)	['frʉktˌhɑgə]

pascolare (vt)	å beite	[ɔ 'bæjtə]
pastore (m)	gjeter, hyrde (m)	['jetər], ['hʏrdə]
pascolo (m)	beite (n), beitemark (m/f)	['bæjtə], ['bæjtəˌmɑrk]

allevamento (m) di bestiame	husdyrhold (n)	['hʉsdyrˌhɔl]
allevamento (m) di pecore	sauehold (n)	['sɑʉəˌhɔl]

T&P Books. Vocabolario Italiano-Norvegese per studio autodidattico - 9000 parole

piantagione (f)	plantasje (m)	[plɑn'tɑʂə]
filare (m) (un ~ di alberi)	rad (m/f)	['rɑd]
serra (f) da orto	drivhus (n)	['driv,hʉs]

| siccità (f) | tørke (m/f) | ['tœrkə] |
| secco, arido (un'estate ~a) | tørr | ['tœr] |

grano (m)	korn (n)	['kʊːn]
cereali (m pl)	cerealer (n pl)	[sere'ɑlər]
raccogliere (vt)	å høste	[ɔ 'høstə]

mugnaio (m)	møller (m)	['mølər]
mulino (m)	mølle (m/f)	['mølə]
macinare (~ il grano)	å male	[ɔ 'mɑlə]
farina (f)	mel (n)	['mel]
paglia (f)	halm (m)	['hɑlm]

121. Edificio. Attività di costruzione

cantiere (m) edile	byggeplass (m)	['bʏgə,plɑs]
costruire (vt)	å bygge	[ɔ 'bʏgə]
operaio (m) edile	bygningsarbeider (m)	['bʏgniŋs 'ɑr,bæjər]

progetto (m)	prosjekt (n)	[prʊ'ʂɛkt]
architetto (m)	arkitekt (m)	[ɑrki'tɛkt]
operaio (m)	arbeider (m)	['ɑr,bæjdər]

fondamenta (f pl)	fundament (n)	[fʉndɑ'mɛnt]
tetto (m)	tak (n)	['tɑk]
palo (m) di fondazione	pæl (m)	['pæl]
muro (m)	mur, vegg (m)	['mʉr], ['vɛg]

| barre (f pl) di rinforzo | armeringsjern (n) | [ɑr'meriŋs'jæːn] |
| impalcatura (f) | stillas (n) | [sti'lɑs] |

beton (m)	betong (m)	[be'tɔŋ]
granito (m)	granitt (m)	[grɑ'nit]
pietra (f)	stein (m)	['stæjn]
mattone (m)	tegl (n), murstein (m)	['tæjl], ['mʉ,stæjn]

sabbia (f)	sand (m)	['sɑn]
cemento (m)	sement (m)	[se'mɛnt]
intonaco (m)	puss (m)	['pʉs]
intonacare (vt)	å pusse	[ɔ 'pʉsə]

pittura (f)	maling (m/f)	['mɑliŋ]
pitturare (vt)	å male	[ɔ 'mɑlə]
botte (f)	tønne (m)	['tœnə]

gru (f)	heisekran (m/f)	['hæjsə,krɑn]
sollevare (vt)	å løfte	[ɔ 'lœftə]
abbassare (vt)	å heise ned	[ɔ 'hæjsə ne]
bulldozer (m)	bulldoser (m)	['bʉl,dʊsər]
scavatrice (f)	gravemaskin (m)	['grɑvə mɑ'ʂin]

cucchiaia (f)	skuffe (m/f)	['skʉfə]
scavare (vt)	å grave	[ɔ 'grɑvə]
casco (m) (~ di sicurezza)	hjelm (m)	['jɛlm]

122. Scienza. Ricerca. Scienziati

scienza (f)	vitenskap (m)	['vitənˌskɑp]
scientifico (agg)	vitenskapelig	['vitənˌskɑpəli]
scienziato (m)	vitenskapsmann (m)	['vitənˌskɑps mɑn]
teoria (f)	teori (m)	[teʊ'ri]
assioma (m)	aksiom (n)	[ɑksi'ɔm]
analisi (f)	analyse (m)	[ɑnɑ'lysə]
analizzare (vt)	å analysere	[ɔ ɑnɑly'serə]
argomento (m)	argument (n)	[ɑrgʉ'mɛnt]
sostanza, materia (f)	stoff (n), substans (m)	['stɔf], [sʊb'stɑns]
ipotesi (f)	hypotese (m)	[hypʊ'tesə]
dilemma (m)	dilemma (n)	[di'lemɑ]
tesi (f)	avhandling (m/f)	['ɑvˌhɑndliŋ]
dogma (m)	dogme (n)	['dɔgmə]
dottrina (f)	doktrine (m)	[dɔk'trinə]
ricerca (f)	forskning (m)	['fɔːʂkniŋ]
fare ricerche	å forske	[ɔ 'fɔːʂkə]
prova (f)	test (m), prøve (m/f)	['tɛst], ['prøve]
laboratorio (m)	laboratorium (n)	[lɑbʊrɑ'tɔrium]
metodo (m)	metode (m)	[me'tɔdə]
molecola (f)	molekyl (n)	[mʊle'kyl]
monitoraggio (m)	overvåking (m/f)	['ɔvərˌvɔkiŋ]
scoperta (f)	oppdagelse (m)	['ɔpˌdɑgəlsə]
postulato (m)	postulat (n)	[pɔstʉ'lɑt]
principio (m)	prinsipp (n)	[prin'sip]
previsione (f)	prognose (m)	[prʊg'nʊsə]
fare previsioni	å prognostisere	[ɔ prʊgnʊsti'serə]
sintesi (f)	syntese (m)	[sʏn'tesə]
tendenza (f)	tendens (m)	[tɛn'dɛns]
teorema (m)	teorem (n)	[teʊ'rɛm]
insegnamento (m)	lære (m/f pl)	['lærə]
fatto (m)	faktum (n)	['fɑktum]
spedizione (f)	ekspedisjon (m)	[ɛkspedi'ʂʊn]
esperimento (m)	eksperiment (n)	[ɛksperi'mɛnt]
accademico (m)	akademiker (m)	[ɑkɑ'demikər]
laureato (m)	bachelor (m)	['bɑtʂɛlɔr]
dottore (m)	doktor (m)	['dɔktʊr]
professore (m) associato	dosent (m)	[dʊ'sɛnt]
Master (m)	magister (m)	[mɑ'gistər]
professore (m)	professor (m)	[prʊ'fɛsʊr]

Professioni e occupazioni

123. Ricerca di un lavoro. Licenziamento

lavoro (m)	arbeid (n), jobb (m)	['ɑrbæj], ['job]
organico (m)	ansatte (pl)	['anˌsatə]
personale (m)	personale (n)	[pæʂuˈnɑlə]
carriera (f)	karriere (m)	[kɑriˈɛrə]
prospettiva (f)	utsikter (m pl)	['ʉtˌsiktər]
abilità (f pl)	mesterskap (n)	['mɛstæˌʂkɑp]
selezione (f) (~ del personale)	utvelgelse (m)	['ʉtˌvɛlgəlsə]
agenzia (f) di collocamento	rekrutteringsbyrå (n)	['rekruˌteriŋgs byˌro]
curriculum vitae (f)	CV (m/n)	['sɛvɛ]
colloquio (m)	jobbintervju (n)	['job ˌintərˈvjʉ]
posto (m) vacante	vakanse (m)	['vɑkɑnsə]
salario (m)	lønn (m/f)	['lœn]
stipendio (m) fisso	fastlønn (m/f)	['fastˌlœn]
compenso (m)	betaling (m/f)	[beˈtɑliŋ]
carica (f), funzione (f)	stilling (m/f)	['stiliŋ]
mansione (f)	plikt (m/f)	['plikt]
mansioni (f pl) di lavoro	arbeidsplikter (m/f pl)	['ɑrbæjdsˌpliktər]
occupato (agg)	opptatt	['ɔpˌtɑt]
licenziare (vt)	å avskjedige	[ɔ 'ɑfˌʂediɡə]
licenziamento (m)	avskjedigelse (m)	['ɑfʂeˌdiɡəlsə]
disoccupazione (f)	arbeidsløshet (m)	['ɑrbæjdsløsˌhet]
disoccupato (m)	arbeidsløs (m)	['ɑrbæjdsˌløs]
pensionamento (m)	pensjon (m)	[pɑnˈʂun]
andare in pensione	å gå av med pensjon	[ɔ 'gɔ ɑ: me pɑnˈʂun]

124. Gente d'affari

direttore (m)	direktør (m)	[dirɛkˈtør]
dirigente (m)	forstander (m)	[fɔˈʂtɑndər]
capo (m)	boss (m)	['bɔs]
superiore (m)	overordnet (m)	['ɔvərˌɔrdnet]
capi (m pl)	overordnede (pl)	['ɔvərˌɔrdnedə]
presidente (m)	president (m)	[prɛsiˈdɛnt]
presidente (m) (impresa)	styreformann (m)	['styrəˌfɔrmɑn]
vice (m)	stedfortreder (m)	['stedfɔːˌtredər]
assistente (m)	assistent (m)	[ɑsiˈstɛnt]

segretario (m)	sekretær (m)	[sɛkrə'tær]
assistente (m) personale	privatsekretær (m)	[pri'vɑt sɛkrə'tær]
uomo (m) d'affari	forretningsmann (m)	[fɔ'rɛtniŋs‚mɑn]
imprenditore (m)	entreprenør (m)	[ɛntreprə'nør]
fondatore (m)	grunnlegger (m)	['grʉn‚legər]
fondare (vt)	å grunnlegge, å stifte	[ɔ 'grʉn‚legə], [ɔ 'stiftə]
socio (m)	stifter (m)	['stiftər]
partner (m)	partner (m)	['pɑːtnər]
azionista (m)	aksjonær (m)	[ɑkʂʉ'nær]
milionario (m)	millionær (m)	[milju'nær]
miliardario (m)	milliardær (m)	[miljɑː'dær]
proprietario (m)	eier (m)	['æjər]
latifondista (m)	jordeier (m)	['juːr‚æjər]
cliente (m) (di professionista)	kunde (m)	['kʉndə]
cliente (m) abituale	fast kunde (m)	[‚fɑst 'kʉndə]
compratore (m)	kjøper (m)	['çœːpər]
visitatore (m)	besøkende (m)	[be'søkenə]
professionista (m)	yrkesmann (m)	['yrkəs‚mɑn]
esperto (m)	ekspert (m)	[ɛks'pæːt]
specialista (m)	spesialist (m)	[spesiɑ'list]
banchiere (m)	bankier (m)	[bɑnki'e]
broker (m)	mekler, megler (m)	['mɛklər]
cassiere (m)	kasserer (m)	[kɑ'serər]
contabile (m)	regnskapsfører (m)	['rɛjnskɑps‚førər]
guardia (f) giurata	sikkerhetsvakt (m/f)	['sikərhɛts‚vɑkt]
investitore (m)	investor (m)	[in'vɛstʉr]
debitore (m)	skyldner (m)	['ʂylnər]
creditore (m)	kreditor (m)	['krɛditʉr]
mutuatario (m)	låntaker (m)	['lɔn‚tɑkər]
importatore (m)	importør (m)	[impɔː'tør]
esportatore (m)	eksportør (m)	[ɛkspɔː'tør]
produttore (m)	produsent (m)	[prʉdʉ'sɛnt]
distributore (m)	distributør (m)	[distribʉ'tør]
intermediario (m)	mellommann (m)	['mɛlɔ‚mɑn]
consulente (m)	konsulent (m)	[kʉnsʉ'lent]
rappresentante (m)	representant (m)	[reprɛsɛn'tɑnt]
agente (m)	agent (m)	[ɑ'gɛnt]
assicuratore (m)	forsikringsagent (m)	[fɔ'ʂikriŋs ɑ'gɛnt]

125. Professioni amministrative

cuoco (m)	kokk (m)	['kʊk]
capocuoco (m)	sjefkokk (m)	['ʂɛf‚kʊk]

T&P Books. Vocabolario Italiano-Norvegese per studio autodidattico - 9000 parole

fornaio (m)	baker (m)	['bakər]
barista (m)	bartender (m)	['bɑːˌtɛndər]
cameriere (m)	servitør (m)	['særvi'tør]
cameriera (f)	servitrise (m/f)	[særvi'trisə]

avvocato (m)	advokat (m)	[advʊ'kat]
esperto (m) legale	jurist (m)	[jʉ'rist]
notaio (m)	notar (m)	[nʊ'tar]

elettricista (m)	elektriker (m)	[ɛ'lektrikər]
idraulico (m)	rørlegger (m)	['rørˌlegər]
falegname (m)	tømmermann (m)	['tœmərˌman]

massaggiatore (m)	massør (m)	[ma'sør]
massaggiatrice (f)	massøse (m)	[ma'søsə]
medico (m)	lege (m)	['legə]

taxista (m)	taxisjåfør (m)	['taksi ʂɔ'før]
autista (m)	sjåfør (m)	[ʂɔ'før]
fattorino (m)	bud (n)	['bʉd]

cameriera (f)	stuepike (m/f)	['stʉəˌpikə]
guardia (f) giurata	sikkerhetsvakt (m/f)	['sikərhɛtsˌvakt]
hostess (f)	flyvertinne (m/f)	[flyvɛ:'ʈinə]

insegnante (m, f)	lærer (m)	['lærər]
bibliotecario (m)	bibliotekar (m)	[bibliʊ'tekar]
traduttore (m)	oversetter (m)	['ɔvəˌʂɛtər]
interprete (m)	tolk (m)	['tɔlk]
guida (f)	guide (m)	['gajd]

parrucchiere (m)	frisør (m)	[fri'sør]
postino (m)	postbud (n)	['pɔstˌbʉd]
commesso (m)	forselger (m)	[fɔ'ʂɛlər]

giardiniere (m)	gartner (m)	['gɑːʈnər]
domestico (m)	tjener (m)	['tjenər]
domestica (f)	tjenestepike (m/f)	['tjenɛstəˌpikə]
donna (f) delle pulizie	vaskedame (m/f)	['vaskəˌdamə]

126. Professioni militari e gradi

soldato (m) semplice	menig (m)	['meni]
sergente (m)	sersjant (m)	[sær'ʂant]
tenente (m)	løytnant (m)	['løjtˌnant]
capitano (m)	kaptein (m)	[kap'tæjn]

maggiore (m)	major (m)	[ma'jɔr]
colonnello (m)	oberst (m)	['ʊbɛʂt]
generale (m)	general (m)	[gene'ral]
maresciallo (m)	marskalk (m)	['marʂal]
ammiraglio (m)	admiral (m)	[admi'ral]
militare (m)	militær (m)	[mili'tær]
soldato (m)	soldat (m)	[sʊl'dat]

| ufficiale (m) | offiser (m) | [ɔfi'sɛr] |
| comandante (m) | befalshaver (m) | [be'fals̩ˌhavər] |

guardia (f) di frontiera	grensevakt (m/f)	['grɛnsəˌvakt]
marconista (m)	radiooperatør (m)	['radiʉ ʉpəra'tør]
esploratore (m)	oppklaringssoldat (m)	['ɔpˌklariŋ sʉl'dat]
geniere (m)	pioner (m)	[piʉ'ner]
tiratore (m)	skytter (m)	['ʂytər]
navigatore (m)	styrmann (m)	['styrˌman]

127. Funzionari. Sacerdoti

| re (m) | konge (m) | ['kʊŋə] |
| regina (f) | dronning (m/f) | ['drɔniŋ] |

| principe (m) | prins (m) | ['prins] |
| principessa (f) | prinsesse (m/f) | [prin'sɛsə] |

| zar (m) | tsar (m) | ['tsar] |
| zarina (f) | tsarina (m) | [tsa'rina] |

presidente (m)	president (m)	[prɛsi'dɛnt]
ministro (m)	minister (m)	[mi'nistər]
primo ministro (m)	statsminister (m)	['stats mi'nistər]
senatore (m)	senator (m)	[se'natʊr]

diplomatico (m)	diplomat (m)	[diplʊ'mat]
console (m)	konsul (m)	['kʊnˌsʉl]
ambasciatore (m)	ambassadør (m)	[ambasa'dør]
consigliere (m)	rådgiver (m)	['rɔdˌjivər]

funzionario (m)	embetsmann (m)	['ɛmbetsˌman]
prefetto (m)	prefekt (m)	[prɛ'fɛkt]
sindaco (m)	borgermester (m)	[bɔrgər'mɛstər]

| giudice (m) | dommer (m) | ['dɔmər] |
| procuratore (m) | anklager (m) | ['anˌklagər] |

missionario (m)	misjonær (m)	[miʂʊ'nær]
monaco (m)	munk (m)	['mʉnk]
abate (m)	abbed (m)	['abed]
rabbino (m)	rabbiner (m)	[ra'binər]

visir (m)	vesir (m)	[vɛ'sir]
scià (m)	sjah (m)	['ʂa]
sceicco (m)	sjeik (m)	['ʂæjk]

128. Professioni agricole

apicoltore (m)	birøkter (m)	['biˌrøktər]
pastore (m)	gjeter, hyrde (m)	['jetər], ['hʏrdə]
agronomo (m)	agronom (m)	[agrʊ'nʊm]

T&P Books. Vocabolario Italiano-Norvegese per studio autodidattico - 9000 parole

allevatore (m) di bestiame	husdyrholder (m)	['hʉsdyrˌhɔldər]
veterinario (m)	dyrlege, veterinær (m)	['dyrˌleɡə], [veteri'nær]
fattore (m)	gårdbruker, bonde (m)	['ɡɔːrˌbrʉkər], ['bɔnə]
vinificatore (m)	vinmaker (m)	['vinˌmɑkər]
zoologo (m)	zoolog (m)	[sʊː'lɔɡ]
cowboy (m)	cowboy (m)	['kɑwˌbɔj]

129. Professioni artistiche

attore (m)	skuespiller (m)	['skʉəˌspilər]
attrice (f)	skuespillerinne (m/f)	['skʉəˌspilə'rinə]
cantante (m)	sanger (m)	['sɑŋər]
cantante (f)	sangerinne (m/f)	[sɑŋə'rinə]
danzatore (m)	danser (m)	['dɑnsər]
ballerina (f)	danserinne (m/f)	[dɑnse'rinə]
artista (m)	skuespiller (m)	['skʉəˌspilər]
artista (f)	skuespillerinne (m/f)	['skʉəˌspilə'rinə]
musicista (m)	musiker (m)	['mʉsikər]
pianista (m)	pianist (m)	[piɑ'nist]
chitarrista (m)	gitarspiller (m)	[ɡi'tɑrˌspilər]
direttore (m) d'orchestra	dirigent (m)	[diri'ɡɛnt]
compositore (m)	komponist (m)	[kʊmpʊ'nist]
impresario (m)	impresario (m)	[ɪmpre'sɑriʊ]
regista (m)	regissør (m)	[rɛsi'sør]
produttore (m)	produsent (m)	[prʊdʉ'sɛnt]
sceneggiatore (m)	manusforfatter (m)	['mɑnʉs fɔr'fɑtər]
critico (m)	kritiker (m)	['kritikər]
scrittore (m)	forfatter (m)	[fɔr'fɑtər]
poeta (m)	poet, dikter (m)	['pɔɛt], ['diktər]
scultore (m)	skulptør (m)	[skʉlp'tør]
pittore (m)	kunstner (m)	['kʉnstnər]
giocoliere (m)	sjonglør (m)	[ʂɔŋ'lør]
pagliaccio (m)	klovn (m)	['klɔvn]
acrobata (m)	akrobat (m)	[ɑkrʊ'bɑt]
prestigiatore (m)	tryllekunstner (m)	['trylə‚kʉnstnər]

130. Professioni varie

medico (m)	lege (m)	['leɡə]
infermiera (f)	sykepleierske (m/f)	['sykəˌplæjeʂkə]
psichiatra (m)	psykiater (m)	[syki'ɑtər]
dentista (m)	tannlege (m)	['tɑnˌleɡə]
chirurgo (m)	kirurg (m)	[çi'rʉrɡ]

astronauta (m)	astronaut (m)	[ɑstrʉ'nɑʊt]
astronomo (m)	astronom (m)	[ɑstrʉ'nʊm]
autista (m)	fører (m)	['førər]
macchinista (m)	lokfører (m)	['lʊkˌførər]
meccanico (m)	mekaniker (m)	[me'kɑnikər]
minatore (m)	gruvearbeider (m)	['grʉvə'ɑrˌbæjdər]
operaio (m)	arbeider (m)	['ɑrˌbæjdər]
operaio (m) metallurgico	låsesmed (m)	['loːsəˌsme]
falegname (m)	snekker (m)	['snɛkər]
tornitore (m)	dreier (m)	['dræjər]
operaio (m) edile	bygningsarbeider (m)	['bʏgniŋs 'ɑrˌbæjər]
saldatore (m)	sveiser (m)	['svæjsər]
professore (m)	professor (m)	[prʊ'fɛsʊr]
architetto (m)	arkitekt (m)	[ɑrki'tɛkt]
storico (m)	historiker (m)	[hi'stʊrikər]
scienziato (m)	vitenskapsmann (m)	['vitənˌskɑps mɑn]
fisico (m)	fysiker (m)	['fysikər]
chimico (m)	kjemiker (m)	['çemikər]
archeologo (m)	arkeolog (m)	[ˌɑrkeʊ'lɔg]
geologo (m)	geolog (m)	[geʊ'lɔg]
ricercatore (m)	forsker (m)	['fɔʂkər]
baby-sitter (m, f)	babysitter (m)	['bɛbyˌsitər]
insegnante (m, f)	lærer, pedagog (m)	[lærər], [pedɑ'gɔg]
redattore (m)	redaktør (m)	[rɛdɑk'tør]
redattore capo (m)	sjefredaktør (m)	['ʂɛf rɛdɑk'tør]
corrispondente (m)	korrespondent (m)	[kʊrespɔn'dɛnt]
dattilografa (f)	maskinskriverske (m)	[mɑ'ʂin ˌskrivɛʂkə]
designer (m)	designer (m)	[de'sɑjnər]
esperto (m) informatico	dataekspert (m)	['dɑtɑ ɛks'pɛːt]
programmatore (m)	programmerer (m)	[prʊgrɑ'merər]
ingegnere (m)	ingeniør (m)	[inʂə'njør]
marittimo (m)	sjømann (m)	['ʂøˌmɑn]
marinaio (m)	matros (m)	[mɑ'trʊs]
soccorritore (m)	redningsmann (m)	['rɛdniŋsˌmɑn]
pompiere (m)	brannmann (m)	['brɑnˌmɑn]
poliziotto (m)	politi (m)	[pʊli'ti]
guardiano (m)	nattvakt (m)	['nɑtˌvɑkt]
detective (m)	detektiv (m)	[detɛk'tiv]
doganiere (m)	tollbetjent (m)	['tɔlbeˌtjɛnt]
guardia (f) del corpo	livvakt (m/f)	['livˌvɑkt]
guardia (f) carceraria	fangevokter (m)	['fɑŋəˌvɔktər]
ispettore (m)	inspektør (m)	[inspɛk'tør]
sportivo (m)	idrettsmann (m)	['idrɛtsˌmɑn]
allenatore (m)	trener (m)	['trenər]
macellaio (m)	slakter (m)	['ʂlɑktər]

calzolaio (m)	skomaker (m)	['skuˌmakər]
uomo (m) d'affari	handelsmann (m)	['handəlsˌman]
caricatore (m)	lastearbeider (m)	['lastə'arˌbæjdər]

| stilista (m) | moteskaper (m) | ['mʉtəˌskapər] |
| modella (f) | modell (m) | [mʉ'dɛl] |

131. Attività lavorative. Condizione sociale

| scolaro (m) | skolegutt (m) | ['skʉləˌgʉt] |
| studente (m) | student (m) | [stʉ'dɛnt] |

filosofo (m)	filosof (m)	[filu'sʊf]
economista (m)	økonom (m)	[økʉ'nʊm]
inventore (m)	oppfinner (m)	['ɔpˌfinər]

disoccupato (m)	arbeidsløs (m)	['arbæjdsˌløs]
pensionato (m)	pensjonist (m)	[panşʉ'nist]
spia (f)	spion (m)	[spi'un]

detenuto (m)	fange (m)	['faŋə]
scioperante (m)	streiker (m)	['stræjkər]
burocrate (m)	byråkrat (m)	[byrɔ'krat]
viaggiatore (m)	reisende (m)	['ræjsenə]

omosessuale (m)	homofil (m)	['hʊmʊˌfil]
hacker (m)	hacker (m)	['hakər]
hippy (m, f)	hippie (m)	['hipi]

bandito (m)	banditt (m)	[ban'dit]
sicario (m)	leiemorder (m)	['læjəˌmʊrdər]
drogato (m)	narkoman (m)	[narkʉ'man]
trafficante (m) di droga	narkolanger (m)	['narkɔˌlaŋər]
prostituta (f)	prostituert (m)	[prʉstitʉ'eːt]
magnaccia (m)	hallik (m)	['halik]

stregone (m)	trollmann (m)	['trɔlˌman]
strega (f)	trollkjerring (m/f)	['trɔlˌçæriŋ]
pirata (m)	pirat, sjørøver (m)	[pi'rat], ['søˌrøvər]
schiavo (m)	slave (m)	['slavə]
samurai (m)	samurai (m)	[samʉ'raj]
selvaggio (m)	villmann (m)	['vilˌman]

Sport

132. Tipi di sport. Sportivi

sportivo (m)	idrettsmann (m)	['idrɛtsˌman]
sport (m)	idrettsgren (m/f)	['idrɛtsˌgren]
pallacanestro (m)	basketball (m)	['basketbal]
cestista (m)	basketballspiller (m)	['basketbalˌspilər]
baseball (m)	baseball (m)	['bɛjsbɔl]
giocatore (m) di baseball	baseballspiller (m)	['bɛjsbɔlˌspilər]
calcio (m)	fotball (m)	['fʊtbal]
calciatore (m)	fotballspiller (m)	['fʊtbalˌspilər]
portiere (m)	målmann (m)	['moːlˌman]
hockey (m)	ishockey (m)	['isˌhɔki]
hockeista (m)	ishockeyspiller (m)	['isˌhɔki 'spilər]
pallavolo (m)	volleyball (m)	['vɔlibal]
pallavolista (m)	volleyballspiller (m)	['vɔlibalˌspilər]
pugilato (m)	boksing (m)	['bɔksiŋ]
pugile (m)	bokser (m)	['bɔksər]
lotta (f)	bryting (m/f)	['brytiŋ]
lottatore (m)	bryter (m)	['brytər]
karate (m)	karate (m)	[ka'rate]
karateka (m)	karateutøver (m)	[ka'ratə 'ʉˌtøvər]
judo (m)	judo (m)	['jʉdɔ]
judoista (m)	judobryter (m)	['jʉdɔˌbrytər]
tennis (m)	tennis (m)	['tɛnis]
tennista (m)	tennisspiller (m)	['tɛnisˌspilər]
nuoto (m)	svømming (m/f)	['svœmiŋ]
nuotatore (m)	svømmer (m)	['svœmər]
scherma (f)	fekting (m)	['fɛktiŋ]
schermitore (m)	fekter (m)	['fɛktər]
scacchi (m pl)	sjakk (m)	['ʂak]
scacchista (m)	sjakkspiller (m)	['ʂakˌspilər]
alpinismo (m)	alpinisme (m)	[alpi'nismə]
alpinista (m)	alpinist (m)	[alpi'nist]
corsa (f)	løp (n)	['løp]

T&P Books. Vocabolario Italiano-Norvegese per studio autodidattico - 9000 parole

corridore (m)	løper (m)	['løpər]
atletica (f) leggera	friidrett (m)	['fri: 'i‚drɛt]
atleta (m)	atlet (m)	[ɑt'let]

| ippica (f) | ridesport (m) | ['ridə‚spɔ:t] |
| fantino (m) | rytter (m) | ['rʏtər] |

pattinaggio (m) artistico	kunstløp (n)	['kʉnst‚løp]
pattinatore (m)	kunstløper (m)	['kʉnst‚løpər]
pattinatrice (f)	kunstløperske (m/f)	['kʉnst‚løpəʂkə]

| pesistica (f) | vektløfting (m/f) | ['vɛkt‚lœftiŋ] |
| pesista (m) | vektløfter (m) | ['vɛkt‚lœftər] |

| automobilismo (m) | billøp (m), bilrace (n) | ['bil‚løp], ['bil‚rɑs] |
| pilota (m) | racerfører (m) | ['resə‚førər] |

| ciclismo (m) | sykkelsport (m) | ['sʏkəl‚spɔ:t] |
| ciclista (m) | syklist (m) | [sʏk'list] |

salto (m) in lungo	lengdehopp (n pl)	['leŋdə‚hɔp]
salto (m) con l'asta	stavhopp (n)	['stɑv‚hɔp]
saltatore (m)	hopper (m)	['hɔpər]

133. Tipi di sport. Varie

football (m) americano	amerikansk fotball (m)	[ameri'kɑnsk 'fʊtbɑl]
badminton (m)	badminton (m)	['bɛdmintɔn]
biathlon (m)	skiskyting (m/f)	['ʂi‚ʂytiŋ]
biliardo (m)	biljard (m)	[bil'jɑ:d]

bob (m)	bobsleigh (m)	['bɔbslej]
culturismo (m)	kroppsbygging (m/f)	['krɔps‚bygiŋ]
pallanuoto (m)	vannpolo (m)	['vɑn‚pʊlʊ]
pallamano (m)	håndball (m)	['hɔn‚bɑl]
golf (m)	golf (m)	['gɔlf]

canottaggio (m)	roing (m/f)	['rʊiŋ]
immersione (f) subacquea	dykking (m/f)	['dʏkiŋ]
sci (m) di fondo	langrenn (n), skirenn (n)	['lɑŋ‚rɛn], ['ʂi‚rɛn]
tennis (m) da tavolo	bordtennis (m)	['bʊr‚tɛnis]

vela (f)	seiling (m/f)	['sæjliŋ]
rally (m)	rally (n)	['rɛli]
rugby (m)	rugby (m)	['rygbi]
snowboard (m)	snøbrett (n)	['snø‚brɛt]
tiro (m) con l'arco	bueskyting (m/f)	['bʉːə‚ʂytiŋ]

134. Palestra

| bilanciere (m) | vektstang (m/f) | ['vɛkt‚stɑŋ] |
| manubri (m pl) | manualer (m pl) | ['mɑnʉ‚ɑlər] |

attrezzo (m) sportivo	treningsapparat (n)	['treniŋs apa'rat]
cyclette (f)	trimsykkel (m)	['trim‚sʏkəl]
tapis roulant (m)	løpebånd (n)	['løpə‚bɔːn]

sbarra (f)	svingstang (m/f)	['sviŋstaŋ]
parallele (f pl)	barre (m)	['barə]
cavallo (m)	hest (m)	['hɛst]
materassino (m)	matte (m/f)	['matə]

corda (f) per saltare	hoppetau (n)	['hɔpə‚tɑʊ]
aerobica (f)	aerobic (m)	[ɑɛ'rɔbik]
yoga (m)	yoga (m)	['jogɑ]

135. Hockey

hockey (m)	ishockey (m)	['is‚hɔki]
hockeista (m)	ishockeyspiller (m)	['is‚hɔki 'spilər]
giocare a hockey	å spille ishockey	[ɔ 'spilə 'is‚hɔki]
ghiaccio (m)	is (m)	['is]

disco (m)	puck (m)	['puk]
bastone (m) da hockey	kølle (m/f)	['kølə]
pattini (m pl)	skøyter (m/f pl)	['ʂøjtər]

| bordo (m) | vant (n) | ['vɑnt] |
| tiro (m) | skudd (n) | ['skʉd] |

portiere (m)	målvakt (m/f)	['moːl‚vɑkt]
gol (m)	mål (n)	['mol]
segnare un gol	å score mål	[ɔ 'skɔrə ‚mol]

tempo (m)	periode (m)	[pæri'ʊdə]
secondo tempo (m)	andre periode (m)	['ɑndrə pæri'ʊdə]
panchina (f)	reservebenk (m)	[re'sɛrvə‚bɛnk]

136. Calcio

calcio (m)	fotball (m)	['fʊtbɑl]
calciatore (m)	fotballspiller (m)	['fʊtbɑl‚spilər]
giocare a calcio	å spille fotball	[ɔ 'spilə 'fʊtbɑl]

La Prima Divisione	øverste liga (m)	['øvəʂtə ‚ligɑ]
società (f) calcistica	fotballklubb (m)	['fʊtbɑl‚klʉb]
allenatore (m)	trener (m)	['trenər]
proprietario (m)	eier (m)	['æjər]

squadra (f)	lag (n)	['lɑg]
capitano (m) di squadra	kaptein (m) på laget	[kɑp'tæjn pɔ 'lɑgə]
giocatore (m)	spiller (m)	['spilər]
riserva (f)	reservespiller (m)	[re'sɛrvə‚spilər]
attaccante (m)	spiss, angriper (m)	['spis], ['ɑn‚gripər]
centrocampista (m)	sentral spiss (m)	[sɛn'trɑl ‚spis]

T&P Books. Vocabolario Italiano-Norvegese per studio autodidattico - 9000 parole

bomber (m)	målscorer (m)	['moːlˌskɔrər]
terzino (m)	forsvarer, back (m)	['fɔˌʂvarər], ['bɛk]
mediano (m)	midtbanespiller (m)	['mitˌbanə 'spilər]

partita (f)	kamp (m)	['kamp]
incontrarsi (vr)	å møtes	[ɔ 'møtəs]
finale (m)	finale (m)	[fi'nalə]
semifinale (m)	semifinale (m)	[ˌsemifi'nalə]
campionato (m)	mesterskap (n)	['mɛstæˌskap]

tempo (m)	omgang (m)	['ɔmgaŋ]
primo tempo (m)	første omgang (m)	['fœʂtə ˌɔmgaŋ]
intervallo (m)	halvtid (m)	['halˌtid]

porta (f)	mål (n)	['mol]
portiere (m)	målmann (m), målvakt (m/f)	['moːlˌman], ['moːlˌvakt]
palo (m)	stolpe (m)	['stɔlpə]
traversa (f)	tverrligger (m)	['tvæːˌligər]
rete (f)	nett (n)	['nɛt]
subire un gol	å slippe inn et mål	[ɔ 'ʂlipə in et 'mol]

pallone (m)	ball (m)	['bal]
passaggio (m)	pasning (m/f)	['pasniŋ]
calcio (m), tiro (m)	spark (m/n)	['spark]
tirare un calcio	å sparke	[ɔ 'sparkə]
calcio (m) di punizione	frispark (m/n)	['friˌspark]
calcio (m) d'angolo	hjørnespark (m/n)	['jœːnəˌspark]

attacco (m)	angrep (n)	['anˌgrɛp]
contrattacco (m)	kontring (m/f)	['kɔntriŋ]
combinazione (f)	kombinasjon (m)	[kʊmbina'ʂʊn]

arbitro (m)	dommer (m)	['dɔmər]
fischiare (vi)	å blåse i fløyte	[ɔ 'bloːsə i 'fløjtə]
fischio (m)	plystring (m/f)	['plystriŋ]
fallo (m)	brudd (n), forseelse (m)	['brʉd], [fɔ'ʂeəlsə]
fare un fallo	å begå en forseelse	[ɔ be'gɔ en fɔ'ʂeəlsə]
espellere dal campo	å utvise	[ɔ 'ʉtˌvisə]

cartellino (m) giallo	gult kort (n)	['gʉlt ˌkoːt]
cartellino (m) rosso	rødt kort (n)	['røt koːt]
squalifica (f)	diskvalifisering (m)	['diskvalifiˌseriŋ]
squalificare (vt)	å diskvalifisere	[ɔ 'diskvalifiˌserə]

rigore (m)	straffespark (m/n)	['strafəˌspark]
barriera (f)	mur (m)	['mʉr]
segnare (~ un gol)	å score	[ɔ 'skɔrə]
gol (m)	mål (n)	['mol]
segnare un gol	å score mål	[ɔ 'skɔrə ˌmol]

sostituzione (f)	erstatning (m)	['æˌstatniŋ]
sostituire (vt)	å bytte ut	[ɔ 'bytə ʉt]
regole (f pl)	regler (m pl)	['rɛglər]
tattica (f)	taktikk (m)	[tak'tik]
stadio (m)	stadion (m/n)	['stadiɔn]
tribuna (f)	tribune (m)	[tri'bʉnə]

tifoso, fan (m)	fan (m)	['fæn]
gridare (vi)	å skrike	[ɔ 'skrikə]
tabellone (m) segnapunti	måltavle (m/f)	['moːlˌtɑvlə]
punteggio (m)	resultat (n)	[resʉl'tɑt]
sconfitta (f)	nederlag (n)	['nedəˌlɑg]
subire una sconfitta	å tape	[ɔ 'tɑpə]
pareggio (m)	uavgjort (m)	[ʉːav'jɔːt]
pareggiare (vi)	å spille uavgjort	[ɔ 'spilə ʉːav'jɔːt]
vittoria (f)	seier (m)	['sæjər]
vincere (vi)	å vinne	[ɔ 'vinə]
campione (m)	mester (m)	['mɛstər]
migliore (agg)	best	['bɛst]
congratularsi (con qn per qc)	å gratulere	[ɔ grɑtʉ'lerə]
commentatore (m)	kommentator (m)	[kʊmən'tɑtʊr]
commentare (vt)	å kommentere	[ɔ kʊmən'terə]
trasmissione (f)	sending (m/f)	['sɛniŋ]

137. Sci alpino

sci (m pl)	ski (m/f pl)	['ʂi]
sciare (vi)	å gå på ski	[ɔ 'gɔ pɔ 'ʂi]
stazione (f) sciistica	skisted (n)	['ʂistəd]
sciovia (f)	skiheis (m)	['ʂiˌhæjs]
bastoni (m pl) da sci	skistaver (m pl)	['ʂiˌstɑvər]
pendio (m)	skråning (m)	['skrɔniŋ]
slalom (m)	slalåm (m)	['ʂlɑlɔm]

138. Tennis. Golf

golf (m)	golf (m)	['gɔlf]
golf club (m)	golfklubb (m)	['gɔlfˌklʉb]
golfista (m)	golfspiller (m)	['gɔlfˌspilər]
buca (f)	hull (n)	['hʉl]
mazza (f) da golf	kølle (m/f)	['kølə]
carrello (m) da golf	golftralle (m/f)	['gɔlfˌtrɑlə]
tennis (m)	tennis (m)	['tɛnis]
campo (m) da tennis	tennisbane (m)	['tɛnisˌbɑnə]
battuta (f)	serve (m)	['sɛrv]
servire (vt)	å serve	[ɔ 'sɛrvə]
racchetta (f)	racket (m)	['rɛket]
rete (f)	nett (n)	['nɛt]
palla (f)	ball (m)	['bɑl]

139. Scacchi

scacchi (m pl)	sjakk (m)	['ʂak]
pezzi (m pl) degli scacchi	sjakkbrikker (m/f pl)	['ʂakˌbrikər]
scacchista (m)	sjakkspiller (m)	['ʂakˌspilər]
scacchiera (f)	sjakkbrett (n)	['ʂakˌbrɛt]
pezzo (m)	sjakbrikke (m/f)	['ʂakˌbrikə]
Bianchi (m pl)	hvite brikker (m/f pl)	['vitəˌbrikər]
Neri (m pl)	svarte brikker (m/f pl)	['svɑːtəˌbrikər]
pedina (f)	bonde (m)	['bɔnə]
alfiere (m)	løper (m)	['løpər]
cavallo (m)	springer (m)	['spriŋər]
torre (f)	tårn (n)	['tɔːn]
regina (f)	dronning (m/f)	['drɔniŋ]
re (m)	konge (m)	['kʊŋə]
mossa (m)	trekk (n)	['trɛk]
muovere (vt)	å flytte	[ɔ 'flytə]
sacrificare (vt)	å ofre	[ɔ 'ɔfrə]
arrocco (m)	rokade (m)	[rʊ'kɑdə]
scacco (m)	sjakk (m)	['ʂak]
scacco matto (m)	matt (m)	['mɑt]
torneo (m) di scacchi	sjakkturnering (m/f)	['ʂak tɵrˌneriŋ]
gran maestro (m)	stormester (m)	['stʊrˌmɛstər]
combinazione (f)	kombinasjon (m)	[kʊmbinɑ'ʂʊn]
partita (f) (~ a scacchi)	parti (n)	[pɑː'ți]
dama (f)	damspill (n)	['damˌspil]

140. Pugilato

pugilato (m), boxe (f)	boksing (m)	['bɔksiŋ]
incontro (m)	kamp (m)	['kɑmp]
incontro (m) di boxe	boksekamp (m)	['bɔksəˌkɑmp]
round (m)	runde (m)	['rɵndə]
ring (m)	ring (m)	['riŋ]
gong (m)	gong (m)	['gɔŋ]
pugno (m)	støt, slag (n)	['støt], ['ʂlɑg]
knock down (m)	knockdown (m)	[nɔk'dɑʊn]
knock-out (m)	knockout (m)	[nɔk'ɑʊt]
mettere knock-out	å slå ut	[ɔ 'ʂlɔ ɵt]
guantone (m) da pugile	boksehanske (m)	['bɔksəˌhɑnskə]
arbitro (m)	dommer (m)	['dɔmər]
peso (m) leggero	lettvekt (m/f)	['letˌvɛkt]
peso (m) medio	mellomvekt (m/f)	['mɛlɔmˌvɛkt]
peso (m) massimo	tungvekt (m/f)	['tɵŋˌvɛkt]

141. Sport. Varie

Italiano	Norvegese	Pronuncia
Giochi (m pl) Olimpici	de olympiske leker	[de uˈlʏmpiskə ˈlekər]
vincitore (m)	seierherre (m)	[ˈsæjərˌhɛrə]
ottenere la vittoria	å vinne, å seire	[ɔ ˈvinə], [ɔ ˈsæjrə]
vincere (vi)	å vinne	[ɔ ˈvinə]
leader (m), capo (m)	leder (m)	[ˈledər]
essere alla guida	å lede	[ɔ ˈledə]
primo posto (m)	førsteplass (m)	[ˈfœʂtəˌplɑs]
secondo posto (m)	annenplass (m)	[ˈɑnənˌplɑs]
terzo posto (m)	tredjeplass (m)	[ˈtrɛdjəˌplɑs]
medaglia (f)	medalje (m)	[meˈdɑljə]
trofeo (m)	trofé (m/n)	[trɔˈfe]
coppa (f) (trofeo)	pokal (m)	[pɔˈkɑl]
premio (m)	pris (m)	[ˈpris]
primo premio (m)	hovedpris (m)	[ˈhʊvədˌpris]
record (m)	rekord (m)	[reˈkɔrd]
stabilire un record	å sette rekord	[ɔ ˈsɛtə reˈkɔrd]
finale (m)	finale (m)	[fiˈnɑlə]
finale (agg)	finale-	[fiˈnɑlə-]
campione (m)	mester (m)	[ˈmɛstər]
campionato (m)	mesterskap (n)	[ˈmɛstæˌskɑp]
stadio (m)	stadion (m/n)	[ˈstɑdiɔn]
tribuna (f)	tribune (m)	[triˈbʉnə]
tifoso, fan (m)	fan (m)	[ˈfæn]
avversario (m)	motstander (m)	[ˈmʊtˌstɑnər]
partenza (f)	start (m)	[ˈstɑːt]
traguardo (m)	mål (n), målstrek (m)	[ˈmoːl], [ˈmoːlˌstrek]
sconfitta (f)	nederlag (n)	[ˈnedəˌlɑg]
perdere (vt)	å tape	[ɔ ˈtɑpə]
arbitro (m)	dommer (m)	[ˈdɔmər]
giuria (f)	jury (m)	[ˈjʉry]
punteggio (m)	resultat (n)	[resʉlˈtɑt]
pareggio (m)	uavgjort (m)	[ʉːɑvˈjɔːt]
pareggiare (vi)	å spille uavgjort	[ɔ ˈspilə ʉːɑvˈjɔːt]
punto (m)	poeng (n)	[pɔˈɛŋ]
risultato (m)	resultat (n)	[resʉlˈtɑt]
tempo (primo ~)	periode (m)	[pæriˈʊdə]
intervallo (m)	halvtid (m)	[ˈhɑlˌtid]
doping (m)	doping (m)	[ˈdʊpiŋ]
penalizzare (vt)	å straffe	[ɔ ˈstrɑfə]
squalificare (vt)	å diskvalifisere	[ɔ ˈdiskvɑlifiˌserə]
attrezzatura (f)	redskap (m/n)	[ˈrɛdˌskɑp]

T&P Books. Vocabolario Italiano-Norvegese per studio autodidattico - 9000 parole

giavellotto (m)	spyd (n)	['spyd]
peso (m) (sfera metallica)	kule (m/f)	['kʉ:lə]
biglia (f) (palla)	kule (m/f), ball (m)	['kʉ:lə], ['bɑl]

obiettivo (m)	mål (n)	['mol]
bersaglio (m)	målskive (m/f)	['moːlˌsivə]
sparare (vi)	å skyte	[ɔ 'sytə]
preciso (agg)	fulltreffer	['fʉlˌtrɛfər]

allenatore (m)	trener (m)	['trenər]
allenare (vt)	å trene	[ɔ 'trenə]
allenarsi (vr)	å trene	[ɔ 'trenə]
allenamento (m)	trening (m/f)	['treniŋ]

palestra (f)	idrettssal (m)	['idrɛtsˌsɑl]
esercizio (m)	øvelse (m)	['øvəlsə]
riscaldamento (m)	oppvarming (m/f)	['ɔpˌvɑrmiŋ]

Istruzione

142. Scuola

scuola (f)	skole (m/f)	['skʉlə]
direttore (m) di scuola	rektor (m)	['rektʊr]
allievo (m)	elev (m)	[e'lev]
allieva (f)	elev (m)	[e'lev]
scolaro (m)	skolegutt (m)	['skʉlə‚gʉtt]
scolara (f)	skolepike (m)	['skʉlə‚pikə]
insegnare (qn)	å undervise	[ɔ 'ʉnər‚visə]
imparare (una lingua)	å lære	[ɔ 'lærə]
imparare a memoria	å lære utenat	[ɔ 'lærə 'ʉtənat]
studiare (vi)	å lære	[ɔ 'lærə]
frequentare la scuola	å gå på skolen	[ɔ 'gɔ pɔ 'skʉlən]
andare a scuola	å gå på skolen	[ɔ 'gɔ pɔ 'skʉlən]
alfabeto (m)	alfabet (n)	[alfɑ'bet]
materia (f)	fag (n)	['fɑg]
classe (f)	klasserom (m/f)	['klɑsə‚rʊm]
lezione (f)	time (m)	['timə]
ricreazione (f)	frikvarter (n)	['frikvɑː‚tər]
campanella (f)	skoleklokke (m/f)	['skʉlə‚klɔkə]
banco (m)	skolepult (m)	['skʉlə‚pʉlt]
lavagna (f)	tavle (m/f)	['tɑvlə]
voto (m)	karakter (m)	[kɑrɑk'ter]
voto (m) alto	god karakter (m)	['gʊ kɑrɑk'ter]
voto (m) basso	dårlig karakter (m)	['doːli kɑrɑk'ter]
dare un voto	å gi en karakter	[ɔ 'ji en kɑrɑk'ter]
errore (m)	feil (m)	['fæjl]
fare errori	å gjøre feil	[ɔ 'jørə ‚fæjl]
correggere (vt)	å rette	[ɔ 'rɛtə]
bigliettino (m)	fuskelapp (m)	['fʉskə‚lɑp]
compiti (m pl)	lekser (m/f pl)	['leksər]
esercizio (m)	øvelse (m)	['øvəlsə]
essere presente	å være til stede	[ɔ 'værə til 'stedə]
essere assente	å være fraværende	[ɔ 'værə 'frɑ‚værənə]
mancare le lezioni	å skulke skolen	[ɔ 'skʉlkə 'skʉlən]
punire (vt)	å straffe	[ɔ 'strɑfə]
punizione (f)	straff, avstraffelse (m)	['strɑf], ['ɑf‚strɑfəlsə]
comportamento (m)	oppførsel (m)	['ɔp‚fœşəl]

pagella (f)	karakterbok (m/f)	[karak'ter‚buk]
matita (f)	blyant (m)	['bly‚ant]
gomma (f) per cancellare	viskelær (n)	['viskə‚lær]
gesso (m)	kritt (n)	['krit]
astuccio (m) portamatite	pennal (n)	[pɛ'nal]
cartella (f)	skoleveske (m/f)	['skulə‚vɛskə]
penna (f)	penn (m)	['pɛn]
quaderno (m)	skrivebok (m/f)	['skrivə‚buk]
manuale (m)	lærebok (m/f)	['lærə‚buk]
compasso (m)	passer (m)	['pasər]
disegnare (tracciare)	å tegne	[ɔ 'tæjnə]
disegno (m) tecnico	teknisk tegning (m/f)	['tɛknisk ‚tæjniŋ]
poesia (f)	dikt (n)	['dikt]
a memoria	utenat	['ʉtən‚at]
imparare a memoria	å lære utenat	[ɔ 'lærə 'ʉtənat]
vacanze (f pl) scolastiche	skoleferie (m)	['skulə‚fɛriə]
essere in vacanza	å være på ferie	[ɔ 'værə pɔ 'fɛriə]
passare le vacanze	å tilbringe ferien	[ɔ 'til‚briŋə 'fɛriən]
prova (f) scritta	prøve (m/f)	['prøvə]
composizione (f)	essay (n)	[ɛ'sɛj]
dettato (m)	diktat (m)	[dik'tat]
esame (m)	eksamen (m)	[ɛk'samən]
sostenere un esame	å ta eksamen	[ɔ 'ta ɛk'samən]
esperimento (m)	forsøk (n)	['fɔ'ṣøk]

143. Istituto superiore. Università

accademia (f)	akademi (n)	[akade'mi]
università (f)	universitet (n)	[ʉnivæṣi'tet]
facoltà (f)	fakultet (n)	[fakʉl'tet]
studente (m)	student (m)	[stʉ'dɛnt]
studentessa (f)	kvinnelig student (m)	['kvinəli stʉ'dɛnt]
docente (m, f)	lærer, foreleser (m)	['lærər], ['fʉrə‚lesər]
aula (f)	auditorium (n)	[‚aʉdi'tʉrium]
diplomato (m)	alumn (m)	[a'lʉmn]
diploma (m)	diplom (n)	[di'plum]
tesi (f)	avhandling (m/f)	['av‚handliŋ]
ricerca (f)	studie (m)	['stʉdiə]
laboratorio (m)	laboratorium (n)	[labura'tɔrium]
lezione (f)	forelesning (m)	['fɔrə‚lesniŋ]
compagno (m) di corso	studiekamerat (m)	['stʉdiə kame‚rat]
borsa (f) di studio	stipendium (n)	[sti'pɛndium]
titolo (m) accademico	akademisk grad (m)	[aka'demisk ‚grad]

144. Scienze. Discipline

matematica (f)	matematikk (m)	[matəma'tik]
algebra (f)	algebra (m)	['algə͵bra]
geometria (f)	geometri (m)	[geʊme'tri]

astronomia (f)	astronomi (m)	[astrʊnʊ'mi]
biologia (f)	biologi (m)	[biʊlʊ'gi]
geografia (f)	geografi (m)	[geʊgra'fi]
geologia (f)	geologi (m)	[geʊlʊ'gi]
storia (f)	historie (m/f)	[hi'stʊriə]

medicina (f)	medisin (m)	[medi'sin]
pedagogia (f)	pedagogikk (m)	[pedagʊ'gik]
diritto (m)	rett (m)	['rɛt]

fisica (f)	fysikk (m)	[fy'sik]
chimica (f)	kjemi (m)	[çe'mi]
filosofia (f)	filosofi (m)	[filʊsʊ'fi]
psicologia (f)	psykologi (m)	[sikʊlʊ'gi]

145. Sistema di scrittura. Ortografia

grammatica (f)	grammatikk (m)	[grama'tik]
lessico (m)	ordforråd (n)	['uːrfʊ͵rɔd]
fonetica (f)	fonetikk (m)	[fʊne'tik]

sostantivo (m)	substantiv (n)	['sʉbstan͵tiv]
aggettivo (m)	adjektiv (n)	['adjɛk͵tiv]
verbo (m)	verb (n)	['værb]
avverbio (m)	adverb (n)	[ad'væːb]

pronome (m)	pronomen (n)	[prʊ'nʊmən]
interiezione (f)	interjeksjon (m)	[intɛrjɛk'ʂʊn]
preposizione (f)	preposisjon (m)	[prɛpʊsi'ʂʊn]

radice (f)	rot (m/f)	['rʊt]
desinenza (f)	endelse (m)	['ɛnəlsə]
prefisso (m)	prefiks (n)	[prɛ'fiks]
sillaba (f)	stavelse (m)	['stavəlsə]
suffisso (m)	suffiks (n)	[sʉ'fiks]

| accento (m) | betoning (m), trykk (n) | ['be'tɔniŋ], ['trʏk] |
| apostrofo (m) | apostrof (m) | [apʊ'strɔf] |

punto (m)	punktum (n)		['pʉnktum]
virgola (f)	komma (n)	['kɔma]
punto (m) e virgola	semikolon (n)	[͵semikʊ'lɔn]
due punti	kolon (n)	['kʊlɔn]
puntini di sospensione	tre prikker (m pl)	['tre 'prikər]

| punto (m) interrogativo | spørsmålstegn (n) | ['spœʂmɔls͵tæjn] |
| punto (m) esclamativo | utropstegn (n) | ['ʉtrʊps͵tæjn] |

T&P Books. Vocabolario Italiano-Norvegese per studio autodidattico - 9000 parole

virgolette (f pl)	anførselstegn (n pl)	[anˈfœşɛlsˌtejn]
tra virgolette	i anførselstegn	[i anˈfœşɛlsˌtejn]
parentesi (f pl)	parentes (m)	[parɛnˈtes]
tra parentesi	i parentes	[i parɛnˈtes]

trattino (m)	bindestrek (m)	[ˈbinəˌstrek]
lineetta (f)	tankestrek (m)	[ˈtankəˌstrek]
spazio (m) (tra due parole)	mellomrom (n)	[ˈmɛlɔmˌrʊm]

| lettera (f) | bokstav (m) | [ˈbʊkstav] |
| lettera (f) maiuscola | stor bokstav (m) | [ˈstʊr ˈbʊkstav] |

| vocale (f) | vokal (m) | [vʊˈkal] |
| consonante (f) | konsonant (m) | [kʊnsʊˈnant] |

proposizione (f)	setning (m)	[ˈsɛtniŋ]
soggetto (m)	subjekt (n)	[sʉbˈjɛkt]
predicato (m)	predikat (n)	[prɛdiˈkat]

riga (f)	linje (m)	[ˈlinjə]
a capo	på ny linje	[pɔ ny ˈlinjə]
capoverso (m)	avsnitt (n)	[ˈafˌsnit]

parola (f)	ord (n)	[ˈuːr]
gruppo (m) di parole	ordgruppe (m/f)	[ˈuːrˌgrʉpə]
espressione (f)	uttrykk (n)	[ˈʉtˌtrʏk]
sinonimo (m)	synonym (n)	[synʊˈnym]
antonimo (m)	antonym (n)	[antʊˈnym]

regola (f)	regel (m)	[ˈrɛgəl]
eccezione (f)	unntak (n)	[ˈʉnˌtak]
giusto (corretto)	riktig	[ˈrikti]

coniugazione (f)	bøyning (m/f)	[ˈbøjniŋ]
declinazione (f)	bøyning (m/f)	[ˈbøjniŋ]
caso (m) nominativo	kasus (m)	[ˈkasʉs]
domanda (f)	spørsmål (n)	[ˈspœşˌmol]
sottolineare (vt)	å understreke	[ɔ ˈʉnəˌstrekə]
linea (f) tratteggiata	prikket linje (m)	[ˈprikət ˈlinjə]

146. Lingue straniere

lingua (f)	språk (n)	[ˈsprɔk]
straniero (agg)	fremmed-	[ˈfremə-]
lingua (f) straniera	fremmedspråk (n)	[ˈfremedˌsprɔk]
studiare (vt)	å studere	[ɔ stʉˈderə]
imparare (una lingua)	å lære	[ɔ ˈlærə]

leggere (vi, vt)	å lese	[ɔ ˈlesə]
parlare (vi, vt)	å tale	[ɔ ˈtalə]
capire (vt)	å forstå	[ɔ fɔˈştɔ]
scrivere (vi, vt)	å skrive	[ɔ ˈskrivə]
rapidamente	fort	[ˈfuːt]
lentamente	langsomt	[ˈlaŋsomt]

correntemente	flytende	['flytnə]
regole (f pl)	regler (m pl)	['rɛglər]
grammatica (f)	grammatikk (m)	[grɑmɑ'tik]
lessico (m)	ordforråd (n)	['uːrfʊˌrɔd]
fonetica (f)	fonetikk (m)	[fʊne'tik]
manuale (m)	lærebok (m/f)	['læræˌbʉk]
dizionario (m)	ordbok (m/f)	['uːrˌbʉk]
manuale (m) autodidattico	lærebok (m/f) for selvstudium	['læræˌbʉk fɔ 'selˌstʉdium]
frasario (m)	parlør (m)	[pɑː'lør]
cassetta (f)	kassett (m)	[kɑ'sɛt]
videocassetta (f)	videokassett (m)	['videʊ kɑ'sɛt]
CD (m)	CD-rom (m)	['sɛdɛˌrʊm]
DVD (m)	DVD (m)	[deve'de]
alfabeto (m)	alfabet (n)	[ɑlfɑ'bet]
compitare (vt)	å stave	[ɔ 'stɑvə]
pronuncia (f)	uttale (m)	['ʉtˌtɑlə]
accento (m)	aksent (m)	[ɑk'sɑŋ]
con un accento	med aksent	[me ɑk'sɑŋ]
senza accento	uten aksent	['ʉtən ɑk'sɑŋ]
vocabolo (m)	ord (n)	['uːr]
significato (m)	betydning (m)	[be'tʏdniŋ]
corso (m) (~ di francese)	kurs (n)	['kʉʂ]
iscriversi (vr)	å anmelde seg	[ɔ 'ɑnˌmɛlə sæj]
insegnante (m, f)	lærer (m)	['lærər]
traduzione (f) (fare una ~)	oversettelse (m)	['ɔvəˌʂɛtəlsə]
traduzione (f) (un testo)	oversettelse (m)	['ɔvəˌʂɛtəlsə]
traduttore (m)	oversetter (m)	['ɔvəˌʂɛtər]
interprete (m)	tolk (m)	['tɔlk]
poliglotta (m)	polyglott (m)	[pʊlʏ'glɔt]
memoria (f)	minne (n), hukommelse (m)	['minə], [hʉ'kɔməlsə]

147. Personaggi delle fiabe

Babbo Natale (m)	Julenissen	['jʉləˌnisən]
Cenerentola (f)	Askepott	['ɑskəˌpɔt]
sirena (f)	havfrue (m/f)	['hɑvˌfrʉə]
Nettuno (m)	Neptun	[nɛp'tʉn]
mago (m)	trollmann (m)	['trɔlˌmɑn]
fata (f)	fe (f)	['fe]
magico (agg)	trylle-	['trʏlə-]
bacchetta (f) magica	tryllestav (m)	['trʏləˌstɑv]
fiaba (f), favola (f)	eventyr (n)	['ɛvənˌtyr]
miracolo (m)	mirakel (n)	[mi'rɑkəl]

T&P Books. Vocabolario Italiano-Norvegese per studio autodidattico - 9000 parole

nano (m)	gnom, dverg (m)	['gnʊm], ['dvɛrg]
trasformarsi in …	å forvandle seg til …	[ɔ fɔr'vandlə sæj til …]

fantasma (m)	fantom (m)	[fɑn'tɔm]
spettro (m)	spøkelse (n)	['spøkəlsə]
mostro (m)	monster (n)	['mɔnstər]
drago (m)	drage (m)	['drɑgə]
gigante (m)	gigant (m)	[gi'gɑnt]

148. Segni zodiacali

Ariete (m)	Væren (m)	['værən]
Toro (m)	Tyren (m)	['tyrən]
Gemelli (m pl)	Tvillingene (m pl)	['tvilɪŋənə]
Cancro (m)	Krepsen (m)	['krɛpsən]
Leone (m)	Løven (m)	['løvən]
Vergine (f)	Jomfruen (m)	['ʉmfrʉən]

Bilancia (f)	Vekten (m)	['vɛktən]
Scorpione (m)	Skorpionen	[skɔrpi'ʊnən]
Sagittario (m)	Skytten (m)	['ʂytən]
Capricorno (m)	Steinbukken (m)	['stæjnˌbʉkən]
Acquario (m)	Vannmannen (m)	['vɑnˌmɑnən]
Pesci (m pl)	Fiskene (pl)	['fiskənə]

carattere (m)	karakter (m)	[kɑrɑk'ter]
tratti (m pl) del carattere	karaktertrekk (n pl)	[kɑrɑk'terˌtrɛk]
comportamento (m)	oppførsel (m)	['ɔpˌfœʂəl]
predire il futuro	å spå	[ɔ 'spɔ]
cartomante (f)	spåkone (m/f)	['spɔːˌkɔnə]
oroscopo (m)	horoskop (n)	[hʊrʊ'skɔp]

Arte

149. Teatro

teatro (m)	teater (n)	[te'atər]
opera (f)	opera (m)	['υpera]
operetta (f)	operette (m)	[υpe'rɛtə]
balletto (m)	ballett (m)	[ba'let]

cartellone (m)	plakat (m)	[pla'kat]
compagnia (f) teatrale	teatertrupp (m)	[te'atər͵trʉp]
tournée (f)	turné (m)	[tʉr'ne:]
andare in tourn?e	å være på turné	[ɔ 'værə pɔ tʉr'ne:]
fare le prove	å repetere	[ɔ repe'terə]
prova (f)	repetisjon (m)	[repeti'ʂʉn]
repertorio (m)	repertoar (n)	[repæ:tʊ'ar]

rappresentazione (f)	forestilling (m/f)	['fɔrə͵stiliŋ]
spettacolo (m)	teaterstykke (n)	[te'atər͵stʏkə]
opera (f) teatrale	skuespill (n)	['skʉə͵spil]

biglietto (m)	billett (m)	[bi'let]
botteghino (m)	billettluke (m/f)	[bi'let͵lʉkə]
hall (f)	lobby, foajé (m)	['lɔbi], [fʊa'je]
guardaroba (f)	garderobe (m)	[ga:də'rʊbə]
cartellino (m) del guardaroba	garderobemerke (n)	[ga:də'rʊbə 'mærkə]
binocolo (m)	kikkert (m)	['çikɛ:t]
maschera (f)	plassanviser (m)	['plas an͵visər]

platea (f)	parkett (m)	[par'kɛt]
balconata (f)	balkong (m)	[bal'kɔŋ]
prima galleria (f)	første losjerad (m)	['fœʂtə ͵lʉʂɛrad]
palco (m)	losje (m)	['lʉʂə]
fila (f)	rad (m/f)	['rad]
posto (m)	plass (m)	['plas]

pubblico (m)	publikum (n)	['pʉblikum]
spettatore (m)	tilskuer (m)	['til͵skʉər]
battere le mani	å klappe	[ɔ 'klapə]
applauso (m)	applaus (m)	[a'plaʊs]
ovazione (f)	bifall (n)	['bi͵fal]

palcoscenico (m)	scene (m)	['se:nə]
sipario (m)	teppe (n)	['tɛpə]
scenografia (f)	dekorasjon (m)	[dekʊra'ʂʉn]
quinte (f pl)	kulisser (m pl)	[kʉ'lisər]

scena (f) (l'ultima ~)	scene (m)	['se:nə]
atto (m)	akt (m)	['akt]
intervallo (m)	mellomakt (m)	['mɛlɔm͵akt]

150. Cinema

attore (m)	skuespiller (m)	['skʉəˌspilər]
attrice (f)	skuespillerinne (m/f)	['skʉəˌspilə'rinə]
cinema (m) (industria)	filmindustri (m)	['film indʉ'stri]
film (m)	film (m)	['film]
puntata (f)	del (m)	['del]
film (m) giallo	kriminalfilm (m)	[krimi'nalˌfilm]
film (m) d'azione	actionfilm (m)	['ɛkʂənˌfilm]
film (m) d'avventure	eventyrfilm (m)	['ɛvəntyrˌfilm]
film (m) di fantascienza	Sci-Fi film (m)	['sajˌfaj film]
film (m) d'orrore	skrekkfilm (m)	['skrɛkˌfilm]
film (m) comico	komedie (m)	['kʊ'mediə]
melodramma (m)	melodrama (n)	[melo'drama]
dramma (m)	drama (n)	['drama]
film (m) a soggetto	spillefilm (m)	['spiləˌfilm]
documentario (m)	dokumentarfilm (m)	[dɔkʉmɛn'tar ˌfilm]
cartoni (m pl) animati	tegnefilm (m)	['tæjnəˌfilm]
cinema (m) muto	stumfilm (m)	['stʉmˌfilm]
parte (f)	rolle (m/f)	['rɔlə]
parte (f) principale	hovedrolle (m)	['hʊvədˌrɔle]
recitare (vi, vt)	å spille	[ɔ 'spilə]
star (f), stella (f)	filmstjerne (m)	['filmˌstjæ:ŋə]
noto (agg)	kjent	['çɛnt]
famoso (agg)	berømt	[be'rømt]
popolare (agg)	populær	[pʊpʉ'lær]
sceneggiatura (m)	manus (n)	['manʉs]
sceneggiatore (m)	manusforfatter (m)	['manʉs fɔr'fatər]
regista (m)	regissør (m)	[rɛʂi'sør]
produttore (m)	produsent (m)	[prʊdʉ'sɛnt]
assistente (m)	assistent (m)	[asi'stɛnt]
cameraman (m)	kameramann (m)	['kameraˌman]
cascatore (m)	stuntmann (m)	['stantˌman]
controfigura (f)	stand-in (m)	[ˌstand'in]
girare un film	å spille inn en film	[ɔ 'spilə in en 'film]
provino (m)	prøve (m/f)	['prøvə]
ripresa (f)	opptak (n)	['ɔpˌtak]
troupe (f) cinematografica	filmteam (n)	['filmˌtim]
set (m)	opptaksplass (m)	['ɔptaksˌplas]
cinepresa (f)	filmkamera (n)	['filmˌkamera]
cinema (m) (~ all'aperto)	kino (m)	['çinʊ]
schermo (m)	filmduk (m)	['filmˌdʉk]
proiettare un film	å vise en film	[ɔ 'visə en 'film]
colonna (f) sonora	lydspor (n)	['lydˌspʊr]
effetti (m pl) speciali	spesialeffekter (m pl)	['spesi'al e'fɛktər]

T&P Books. Vocabolario Italiano-Norvegese per studio autodidattico - 9000 parole

sottotitoli (m pl)	undertekster (m/f)	['ʉnəˌtɛkstər]
titoli (m pl) di coda	rulletekst (m)	['rʉləˌtɛkst]
traduzione (f)	oversettelse (m)	['ɔvəˌsɛtəlsə]

151. Pittura

arte (f)	kunst (m)	['kʉnst]
belle arti (f pl)	de skjønne kunster	[de 'ʂønə 'kʉnstər]
galleria (f) d'arte	kunstgalleri (n)	['kʉnst gale'ri]
mostra (f)	maleriutstilling (m/f)	[ˌmale'ri ʉtˌstiliŋ]

pittura (f)	malerkunst (m)	['malərˌkʉnst]
grafica (f)	grafikk (m)	[gra'fik]
astrattismo (m)	abstrakt kunst (m)	[ab'strakt 'kʉnst]
impressionismo (m)	impresjonisme (m)	[imprɛʂʊ'nisme]

quadro (m)	maleri (m/f)	[ˌmale'ri]
disegno (m)	tegning (m/f)	['tæjniŋ]
cartellone, poster (m)	plakat, poster (m)	['plaˌkat], ['pɔstər]

illustrazione (f)	illustrasjon (m)	[ilʉstra'ʂʊn]
miniatura (f)	miniatyr (m)	[minia'tyr]
copia (f)	kopi (m)	[kʊ'pi]
riproduzione (f)	reproduksjon (m)	[reprʊdʉk'ʂʊn]

mosaico (m)	mosaikk (m)	[mʊsa'ik]
vetrata (f)	glassmaleri (n)	['glasˌmale'ri]
affresco (m)	freske (m)	['frɛskə]
incisione (f)	gravyr (m)	[gra'vyr]

busto (m)	byste (m)	['bystə]
scultura (f)	skulptur (m)	[skʉlp'tʉr]
statua (f)	statue (m)	['statʉə]
gesso (m)	gips (m)	['jips]
in gesso	gips-	['jips-]

ritratto (m)	portrett (n)	[pɔ:'trɛt]
autoritratto (m)	selvportrett (n)	['sɛlˌpɔ:'trɛt]
paesaggio (m)	landskapsmaleri (n)	['lanskapsˌmale'ri]
natura (f) morta	stilleben (n)	['stilˌlebən]
caricatura (f)	karikatur (m)	[karika'tʉr]
abbozzo (m)	skisse (m/f)	['ʂisə]

colore (m)	maling (m/f)	['maliŋ]
acquerello (m)	akvarell (m)	[akva'rɛl]
olio (m)	olje (m)	['ɔljə]
matita (f)	blyant (m)	['blyˌant]
inchiostro (m) di china	tusj (m/n)	['tʉʂ]
carbone (m)	kull (n)	['kʉl]

disegnare (a matita)	å tegne	[ɔ 'tæjnə]
dipingere (un quadro)	å male	[ɔ 'malə]
posare (vi)	å posere	[ɔ pɔ'serə]
modello (m)	modell (m)	[mʊ'dɛl]

135

T&P Books. Vocabolario Italiano-Norvegese per studio autodidattico - 9000 parole

modella (f)	modell (m)	[mʉ'dɛl]
pittore (m)	kunstner (m)	['kʉnstnər]
opera (f) d'arte	kunstverk (n)	['kʉnst‚værk]
capolavoro (m)	mesterverk (n)	['mɛstɛr‚værk]
laboratorio (m) (di artigiano)	atelier (n)	[ate'lje]

tela (f)	kanvas (m/n), lerret (n)	['kɑnvɑs], ['leret]
cavalletto (m)	staffeli (n)	[stɑfe'li]
tavolozza (f)	palett (m)	[pɑ'let]

cornice (f) (~ di un quadro)	ramme (m/f)	['rɑmə]
restauro (m)	restaurering (m)	[rɛstɑʉ'reriŋ]
restaurare (vt)	å restaurere	[ɔ rɛstɑʉ'rerə]

152. Letteratura e poesia

letteratura (f)	litteratur (m)	[litərɑ'tʉr]
autore (m)	forfatter (m)	[fɔr'fɑtər]
pseudonimo (m)	pseudonym (n)	[sewdʉ'nym]

libro (m)	bok (m/f)	['bʉk]
volume (m)	bind (n)	['bin]
sommario (m), indice (m)	innholdsfortegnelse (m)	['inhɔls fɔ:'tæjnəlsə]
pagina (f)	side (m/f)	['sidə]
protagonista (m)	hovedperson (m)	['hʉvəd pæ'ʂʉn]
autografo (m)	autograf (m)	[ɑʉtʉ'grɑf]

racconto (m)	novelle (m/f)	[nʉ'vɛlə]
romanzo (m) breve	kortroman (m)	['kʉ:t rʉ‚mɑn]
romanzo (m)	roman (m)	[rʉ'mɑn]
opera (f) (~ letteraria)	verk (n)	['værk]
favola (f)	fabel (m)	['fɑbəl]
giallo (m)	kriminalroman (m)	[krimi'nɑl rʉ‚mɑn]

verso (m)	dikt (n)	['dikt]
poesia (f) (~ lirica)	poesi (m)	[pɔɛ'si]
poema (m)	epos (n)	['ɛpɔs]
poeta (m)	poet, dikter (m)	['pɔɛt], ['diktər]

narrativa (f)	skjønnlitteratur (m)	['ʂøn literɑ'tʉr]
fantascienza (f)	science fiction (m)	['sɑjəns ‚fikʂn]
avventure (f pl)	eventyr (n pl)	['ɛvən‚tyr]
letteratura (f) formativa	undervisningslitteratur (m)	['ʉnər‚visniŋs literɑ'tʉr]
libri (m pl) per l'infanzia	barnelitteratur (m)	['bɑ:ɳə literɑ'tʉr]

153. Circo

circo (m)	sirkus (m/n)	['sirkʉs]
tendone (m) del circo	ambulerende sirkus (n)	['ɑmbʉ‚lerɛnə 'sirkʉs]
programma (m)	program (n)	[prʉ'grɑm]
spettacolo (m)	forestilling (m/f)	['fɔrə‚stiliŋ]
numero (m)	nummer (n)	['nʉmər]

136

arena (f)	manesje, arena (m)	[mɑˈneʂə], [ɑˈrenɑ]
pantomima (f)	pantomime (m)	[pantʉˈmimə]
pagliaccio (m)	klovn (m)	[ˈklɔvn]
acrobata (m)	akrobat (m)	[akrʊˈbɑt]
acrobatica (f)	akrobatikk (m)	[akrʊbɑˈtik]
ginnasta (m)	gymnast (m)	[ɡʏmˈnɑst]
ginnastica (m)	gymnastikk (m)	[ɡʏmnɑˈstik]
salto (m) mortale	salto (m)	[ˈsɑltʊ]
forzuto (m)	atlet (m)	[ɑtˈlet]
domatore (m)	dyretemmer (m)	[ˈdyrəˌtɛmər]
cavallerizzo (m)	rytter (m)	[ˈrʏtər]
assistente (m)	assistent (m)	[ɑsiˈstɛnt]
acrobazia (f)	trikk, triks (n)	[ˈtrik], [ˈtriks]
gioco (m) di prestigio	trylletriks (n)	[ˈtrʏləˌtriks]
prestigiatore (m)	tryllekunstner (m)	[ˈtrʏləˌkʉnstnər]
giocoliere (m)	sjonglør (m)	[ʂɔŋˈlør]
giocolare (vi)	å sjonglere	[ɔ ˈʂɔŋˌlerə]
ammaestratore (m)	dressør (m)	[drɛˈsør]
ammaestramento (m)	dressur (m)	[drɛˈsʉr]
ammaestrare (vt)	å dressere	[ɔ drɛˈserə]

154. Musica. Musica pop

musica (f)	musikk (m)	[mʉˈsik]
musicista (m)	musiker (m)	[ˈmʉsikər]
strumento (m) musicale	musikkinstrument (n)	[mʉˈsik instrʉˈmɛnt]
suonare ...	å spille ...	[ɔ ˈspilə ...]
chitarra (f)	gitar (m)	[ˈɡiˌtɑr]
violino (m)	fiolin (m)	[fiʊˈlin]
violoncello (m)	cello (m)	[ˈsɛlʊ]
contrabbasso (m)	kontrabass (m)	[ˈkʊntrɑˌbɑs]
arpa (f)	harpe (m)	[ˈhɑrpə]
pianoforte (m)	piano (n)	[piˈɑnʊ]
pianoforte (m) a coda	flygel (n)	[ˈflyɡəl]
organo (m)	orgel (n)	[ˈɔrɡəl]
strumenti (m pl) a fiato	blåseinstrumenter (n pl)	[ˈbloːsə instrʉˈmɛntər]
oboe (m)	obo (m)	[ʊˈbʊ]
sassofono (m)	saksofon (m)	[saksʊˈfʊn]
clarinetto (m)	klarinett (m)	[klɑriˈnɛt]
flauto (m)	fløyte (m)	[ˈfløjtə]
tromba (f)	trompet (m)	[trʊmˈpet]
fisarmonica (f)	trekkspill (n)	[ˈtrɛkˌspil]
tamburo (m)	tromme (m)	[ˈtrʊmə]
duetto (m)	duett (m)	[dʉˈɛt]
trio (m)	trio (m)	[ˈtriʊ]

T&P Books. Vocabolario Italiano-Norvegese per studio autodidattico - 9000 parole

quartetto (m)	kvartett (m)	[kvɑːˈtɛt]
coro (m)	kor (n)	[ˈkʊr]
orchestra (f)	orkester (n)	[ɔrˈkɛstər]

musica (f) pop	popmusikk (m)	[ˈpɔp mʉˈsik]
musica (f) rock	rockmusikk (m)	[ˈrɔk mʉˈsik]
gruppo (m) rock	rockeband (n)	[ˈrɔkəˌbɛnd]
jazz (m)	jazz (m)	[ˈjas]

| idolo (m) | idol (n) | [iˈdʊl] |
| ammiratore (m) | beundrer (m) | [beˈʉndrər] |

concerto (m)	konsert (m)	[kʊnˈsæːt]
sinfonia (f)	symfoni (m)	[sʏmfʊˈni]
composizione (f)	komposisjon (m)	[kʊmpʊziˈʂʊn]
comporre (vt), scrivere (vt)	å komponere	[ɔ kʊmpʊˈnerə]

canto (m)	synging (m/f)	[ˈsʏŋiŋ]
canzone (f)	sang (m)	[ˈsɑŋ]
melodia (f)	melodi (m)	[melɔˈdi]
ritmo (m)	rytme (m)	[ˈrʏtmə]
blues (m)	blues (m)	[ˈblʉs]

note (f pl)	noter (m pl)	[ˈnʊtər]
bacchetta (f)	taktstokk (m)	[ˈtaktˌstɔk]
arco (m)	bue, boge (m)	[ˈbʉːə], [ˈbɔɡə]
corda (f)	streng (m)	[ˈstrɛŋ]
custodia (f) (~ della chitarra)	futteral (n), kasse (m/f)	[fʉteˈrɑl], [ˈkɑsə]

Ristorante. Intrattenimento. Viaggi

155. Escursione. Viaggio

turismo (m)	turisme (m)	[tʉ'rismə]
turista (m)	turist (m)	[tʉ'rist]
viaggio (m) (all'estero)	reise (m/f)	['ræjsə]
avventura (f)	eventyr (n)	['ɛvənˌtyr]
viaggio (m) (corto)	tripp (m)	['trip]
vacanza (f)	ferie (m)	['fɛriə]
essere in vacanza	å være på ferie	[ɔ 'værə pɔ 'fɛriə]
riposo (m)	hvile (m/f)	['vilə]
treno (m)	tog (n)	['tɔg]
in treno	med tog	[me 'tɔg]
aereo (m)	fly (n)	['fly]
in aereo	med fly	[me 'fly]
in macchina	med bil	[me 'bil]
in nave	med skip	[me 'ʂip]
bagaglio (m)	bagasje (m)	[bɑ'gɑʂə]
valigia (f)	koffert (m)	['kʊfɛ:t]
carrello (m)	bagasjetralle (m/f)	[bɑ'gɑʂəˌtrɑlə]
passaporto (m)	pass (n)	['pɑs]
visto (m)	visum (n)	['visʉm]
biglietto (m)	billett (m)	[bi'let]
biglietto (m) aereo	flybillett (m)	['fly bi'let]
guida (f)	reisehåndbok (m/f)	['ræjsəˌhɔnbʊk]
carta (f) geografica	kart (n)	['kɑ:t]
località (f)	område (n)	['ɔmˌro:də]
luogo (m)	sted (n)	['sted]
esotico (agg)	eksotisk	[ɛk'sʊtisk]
sorprendente (agg)	forunderlig	[fɔ'rʉnde:li]
gruppo (m)	gruppe (m)	['grʉpə]
escursione (f)	utflukt (m/f)	['ʉtˌflʉkt]
guida (f) (cicerone)	guide (m)	['gɑjd]

156. Hotel

albergo (m)	hotell (n)	[hʊ'tɛl]
motel (m)	motell (n)	[mʊ'tɛl]
tre stelle	trestjernet	['treˌstjæ:ŋə]
cinque stelle	femstjernet	['fɛmˌstjæ:ŋə]

T&P Books. Vocabolario Italiano-Norvegese per studio autodidattico - 9000 parole

alloggiare (vi)	å bo	[ɔ 'bu]
camera (f)	rom (n)	['rʊm]
camera (f) singola	enkeltrom (n)	['ɛnkelt‚rʊm]
camera (f) doppia	dobbeltrom (n)	['dɔbəlt‚rʊm]
prenotare una camera	å reservere rom	[ɔ resɛr'verə 'rʊm]

| mezza pensione (f) | halvpensjon (m) | ['hɑl pɑn‚ʂʊn] |
| pensione (f) completa | fullpensjon (m) | ['fʉl pɑn‚ʂʊn] |

con bagno	med badekar	[me 'bɑdə‚kɑr]
con doccia	med dusj	[me 'dʉʂ]
televisione (f) satellitare	satellitt-TV (m)	[sɑtɛ'lit 'tɛvɛ]
condizionatore (m)	klimaanlegg (n)	['klimɑ'ɑn‚leg]
asciugamano (m)	håndkle (n)	['hɔn‚kle]
chiave (f)	nøkkel (m)	['nøkəl]

amministratore (m)	administrator (m)	[admini'strɑːtʊr]
cameriera (f)	stuepike (m/f)	['stʉə‚pikə]
portabagagli (m)	pikkolo (m)	['pikɔlɔ]
portiere (m)	portier (m)	[pɔː'tje]

ristorante (m)	restaurant (m)	[rɛstʊ'rɑŋ]
bar (m)	bar (m)	['bɑr]
colazione (f)	frokost (m)	['frʊkɔst]
cena (f)	middag (m)	['mi‚dɑ]
buffet (m)	buffet (m)	[bʉ'fɛ]

| hall (f) (atrio d'ingresso) | hall, lobby (m) | ['hɑl], ['lɔbi] |
| ascensore (m) | heis (m) | ['hæjs] |

| NON DISTURBARE | VENNLIGST IKKE FORSTYRR! | ['vɛnligt ikə fɔ'ʂtyr] |
| VIETATO FUMARE! | RØYKING FORBUDT | ['røjkiŋ fɔr'bʉt] |

157. Libri. Lettura

libro (m)	bok (m/f)	['bʊk]
autore (m)	forfatter (m)	[fɔr'fɑtər]
scrittore (m)	forfatter (m)	[fɔr'fɑtər]
scrivere (vi, vt)	å skrive	[ɔ 'skrivə]

lettore (m)	leser (m)	['lesər]
leggere (vi, vt)	å lese	[ɔ 'lesə]
lettura (f) (sala di ~)	lesning (m/f)	['lesniŋ]

| in silenzio (leggere ~) | for seg selv | [fɔr sæj 'sɛl] |
| ad alta voce | høyt | ['højt] |

pubblicare (vt)	å publisere	[ɔ pʉbli'serə]
pubblicazione (f)	publisering (m/f)	[pʉbli'seriŋ]
editore (m)	forlegger (m)	['fɔː‚legər]
casa (f) editrice	forlag (n)	['fɔːlɑg]
uscire (vi)	å komme ut	[ɔ 'kɔmə ʉt]
uscita (f)	utgivelse (m)	['ʉt‚jivəlsə]

140

tiratura (f)	opplag (n)	[ˈɔpˌlag]
libreria (f)	bokhandel (m)	[ˈbʊkˌhandəl]
biblioteca (f)	bibliotek (n)	[bibliʊˈtek]
romanzo (m) breve	kortroman (m)	[ˈkʊːʈ rʊˌman]
racconto (m)	novelle (m/f)	[nʊˈvɛlə]
romanzo (m)	roman (m)	[rʊˈman]
giallo (m)	kriminalroman (m)	[krimiˈnal rʊˌman]
memorie (f pl)	memoarer (pl)	[memʊˈarər]
leggenda (f)	legende (m)	[ˈleˈgɛndə]
mito (m)	myte (m)	[ˈmyːtə]
poesia (f), versi (m pl)	dikt (n pl)	[ˈdikt]
autobiografia (f)	selvbiografi (m)	[ˈsɛlˌbiʊgraˈfi]
opere (f pl) scelte	utvalgte verker (n pl)	[ˈʉtˌvalgtə ˈværkər]
fantascienza (f)	science fiction (m)	[ˈsajəns ˌfikʂn]
titolo (m)	tittel (m)	[ˈtitəl]
introduzione (f)	innledning (m)	[ˈinˌlednin]
frontespizio (m)	tittelblad (n)	[ˈtitəlˌbla]
capitolo (m)	kapitel (n)	[kɑˈpitəl]
frammento (m)	utdrag (n)	[ˈʉtˌdrag]
episodio (m)	episode (m)	[ɛpiˈsʊdə]
soggetto (m)	handling (m/f)	[ˈhandlin]
contenuto (m)	innhold (n)	[ˈinˌhɔl]
sommario (m)	innholdsfortegnelse (m)	[ˈinhɔls fɔːˈʈæjnəlsə]
protagonista (m)	hovedperson (m)	[ˈhʊvəd pæˈʂʊn]
volume (m)	bind (n)	[ˈbin]
copertina (f)	omslag (n)	[ˈɔmˌslag]
rilegatura (f)	bokbind (n)	[ˈbʊkˌbin]
segnalibro (m)	bokmerke (n)	[ˈbʊkˌmærkə]
pagina (f)	side (m/f)	[ˈsidə]
sfogliare (~ le pagine)	å bla	[ɔ ˈbla]
margini (m pl)	marger (m pl)	[ˈmargər]
annotazione (f)	annotering (n)	[anʊˈterin]
nota (f) (a fondo pagina)	anmerkning (m)	[ˈanˌmærknin]
testo (m)	tekst (m/f)	[ˈtɛkst]
carattere (m)	skrift, font (m)	[ˈskrift], [ˈfɔnt]
refuso (m)	trykkfeil (m)	[ˈtrʏkˌfæjl]
traduzione (f)	oversettelse (m)	[ˈɔvəˌʂɛtəlsə]
tradurre (vt)	å oversette	[ɔ ˈɔvəˌʂɛtə]
originale (m) (leggere l'~)	original (m)	[ɔrigiˈnal]
famoso (agg)	berømt	[beˈrømt]
sconosciuto (agg)	ukjent	[ˈʉˌçɛnt]
interessante (agg)	interessant	[intereˈsan]
best seller (m)	bestselger (m)	[ˈbɛstˌsɛlər]
dizionario (m)	ordbok (m/f)	[ˈuːrˌbʊk]
manuale (m)	lærebok (m/f)	[ˈlærəˌbʊk]
enciclopedia (f)	encyklopedi (m)	[ɛnsʏkloˈpeˈdi]

158. Caccia. Pesca

caccia (f)	jakt (m/f)	['jakt]
cacciare (vt)	å jage	[ɔ 'jagə]
cacciatore (m)	jeger (m)	['jɛːgər]
sparare (vi)	å skyte	[ɔ 'ṣytə]
fucile (m)	gevær (n)	[ge'vær]
cartuccia (f)	patron (m)	[pɑ'trʊn]
pallini (m pl) da caccia	hagl (n)	['hɑgl]
tagliola (f) (~ per orsi)	saks (m/f)	['sɑks]
trappola (f) (~ per uccelli)	felle (m/f)	['fɛlə]
cadere in trappola	å fanges i felle	[ɔ 'faŋəs i 'fɛlə]
tendere una trappola	å sette opp felle	[ɔ 'sɛtə ɔp 'fɛlə]
bracconiere (m)	tyvskytter (m)	['tyf‚sytər]
cacciagione (m)	vilt (n)	['vilt]
cane (m) da caccia	jakthund (m)	['jakt‚hʉn]
safari (m)	safari (m)	[sɑ'fɑri]
animale (m) impagliato	utstoppet dyr (n)	['ʉt‚stɔpet ‚dyr]
pescatore (m)	fisker (m)	['fiskər]
pesca (f)	fiske (n)	['fiskə]
pescare (vi)	å fiske	[ɔ 'fiskə]
canna (f) da pesca	fiskestang (m/f)	['fiskə‚staŋ]
lenza (f)	fiskesnøre (n)	['fiskə‚snørе]
amo (m)	krok (m)	['krʊk]
galleggiante (m)	dupp (m)	['dʉp]
esca (f)	agn (m)	['ɑŋn]
lanciare la canna	å kaste ut	[ɔ 'kastə ʉt]
abboccare (pesce)	å bite	[ɔ 'bitə]
pescato (m)	fangst (m)	['faŋst]
buco (m) nel ghiaccio	hull (n) i isen	['hʉl i ‚isən]
rete (f)	nett (n)	['nɛt]
barca (f)	båt (m)	['bot]
prendere con la rete	å fiske med nett	[ɔ 'fiskə me 'nɛt]
gettare la rete	å kaste nettet	[ɔ 'kastə 'nɛtə]
tirare le reti	å hale opp nettet	[ɔ 'halə ɔp 'nɛtə]
cadere nella rete	å bli fanget i nett	[ɔ 'bli 'faŋət i 'nɛt]
baleniere (m)	hvalfanger (m)	['val‚faŋər]
baleniera (f) (nave)	hvalbåt (m)	['val‚bot]
rampone (m)	harpun (m)	[har'pʉn]

159. Ciochi. Biliardo

biliardo (m)	biljard (m)	[bil'jaːd]
sala (f) da biliardo	biljardsalong (m)	[bil'jaːdsɑ‚lɔŋ]
bilia (f)	biljardkule (m/f)	[bil'jaːd‚kʉːlə]

imbucare (vt)	å støte en kule	[ɔ 'støtə en 'kʉ:lə]
stecca (f) da biliardo	kø (m)	['kø]
buca (f)	hull (n)	['hʉl]

160. Giochi. Carte da gioco

quadri (m pl)	ruter (m pl)	['rʉtər]
picche (f pl)	spar (m pl)	['spar]
cuori (m pl)	hjerter (m)	['jæ:tər]
fiori (m pl)	kløver (m)	['kløvər]
asso (m)	ess (n)	['ɛs]
re (m)	konge (m)	['kʊŋə]
donna (f)	dame (m/f)	['damə]
fante (m)	knekt (m)	['knɛkt]
carta (f) da gioco	kort (n)	['kɔ:t]
carte (f pl)	kort (n pl)	['kɔ:t]
briscola (f)	trumf (m)	['trʉmf]
mazzo (m) di carte	kortstokk (m)	['kɔ:t‚stɔk]
punto (m)	poeng (n)	[pɔ'ɛŋ]
dare le carte	å gi, å dele ut	[ɔ 'ji], [ɔ 'delə ʉt]
mescolare (~ le carte)	å blande	[ɔ 'blanə]
turno (m)	trekk (n)	['trɛk]
baro (m)	falskspiller (m)	['falsk‚spilər]

161. Casinò. Roulette

casinò (m)	kasino (n)	[ka'sinʊ]
roulette (f)	rulett (m)	[rʉ'let]
puntata (f)	innsats (m)	['in‚sats]
puntare su ...	å satse	[ɔ 'satsə]
rosso (m)	rød (m)	['rø]
nero (m)	svart (m)	['sva:t]
puntare sul rosso	å satse på rød	[ɔ 'satsə pɔ 'rø]
puntare sul nero	å satse på svart	[ɔ 'satsə pɔ 'sva:t]
croupier (m)	croupier, dealer (m)	[kru'pje], ['dilər]
far girare la ruota	å snurre hjulet	[ɔ 'snʉrə 'jʉle]
regole (f pl) del gioco	spilleregler (m pl)	['spilə‚rɛglər]
fiche (f)	sjetong (m)	[ʂɛ'tɔŋ]
vincere (vi, vt)	å vinne	[ɔ 'vinə]
vincita (f)	gevinst (m)	[ge'vinst]
perdere (vt)	å tape	[ɔ 'tapə]
perdita (f)	tap (n)	['tap]
giocatore (m)	spiller (m)	['spilər]
black jack (m)	blackjack (m)	['blek‚ʂɛk]

T&P Books. Vocabolario Italiano-Norvegese per studio autodidattico - 9000 parole

gioco (m) dei dadi	terningspill (n)	['tæːɲiŋˌspil]
dadi (m pl)	terninger (m/f pl)	['tæːɲiŋər]
slot machine (f)	spilleautomat (m)	['spilə aʉtʉ'mɑt]

162. Riposo. Giochi. Varie

passeggiare (vi)	å spasere	[ɔ spɑ'serə]
passeggiata (f)	spasertur (m)	[spɑ'sɛːˌtʉr]
gita (f)	kjøretur (m)	['çœːrəˌtʉr]
avventura (f)	eventyr (n)	['ɛvənˌtyr]
picnic (m)	piknik (m)	['piknik]

gioco (m)	spill (n)	['spil]
giocatore (m)	spiller (m)	['spilər]
partita (f) (~ a scacchi)	parti (n)	[pɑː'ti]

collezionista (m)	samler (m)	['sɑmlər]
collezionare (vt)	å samle	[ɔ 'sɑmlə]
collezione (f)	samling (m/f)	['sɑmliŋ]

cruciverba (m)	kryssord (n)	['krʏsˌuːr]
ippodromo (m)	travbane (m)	['trɑvˌbɑnə]
discoteca (f)	diskotek (n)	[diskʉ'tek]

| sauna (f) | sauna (m) | ['sɑʉnɑ] |
| lotteria (f) | lotteri (n) | [lɔte'ri] |

campeggio (m)	campingtur (m)	['kɑmpiŋˌtʉr]
campo (m)	leir (m)	['læjr]
tenda (f) da campeggio	telt (n)	['tɛlt]
bussola (f)	kompass (m/n)	[kʉm'pɑs]
campeggiatore (m)	camper (m)	['kɑmpər]

guardare (~ un film)	å se på	[ɔ 'se pɔ]
telespettatore (m)	TV-seer (m)	['tɛvɛ ˌseːər]
trasmissione (f)	TV-show (n)	['tɛvɛ ˌɕɔːw]

163. Fotografia

| macchina (f) fotografica | kamera (n) | ['kɑmerɑ] |
| fotografia (f) | foto, fotografi (n) | ['fɔtɔ], ['fɔtɔgrɑ'fi] |

fotografo (m)	fotograf (m)	[fɔtɔ'grɑf]
studio (m) fotografico	fotostudio (n)	['fɔtɔˌstʉdiɔ]
album (m) di fotografie	fotoalbum (n)	['fɔtɔˌɑlbʉm]

obiettivo (m)	objektiv (n)	[ɔbjɛk'tiv]
teleobiettivo (m)	teleobjektiv (n)	['teleɔbjek'tiv]
filtro (m)	filter (n)	['filtər]
lente (f)	linse (m/f)	['linsə]
ottica (f)	optikk (m)	[ɔp'tik]
diaframma (m)	blender (m)	['blenər]

144

tempo (m) di esposizione	eksponeringstid (m/f)	[ɛkspu'neriŋs‚tid]
mirino (m)	søker (m)	['søkər]
fotocamera (f) digitale	digitalkamera (n)	[digi'tɑl ‚kɑmerɑ]
cavalletto (m)	stativ (m)	[stɑ'tiv]
flash (m)	blits (m)	['blits]
fotografare (vt)	å fotografere	[ɔ fɔtɔgrɑ'ferə]
fare foto	å ta bilder	[ɔ 'tɑ 'bildər]
fotografarsi	å bli fotografert	[ɔ 'bli fɔtɔgrɑ'fɛːʈ]
fuoco (m)	fokus (n)	['fɔkus]
mettere a fuoco	å stille skarphet	[ɔ 'stilə 'skɑrp‚het]
nitido (agg)	skarp	['skɑrp]
nitidezza (f)	skarphet (m)	['skɑrp‚het]
contrasto (m)	kontrast (m)	[kun'trɑst]
contrastato (agg)	kontrast-	[kun'trɑst-]
foto (f)	bilde (n)	['bildə]
negativa (f)	negativ (m/n)	['negɑ‚tiv]
pellicola (f) fotografica	film (m)	['film]
fotogramma (m)	bilde (n)	['bildə]
stampare (~ le foto)	å skrive ut	[ɔ skrivə ut]

164. Spiaggia. Nuoto

spiaggia (f)	badestrand (m/f)	['bɑdə‚strɑn]
sabbia (f)	sand (m)	['sɑn]
deserto (agg)	øde	['ødə]
abbronzatura (f)	solbrenthet (m)	['sulbrɛnt‚het]
abbronzarsi (vr)	å sole seg	[ɔ 'sulə sæj]
abbronzato (agg)	solbrent	['sul‚brɛnt]
crema (f) solare	solkrem (m)	['sul‚krɛm]
bikini (m)	bikini (m)	[bi'kini]
costume (m) da bagno	badedrakt (m/f)	['bɑdə‚drɑkt]
slip (m) da bagno	badebukser (m/f)	['bɑdə‚buksər]
piscina (f)	svømmebasseng (n)	['svœmə‚bɑ'sɛŋ]
nuotare (vi)	å svømme	[ɔ 'svœmə]
doccia (f)	dusj (m)	['duʂ]
cambiarsi (~ i vestiti)	å kle seg om	[ɔ 'kle sæj ‚ɔm]
asciugamano (m)	håndkle (n)	['hɔn‚kle]
barca (f)	båt (m)	['bɔt]
motoscafo (m)	motorbåt (m)	['mɔtur‚bɔt]
sci (m) nautico	vannski (m pl)	['vɑn‚ʂi]
pedalò (m)	pedalbåt (m)	['pe'dɑl‚bɔt]
surf (m)	surfing (m/f)	['sørfiŋ]
surfista (m)	surfer (m)	['sørfər]
autorespiratore (m)	scuba (n)	['skubɑ]

T&P Books. Vocabolario Italiano-Norvegese per studio autodidattico - 9000 parole

pinne (f pl)	svømmeføtter (m pl)	['svœməˌfœtər]
maschera (f)	maske (m/f)	['maskə]
subacqueo (m)	dykker (m)	['dʏkər]
tuffarsi (vr)	å dykke	[ɔ 'dʏkə]
sott'acqua	under vannet	['ʉnər 'vanə]

ombrellone (m)	parasoll (m)	[paraˈsɔl]
sdraio (f)	liggestol (m)	['ligəˌstʊl]
occhiali (m pl) da sole	solbriller (m pl)	['sʊlˌbrilər]
materasso (m) ad aria	luftmadrass (m)	['lʉftmaˌdras]

| giocare (vi) | å leke | [ɔ 'lekə] |
| fare il bagno | å bade | [ɔ 'badə] |

pallone (m)	ball (m)	['bal]
gonfiare (vt)	å blåse opp	[ɔ 'bloːsə ɔp]
gonfiabile (agg)	luft-, oppblåsbar	['lʉft-], [ɔp'bloːsbar]

onda (f)	bølge (m)	['bølgə]
boa (f)	bøye (m)	['bøjə]
annegare (vi)	å drukne	[ɔ 'drʉknə]

salvare (vt)	å redde	[ɔ 'rɛdə]
giubbotto (m) di salvataggio	redningsvest (m)	['rɛdniŋsˌvɛst]
osservare (vt)	å observere	[ɔ ɔbsɛr'verə]
bagnino (m)	badevakt (m/f)	['badəˌvakt]

ATTREZZATURA TECNICA. MEZZI DI TRASPORTO

Attrezzatura tecnica

165. Computer

computer (m)	datamaskin (m)	['data ma‚ʂin]
computer (m) portatile	bærbar, laptop (m)	['bær‚bar], ['laptɔp]
accendere (vt)	å slå på	[ɔ 'ʂlɔ pɔ]
spegnere (vt)	å slå av	[ɔ 'ʂlɔ aː]
tastiera (f)	tastatur (n)	[tasta'tʉr]
tasto (m)	tast (m)	['tast]
mouse (m)	mus (m/f)	['mʉs]
tappetino (m) del mouse	musematte (m/f)	['mʉsə‚matə]
tasto (m)	knapp (m)	['knap]
cursore (m)	markør (m)	[mar'kør]
monitor (m)	monitor (m)	['mɔnitɔr]
schermo (m)	skjerm (m)	['ʂærm]
disco (m) rigido	harddisk (m)	['har‚disk]
spazio (m) sul disco rigido	harddiskkapasitet (m)	['har‚disk kapasi'tet]
memoria (f)	minne (n)	['minə]
memoria (f) operativa	hovedminne (n)	['hɔvəd‚minə]
file (m)	fil (m)	['fil]
cartella (f)	mappe (m/f)	['mapə]
aprire (vt)	å åpne	[ɔ 'ɔpnə]
chiudere (vt)	å lukke	[ɔ 'lʉkə]
salvare (vt)	å lagre	[ɔ 'lagrə]
eliminare (vt)	å slette, å fjerne	[ɔ 'ʂletə], [ɔ 'fjæːɳə]
copiare (vt)	å kopiere	[ɔ kʉ'pjerə]
ordinare (vt)	å sortere	[ɔ sɔː'terə]
trasferire (vt)	å overføre	[ɔ 'ɔvər‚førə]
programma (m)	program (n)	[prʉ'gram]
software (m)	programvare (m/f)	[prʉ'gram‚varə]
programmatore (m)	programmerer (m)	[prʉgra'merər]
programmare (vt)	å programmere	[ɔ prʉgra'merə]
hacker (m)	hacker (m)	['hakər]
password (f)	passord (n)	['pas‚uːr]
virus (m)	virus (m)	['virʉs]
trovare (un virus, ecc.)	å oppdage	[ɔ 'ɔp‚dagə]
byte (m)	byte (m)	['bajt]

T&P Books. Vocabolario Italiano-Norvegese per studio autodidattico - 9000 parole

megabyte (m)	megabyte (m)	['megaˌbɑjt]
dati (m pl)	data (m pl)	['dɑtɑ]
database (m)	database (m)	['dɑtɑˌbɑsə]

cavo (m)	kabel (m)	['kɑbəl]
sconnettere (vt)	å koble fra	[ɔ 'kɔblə frɑ]
collegare (vt)	å koble	[ɔ 'kɔblə]

166. Internet. Posta elettronica

internet (f)	Internett	['intəˌnɛt]
navigatore (m)	nettleser (m)	['nɛtˌlesər]
motore (m) di ricerca	søkemotor (m)	['søkəˌmɔtʊr]
provider (m)	leverandør (m)	[levərɑn'dør]

webmaster (m)	webmaster (m)	['vɛbˌmɑstər]
sito web (m)	webside, hjemmeside (m/f)	['vɛbˌsidə], ['jɛməˌsidə]
pagina web (f)	nettside (m)	['nɛtˌsidə]

indirizzo (m)	adresse (m)	[ɑ'drɛsə]
rubrica (f) indirizzi	adressebok (f)	[ɑ'drɛsəˌbʊk]

casella (f) di posta	postkasse (m/f)	['pɔstˌkɑsə]
posta (f)	post (m)	['pɔst]
troppo piena (agg)	full	['fʉl]

messaggio (m)	melding (m/f)	['mɛliŋ]
messaggi (m pl) in arrivo	innkommende meldinger	['inˌkɔmənə 'mɛliŋər]
messaggi (m pl) in uscita	utgående meldInger	['ʉtˌgɔɔnɔ 'mɛliŋər]
mittente (m)	avsender (m)	['ɑfˌsɛnər]
inviare (vt)	å sende	[ɔ 'sɛnə]
invio (m)	avsending (m)	['ɑfˌsɛniŋ]
destinatario (m)	mottaker (m)	['mɔtˌtɑkər]
ricevere (vt)	å motta	[ɔ 'mɔtɑ]

corrispondenza (f)	korrespondanse (m)	[kʊrɛspɔn'dɑnsə]
essere in corrispondenza	å brevveksle	[ɔ 'brɛvˌvɛkslə]

file (m)	fil (m)	['fil]
scaricare (vt)	å laste ned	[ɔ 'lɑstə 'ne]
creare (vt)	å opprette	[ɔ 'ɔpˌrɛtə]
eliminare (vt)	å slette, å fjerne	[ɔ 'ṣletə], [ɔ 'fjæːnə]
eliminato (agg)	slettet	['ṣletət]

connessione (f)	forbindelse (m)	[fɔr'binəlsə]
velocità (f)	hastighet (m/f)	['hɑstiˌhet]
modem (m)	modem (n)	['mʊ'dɛm]
accesso (m)	tilgang (m)	['tilˌgɑŋ]
porta (f)	port (m)	['pɔːt]

collegamento (m)	tilkobling (m/f)	['tilˌkɔbliŋ]
collegarsi a ...	å koble	[ɔ 'kɔblə]
scegliere (vt)	å velge	[ɔ 'vɛlgə]
cercare (vt)	å søke etter ...	[ɔ 'søkə ˌɛtər ...]

167. Elettricità

elettricità (f)	elektrisitet (m)	[ɛlektrisi'tet]
elettrico (agg)	elektrisk	[ɛ'lektrisk]
centrale (f) elettrica	kraftverk (n)	['kraft͵værk]
energia (f)	energi (m)	[ɛnær'gi]
energia (f) elettrica	elkraft (m/f)	['ɛl͵kraft]

lampadina (f)	lyspære (m/f)	['lys͵pærə]
torcia (f) elettrica	lommelykt (m/f)	['lʉmə͵lʏkt]
lampione (m)	gatelykt (m/f)	['gatə͵lʏkt]

luce (f)	lys (n)	['lys]
accendere (luce)	å slå på	[ɔ 'ʂlɔ pɔ]
spegnere (vt)	å slå av	[ɔ 'ʂlɔ ɑ:]
spegnere la luce	å slokke lyset	[ɔ 'ʂløkə 'lysə]

fulminarsi (vr)	å brenne ut	[ɔ 'brɛnə ʉt]
corto circuito (m)	kortslutning (m)	['kʊːt͵slʉtniŋ]
rottura (f) (~ di un cavo)	kabelbrudd (n)	['kabəl͵brʉd]
contatto (m)	kontakt (m)	[kʊn'takt]

interruttore (m)	strømbryter (m)	['strøm͵brytər]
presa (f) elettrica	stikkontakt (m)	['stik kʊn͵takt]
spina (f)	støpsel (n)	['støpsəl]
prolunga (f)	skjøteledning (m)	['ʂøtə͵ledniŋ]

fusibile (m)	sikring (m)	['sikriŋ]
filo (m)	ledning (m)	['ledniŋ]
impianto (m) elettrico	ledningsnett (n)	['ledniŋs͵nɛt]

ampere (m)	ampere (m)	[am'pɛr]
intensità di corrente	strømstyrke (m)	['strøm͵styrkə]
volt (m)	volt (m)	['vɔlt]
tensione (f)	spenning (m/f)	['spɛniŋ]

| apparecchio (m) elettrico | elektrisk apparat (n) | [ɛ'lektrisk apa'rat] |
| indicatore (m) | indikator (m) | [indi'katʊr] |

elettricista (m)	elektriker (m)	[ɛ'lektrikər]
saldare (vt)	å lodde	[ɔ 'lɔdə]
saldatoio (m)	loddebolt (m)	['lɔdə͵bɔlt]
corrente (f)	strøm (m)	['strøm]

168. Utensili

utensile (m)	verktøy (n)	['værk͵tøj]
utensili (m pl)	verktøy (n pl)	['værk͵tøj]
impianto (m)	utstyr (n)	['ʉt͵styr]

martello (m)	hammer (m)	['hamər]
giravite (m)	skrutrekker (m)	['skrʉ͵trɛkər]
ascia (f)	øks (m/f)	['øks]

T&P Books. Vocabolario Italiano-Norvegese per studio autodidattico - 9000 parole

sega (f)	sag (m/f)	['sɑg]
segare (vt)	å sage	[ɔ 'sɑgə]
pialla (f)	høvel (m)	['høvəl]
piallare (vt)	å høvle	[ɔ 'høvlə]
saldatoio (m)	loddebolt (m)	['lɔdəˌbɔlt]
saldare (vt)	å lodde	[ɔ 'lɔdə]

lima (f)	fil (m/f)	['fil]
tenaglie (f pl)	knipetang (m/f)	['knipəˌtɑŋ]
pinza (f) a punte piatte	flattang (m/f)	['flɑtˌtɑŋ]
scalpello (m)	hoggjern, huggjern (n)	['hʊgˌjæːn]

punta (f) da trapano	bor (m/n)	['bʊr]
trapano (m) elettrico	boremaskin (m)	['bɔre mɑˌʂin]
trapanare (vt)	å bore	[ɔ 'bɔrə]

coltello (m)	kniv (m)	['kniv]
lama (f)	blad (n)	['blɑ]

affilato (coltello ~)	skarp	['skɑrp]
smussato (agg)	sløv	['sløv]
smussarsi (vr)	å bli sløv	[ɔ 'bli 'sløv]
affilare (vt)	å skjerpe, å slipe	[ɔ 'ʂɛrpə], [ɔ 'ʂlipə]

bullone (m)	bolt (m)	['bɔlt]
dado (m)	mutter (m)	['mʉtər]
filettatura (f)	gjenge (n)	['jɛŋə]
vite (f)	skrue (m)	['skrʉə]

chiodo (m)	spiker (m)	['spikər]
testa (f) di chiodo	spikerhode (n)	['spikərˌhʊdə]

regolo (m)	linjal (m)	[li'njɑl]
nastro (m) metrico	målebånd (n)	['moːləˌbɔn]
livella (f)	vater, vaterpass (n)	['vɑtər], ['vɑtərˌpɑs]
lente (f) d'ingradimento	lupe (m/f)	['lʉpə]

strumento (m) di misurazione	måleinstrument (n)	['moːlə instrʉ'mɛnt]
misurare (vt)	å måle	[ɔ 'moːlə]
scala (f) graduata	skala (m)	['skɑlɑ]
lettura, indicazione (f)	avlesninger (m/f pl)	['ɑvˌlesniŋər]

compressore (m)	kompressor (m)	[kʊm'presʊr]
microscopio (m)	mikroskop (n)	[mikrʊ'skʊp]

pompa (f) (~ dell'acqua)	pumpe (m/f)	['pʉmpə]
robot (m)	robot (m)	['rɔbɔt]
laser (m)	laser (m)	['lɑsər]

chiave (f)	skrunøkkel (m)	['skrʉˌnøkəl]
nastro (m) adesivo	pakketeip (m)	['pɑkəˌtɛjp]
colla (f)	lim (n)	['lim]

carta (f) smerigliata	sandpapir (n)	['sɑnpɑˌpir]
molla (f)	fjær (m/f)	['fjær]
magnete (m)	magnet (m)	[mɑŋ'net]

guanti (m pl)	hansker (m pl)	['hanskər]
corda (f)	reip, rep (n)	['ræjp], ['rɛp]
cordone (m)	snor (m/f)	['snʊr]
filo (m) (~ del telefono)	ledning (m)	['lednɪŋ]
cavo (m)	kabel (m)	['kabəl]
mazza (f)	slegge (m/f)	['ʂlegə]
palanchino (m)	spett, jernspett (n)	['spɛt], ['jæːɳˌspɛt]
scala (f) a pioli	stige (m)	['stiːə]
scala (m) a libretto	trappstige (m/f)	['trapˌstiːə]
avvitare (stringere)	å skru fast	[ɔ 'skrʉ 'fast]
svitare (vt)	å skru løs	[ɔ 'skrʉ ˌløs]
stringere (vt)	å klemme	[ɔ 'klemə]
incollare (vt)	å klistre, å lime	[ɔ 'klistrə], [ɔ 'limə]
tagliare (vt)	å skjære	[ɔ 'ʂæːrə]
guasto (m)	funksjonsfeil (m)	['fʉnkʂɔnsˌfæjl]
riparazione (f)	reparasjon (m)	[repara'ʂʊn]
riparare (vt)	å reparere	[ɔ repa'rerə]
regolare (~ uno strumento)	å justere	[ɔ jʉ'sterə]
verificare (ispezionare)	å sjekke	[ɔ 'ʂɛkə]
controllo (m)	kontroll (m)	[kʊn'trɔl]
lettura, indicazione (f)	avlesninger (m/f pl)	['avˌlesnɪŋər]
sicuro (agg)	pålitelig	[pɔ'liteli]
complesso (agg)	komplisert	[kʊmpli'sɛːt]
arrugginire (vi)	å ruste	[ɔ 'rʉstə]
arrugginito (agg)	rusten, rustet	['rʉstən], ['rʉstət]
ruggine (f)	rust (m/f)	['rʉst]

Mezzi di trasporto

169. Aeroplano

aereo (m)	fly (n)	['fly]
biglietto (m) aereo	flybillett (m)	['fly bi'let]
compagnia (f) aerea	flyselskap (n)	['flysəl‚skɑp]
aeroporto (m)	flyplass (m)	['fly‚plɑs]
supersonico (agg)	overlyds-	['ɔvə‚lyds-]

comandante (m)	kaptein (m)	[kɑp'tæjn]
equipaggio (m)	besetning (m/f)	[be'sɛtniŋ]
pilota (m)	pilot (m)	[pi'lɔt]
hostess (f)	flyvertinne (m/f)	[flyvɛ:'tinə]
navigatore (m)	styrmann (m)	['styr‚mɑn]

ali (f pl)	vinger (m pl)	['viŋər]
coda (f)	hale (m)	['hɑlə]
cabina (f)	cockpit, førerkabin (m)	['kɔkpit], ['førərkɑ‚bin]
motore (m)	motor (m)	['mɔtʉr]
carrello (m) d'atterraggio	landingshjul (n)	['lɑniŋs‚jʉl]
turbina (f)	turbin (m)	[tʉr'bin]

elica (f)	propell (m)	[prʉ'pɛl]
scatola (f) nera	svart boks (m)	['svɑ:t boks]
barra (f) di comando	ratt (n)	['rɑt]
combustibile (m)	brensel (n)	['brɛnsəl]

safety card (f)	sikkerhetsbrosjyre (m)	['sikərhɛts‚brɔ'ʂyrə]
maschera (f) ad ossigeno	oksygenmaske (m/f)	['ɔksygən‚mɑskə]
uniforme (f)	uniform (m)	[ʉni'fɔrm]

giubbotto (m) di salvataggio	redningsvest (m)	['rɛdniŋs‚vɛst]
paracadute (m)	fallskjerm (m)	['fɑl‚ʂærm]

decollo (m)	start (m)	['stɑ:t]
decollare (vi)	å løfte	[ɔ 'lœftə]
pista (f) di decollo	startbane (m)	['stɑ:t‚bɑnə]

visibilità (f)	siktbarhet (m)	['siktbɑr‚het]
volo (m)	flyging (m/f)	['flygiŋ]

altitudine (f)	høyde (m)	['højdə]
vuoto (m) d'aria	lufthull (n)	['lʉft‚hʉl]

posto (m)	plass (m)	['plɑs]
cuffia (f)	hodetelefoner (n pl)	['hɔdətelə‚fʉnər]
tavolinetto (m) pieghevole	klappbord (n)	['klɑp‚bʉr]
oblò (m), finestrino (m)	vindu (n)	['vindʉ]
corridoio (m)	midtgang (m)	['mit‚gɑŋ]

170. Treno

treno (m)	tog (n)	['tɔg]
elettrotreno (m)	lokaltog (n)	[lɔ'kal͵tɔg]
treno (m) rapido	ekspresstog (n)	[ɛks'prɛs͵tɔg]
locomotiva (f) diesel	diesellokomotiv (n)	['disəl lʉkɔmɔ'tiv]
locomotiva (f) a vapore	damplokomotiv (n)	['damp lʉkɔmɔ'tiv]
carrozza (f)	vogn (m)	['vɔŋn]
vagone (m) ristorante	restaurantvogn (m/f)	[rɛstʉ'raŋ͵vɔŋn]
rotaie (f pl)	skinner (m/f pl)	['ʂinər]
ferrovia (f)	jernbane (m)	['jæːn͵banə]
traversa (f)	sville (m/f)	['svilə]
banchina (f) (~ ferroviaria)	perrong, plattform (m/f)	[pɛ'rɔŋ], ['platfɔrm]
binario (m) (~ 1, 2)	spor (n)	['spʉr]
semaforo (m)	semafor (m)	[sema'fʉr]
stazione (f)	stasjon (m)	[sta'ʂʉn]
macchinista (m)	lokfører (m)	['lʊk͵førər]
portabagagli (m)	bærer (m)	['bærər]
cuccettista (m, f)	betjent (m)	['be'tjɛnt]
passeggero (m)	passasjer (m)	[pasa'ʂɛr]
controllore (m)	billett inspektør (m)	[bi'let inspɛk'tør]
corridoio (m)	korridor (m)	[kʉri'dɔr]
freno (m) di emergenza	nødbrems (m)	['nød͵brɛms]
scompartimento (m)	kupé (m)	[kʉ'pe]
cuccetta (f)	køye (m/f)	['køjə]
cuccetta (f) superiore	overkøye (m/f)	['ɔvər͵køjə]
cuccetta (f) inferiore	underkøye (m/f)	['ʉnər͵køjə]
biancheria (f) da letto	sengetøy (n)	['sɛŋə͵tøj]
biglietto (m)	billett (m)	[bi'let]
orario (m)	rutetabell (m)	['rʉtə͵ta'bɛl]
tabellone (m) orari	informasjonstavle (m/f)	[infɔrma'ʂʉns ͵tavlə]
partire (vi)	å avgå	[ɔ 'avgɔ]
partenza (f)	avgang (m)	['av͵gaŋ]
arrivare (di un treno)	å ankomme	[ɔ 'an͵kɔmə]
arrivo (m)	ankomst (m)	['an͵kɔmst]
arrivare con il treno	å ankomme med toget	[ɔ 'an͵kɔmə me 'tɔge]
salire sul treno	å gå på toget	[ɔ 'gɔ pɔ 'tɔge]
scendere dal treno	å gå av toget	[ɔ 'gɔ aː 'tɔge]
deragliamento (m)	togulykke (m/n)	['tɔg ʉ'lykə]
deragliare (vi)	å spore av	[ɔ 'spʉrə aː]
locomotiva (f) a vapore	damplokomotiv (n)	['damp lʉkɔmɔ'tiv]
fuochista (m)	fyrbøter (m)	['fyr͵bøtər]
forno (m)	fyrrom (n)	['fyr͵rʊm]
carbone (m)	kull (n)	['kʉl]

T&P Books. Vocabolario Italiano-Norvegese per studio autodidattico - 9000 parole

171. Nave

| nave (f) | skip (n) | ['ṣip] |
| imbarcazione (f) | fartøy (n) | ['fɑːˌtøj] |

piroscafo (m)	dampskip (n)	['dɑmpˌṣip]
barca (f) fluviale	elvebåt (m)	['ɛlvəˌbɔt]
transatlantico (m)	cruiseskip (n)	['krʉsˌṣip]
incrociatore (m)	krysser (m)	['krʏsər]

yacht (m)	jakt (m/f)	['jakt]
rimorchiatore (m)	bukserbåt (m)	[bʉk'serˌbɔt]
chiatta (f)	lastepram (m)	['lɑstəˌprɑm]
traghetto (m)	ferje, ferge (m/f)	['færjə], ['færgə]

| veliero (m) | seilbåt (n) | ['sæjlˌbɔt] |
| brigantino (m) | brigantin (m) | [brigɑn'tin] |

| rompighiaccio (m) | isbryter (m) | ['isˌbrytər] |
| sottomarino (m) | ubåt (m) | ['ʉːˌbɔt] |

barca (f)	båt (m)	['bɔt]
scialuppa (f)	jolle (m/f)	['jɔlə]
scialuppa (f) di salvataggio	livbåt (m)	['livˌbɔt]
motoscafo (m)	motorbåt (m)	['mɔtʊrˌbɔt]

capitano (m)	kaptein (m)	[kɑp'tæjn]
marittimo (m)	matros (m)	[mɑ'trʊs]
marinaio (m)	sjømann (m)	['ṣøˌmɑn]
equipaggio (m)	besetning (m/f)	[be'sɛtniŋ]

nostromo (m)	båtsmann (m)	['bɔsˌmɑn]
mozzo (m) di nave	skipsgutt, jungmann (m)	['ṣipsˌgʉt], ['jʉŋˌmɑn]
cuoco (m)	kokk (m)	['kʊk]
medico (m) di bordo	skipslege (m)	['ṣipsˌlegə]

ponte (m)	dekk (n)	['dɛk]
albero (m)	mast (m/f)	['mɑst]
vela (f)	seil (n)	['sæjl]

stiva (f)	lasterom (n)	['lɑstəˌrʊm]
prua (f)	baug (m)	['bæu]
poppa (f)	akterende (m)	['ɑktəˌrɛnə]
remo (m)	åre (m)	['oːrə]
elica (f)	propell (m)	[prʊ'pɛl]

cabina (f)	hytte (m)	['hʏte]
quadrato (m) degli ufficiali	offisersmesse (m/f)	[ɔfi'sɛrsˌmɛsə]
sala (f) macchine	maskinrom (n)	[mɑ'ṣinˌrʊm]
ponte (m) di comando	kommandobro (m/f)	[kɔ'mɑndʊˌbrʊ]
cabina (f) radiotelegrafica	radiorom (m)	['rɑdiʊˌrʊm]
onda (f)	bølge (m)	['bølgə]
giornale (m) di bordo	loggbok (m/f)	['lɔgˌbʊk]
cannocchiale (m)	langkikkert (m)	['lɑŋˌkikeːt]
campana (f)	klokke (m/f)	['klɔkə]

154

bandiera (f)	flagg (n)	['flɑg]
cavo (m) (~ d'ormeggio)	trosse (m/f)	['trʊsə]
nodo (m)	knute (m)	['knʉtə]

| ringhiera (f) | rekkverk (n) | ['rɛkˌværk] |
| passerella (f) | landgang (m) | ['lɑnˌgɑŋ] |

ancora (f)	anker (n)	['ɑŋkər]
levare l'ancora	å lette anker	[ɔ 'letə 'ɑŋkər]
gettare l'ancora	å kaste anker	[ɔ 'kɑstə 'ɑŋkər]
catena (f) dell'ancora	ankerkjetting (m)	['ɑŋkərˌçɛtiŋ]

porto (m)	havn (m/f)	['hɑvn]
banchina (f)	kai (m/f)	['kɑj]
ormeggiarsi (vr)	å fortøye	[ɔ fɔːˈtøjə]
salpare (vi)	å kaste loss	[ɔ 'kɑstə lɔs]

viaggio (m)	reise (m/f)	['ræjsə]
crociera (f)	cruise (n)	['krʉs]
rotta (f)	kurs (m)	['kʉʂ]
itinerario (m)	rute (m/f)	['rʉtə]

tratto (m) navigabile	seilrende (m)	['sæjlˌrɛnə]
secca (f)	grunne (m/f)	['grʉnə]
arenarsi (vr)	å gå på grunn	[ɔ 'gɔ pɔ 'grʉn]

tempesta (f)	storm (m)	['stɔrm]
segnale (m)	signal (n)	[siŋ'nɑl]
affondare (andare a fondo)	å synke	[ɔ 'sʏnkə]
Uomo in mare!	Mann over bord!	['mɑn ˌɔvər 'bʊr]
SOS	SOS (n)	[ɛsʊ'ɛs]
salvagente (m) anulare	livbøye (m/f)	['livˌbøjə]

172. Aeroporto

aeroporto (m)	flyplass (m)	['flyˌplɑs]
aereo (m)	fly (n)	['fly]
compagnia (f) aerea	flyselskap (n)	['flysəlˌskɑp]
controllore (m) di volo	flygeleder (m)	['flygəˌledər]

partenza (f)	avgang (m)	['ɑvˌgɑŋ]
arrivo (m)	ankomst (m)	['ɑnˌkɔmst]
arrivare (vi)	å ankomme	[ɔ 'ɑnˌkɔmə]

| ora (f) di partenza | avgangstid (m/f) | ['ɑvgɑŋsˌtid] |
| ora (f) di arrivo | ankomsttid (m/f) | [ɑn'kɔmsˌtid] |

| essere ritardato | å bli forsinket | [ɔ 'bli fɔ'ʂiŋkət] |
| volo (m) ritardato | avgangsforsinkelse (m) | ['ɑvgɑŋs fɔ'ʂiŋkəlsə] |

tabellone (m) orari	informasjonstavle (m/f)	[infɔrmɑ'ʂuns ˌtɑvlə]
informazione (f)	informasjon (m)	[infɔrmɑ'ʂun]
annunciare (vt)	å meddele	[ɔ 'mɛdˌdelə]
volo (m)	fly (n)	['fly]

T&P Books. Vocabolario Italiano-Norvegese per studio autodidattico - 9000 parole

| dogana (f) | toll (m) | ['tɔl] |
| doganiere (m) | tollbetjent (m) | ['tɔlbeˌtjɛnt] |

dichiarazione (f)	tolldeklarasjon (m)	['tɔldɛklara'ʂʊn]
riempire (~ una dichiarazione)	å utfylle	[ɔ 'ʉtˌfʏlə]
riempire una dichiarazione	å utfylle en tolldeklarasjon	[ɔ 'ʉtˌfʏlə en 'tɔldɛklaraˌʂʊn]
controllo (m) passaporti	passkontroll (m)	['paskʊnˌtrɔl]

bagaglio (m)	bagasje (m)	[ba'gaʂə]
bagaglio (m) a mano	håndbagasje (m)	['hɔnˌba'gaʂə]
carrello (m)	bagasjetralle (m/f)	[ba'gaʂəˌtralə]

atterraggio (m)	landing (m)	['lanɪŋ]
pista (f) di atterraggio	landingsbane (m)	['lanɪŋsˌbanə]
atterrare (vi)	å lande	[ɔ 'lanə]
scaletta (f) dell'aereo	trapp (m/f)	['trap]

check-in (m)	innsjekking (m/f)	['inˌʂɛkɪŋ]
banco (m) del check-in	innsjekkingsskranke (m)	['inˌʂɛkɪŋsˌskrankə]
fare il check-in	å sjekke inn	[ɔ 'ʂɛkə in]
carta (f) d'imbarco	boardingkort (n)	['bɔːdɪŋˌkɔːt]
porta (f) d'imbarco	gate (m/f)	['gejt]

transito (m)	transitt (m)	[tran'sit]
aspettare (vt)	å vente	[ɔ 'vɛntə]
sala (f) d'attesa	ventehall (m)	['vɛntəˌhal]
accompagnare (vt)	å ta avskjed	[ɔ 'ta 'afˌʂɛd]
congedarsi (vr)	å si farvel	[ɔ 'si far'vɛl]

173. Bicicletta. Motocicletta

bicicletta (f)	sykkel (m)	['sʏkəl]
motorino (m)	skooter (m)	['skutər]
motocicletta (f)	motorsykkel (m)	['motʊrˌsʏkəl]

andare in bicicletta	å sykle	[ɔ 'sʏklə]
manubrio (m)	styre (n)	['styrə]
pedale (m)	pedal (m)	[pe'dal]
freni (m pl)	bremser (m pl)	['brɛmsər]
sellino (m)	sete (n)	['setə]

pompa (f)	pumpe (m/f)	['pʉmpə]
portabagagli (m)	bagasjebrett (n)	[ba'gaʂəˌbrɛt]
fanale (m) anteriore	lykt (m/f)	['lʏkt]
casco (m)	hjelm (m)	['jɛlm]

ruota (f)	hjul (n)	['jʉl]
parafango (m)	skjerm (m)	['særm]
cerchione (m)	felg (m)	['fɛlg]
raggio (m)	eik (m/f)	['æjk]

156

Automobili

174. Tipi di automobile

automobile (f)	bil (m)	['bil]
auto (f) sportiva	sportsbil (m)	['spɔːts͜bil]
limousine (f)	limousin (m)	[limɵ'sin]
fuoristrada (m)	terrengbil (m)	[tɛ'rɛŋ͜bil]
cabriolet (m)	kabriolet (m)	[kabriʉ'le]
pulmino (m)	minibuss (m)	['mini͜bɵs]
ambulanza (f)	ambulanse (m)	[ambɵ'lansə]
spazzaneve (m)	snøplog (m)	['snø͜plɔg]
camion (m)	lastebil (m)	['lastə͜bil]
autocisterna (f)	tankbil (m)	['taŋk͜bil]
furgone (m)	skapbil (m)	['skap͜bil]
motrice (f)	trekkvogn (m/f)	['trɛk͜vɔŋn]
rimorchio (m)	tilhenger (m)	['til͜hɛŋər]
confortevole (agg)	komfortabel	[kʊmfɔː'tabəl]
di seconda mano	brukt	['brɵkt]

175. Automobili. Carrozzeria

cofano (m)	panser (n)	['pansər]
parafango (m)	skjerm (m)	['ʂærm]
tetto (m)	tak (n)	['tak]
parabrezza (m)	frontrute (m/f)	['frɔnt͜rɵtə]
retrovisore (m)	bakspeil (n)	['bak͜spæjl]
lavacristallo (m)	vindusspyler (m)	['vindɵs͜spylər]
tergicristallo (m)	viskerblader (n pl)	['viskəblaər]
finestrino (m) laterale	siderute (m/f)	['sidə͜rɵtə]
alzacristalli (m)	vindusheis (m)	['vindɵs͜hæjs]
antenna (f)	antenne (m)	[an'tɛnə]
tettuccio (m) apribile	takluke (m/f), soltak (n)	['tak͜lɵkə], ['sʊl͜tak]
paraurti (m)	støtfanger (m)	['støt͜faŋər]
bagagliaio (m)	bagasjerom (n)	[ba'gaʂə͜rʊm]
portapacchi (m)	takgrind (m/f)	['tak͜grin]
portiera (f)	dør (m/f)	['dœr]
maniglia (f)	dørhåndtak (n)	['dœr͜hɔntak]
serratura (f)	dørlås (m/n)	['dœr͜lɔs]
targa (f)	nummerskilt (n)	['nɵmər͜silt]
marmitta (f)	lyddemper (m)	['lyd͜dɛmpər]

T&P Books. Vocabolario Italiano-Norvegese per studio autodidattico - 9000 parole

| serbatoio (m) della benzina | bensintank (m) | [bɛn'sin‚tɑnk] |
| tubo (m) di scarico | eksosrør (n) | ['ɛksʉs‚rør] |

acceleratore (m)	gass (m)	['gɑs]
pedale (m)	pedal (m)	[pe'dɑl]
pedale (m) dell'acceleratore	gasspedal (m)	['gɑs pe'dɑl]

freno (m)	brems (m)	['brɛms]
pedale (m) del freno	bremsepedal (m)	['brɛmsə pe'dɑl]
frenare (vi)	å bremse	[ɔ 'brɛmsə]
freno (m) a mano	håndbrekk (n)	['hɔn‚brɛk]

frizione (f)	koppling (m)	['kɔpliŋ]
pedale (m) della frizione	kopplingspedal (m)	['kɔpliŋs pe'dɑl]
disco (m) della frizione	koplingsskive (m/f)	['kɔpliŋs‚sivə]
ammortizzatore (m)	støtdemper (m)	['støt‚dɛmpər]

ruota (f)	hjul (n)	['jʉl]
ruota (f) di scorta	reservehjul (n)	[re'sɛrvə‚jʉl]
pneumatico (m)	dekk (n)	['dɛk]
copriruota (m)	hjulkapsel (m)	['jʉl‚kɑpsəl]

ruote (f pl) motrici	drivhjul (n pl)	['driv‚jʉl]
a trazione anteriore	forhjulsdrevet	['fɔrjʉls‚drevət]
a trazione posteriore	bakhjulsdrevet	['bɑkjʉls‚drevət]
a trazione integrale	firehjulsdrevet	['firəjʉls‚drevət]

scatola (f) del cambio	girkasse (m/f)	['gir‚kɑsə]
automatico (agg)	automatisk	[ɑʉtʉ'mɑtisk]
meccanico (agg)	mekanisk	[me'kɑnisk]
leva (f) del cambio	girspak (m)	['gi‚spɑk]

| faro (m) | lyskaster (m) | ['lys‚kɑstər] |
| luci (f pl), fari (m pl) | lyskastere (m pl) | ['lys‚kɑstərə] |

luci (f pl) anabbaglianti	nærlys (n)	['nær‚lys]
luci (f pl) abbaglianti	fjernlys (n)	['fjæːn‚lys]
luci (f pl) di arresto	stopplys, bremselys (n)	['stɔp‚lys], ['brɛmsə‚lys]

luci (f pl) di posizione	parkeringslys (n)	[pɑr'keriŋs‚lys]
luci (f pl) di emergenza	varselblinklys (n)	['vɑsəl‚blink lys]
fari (m pl) antinebbia	tåkelys (n)	['toːkə‚lys]
freccia (f)	blinklys (n)	['blink‚lys]
luci (f pl) di retromarcia	baklys (n)	['bɑk‚lys]

176. Automobili. Vano passeggeri

abitacolo (m)	interiør (n), innredning (m/f)	[inter'jør], ['in‚rɛdniŋ]
di pelle	lær-	['lær-]
in velluto	velur	[ve'lʉr]
rivestimento (m)	trekk (n)	['trɛk]

| strumento (m) di bordo | instrument (n) | [instrʉ'mɛnt] |
| cruscotto (m) | dashbord (n) | ['dɑʂbɔːd] |

tachimetro (m)	speedometer (n)	[spidʉ'metər]
lancetta (f)	viser (m)	['visər]
contachilometri (m)	kilometerteller (m)	[çilu'metər‚tɛlər]
indicatore (m)	indikator (m)	[indi'katʉr]
livello (m)	nivå (n)	[ni'vo]
spia (f) luminosa	varsellampe (m/f)	['vaʂəl‚lampə]
volante (m)	ratt (n)	['rat]
clacson (m)	horn (n)	['hʉːŋ]
pulsante (m)	knapp (m)	['knap]
interruttore (m)	bryter (m)	['brytər]
sedile (m)	sete (n)	['setə]
spalliera (f)	seterygg (m)	['setə‚rʏg]
appoggiatesta (m)	nakkestøtte (m/f)	['nakə‚stœtə]
cintura (f) di sicurezza	sikkerhetsbelte (m)	['sikərhɛts‚bɛltə]
allacciare la cintura	å spenne fast sikkerhetsbeltet	[ɔ 'spɛnə fast 'sikərhets‚bɛltə]
regolazione (f)	justering (m/f)	[jʉ'steriŋ]
airbag (m)	kollisjonspute (m/f)	['kʊliʂʊns‚pʉtə]
condizionatore (m)	klimaanlegg (n)	['klima'an‚leg]
radio (f)	radio (m)	['radiʉ]
lettore (m) CD	CD-spiller (m)	['sɛdɛ ‚spilər]
accendere (vt)	å slå på	[ɔ 'ʂlɔ pɔ]
antenna (f)	antenne (m)	[an'tɛnə]
vano (m) portaoggetti	hanskerom (n)	['hanskə‚rʊm]
portacenere (m)	askebeger (n)	['askə‚begər]

177. Automobili. Motore

motore (m)	motor (m)	['mɔtʉr]
a diesel	diesel-	['disəl-]
a benzina	bensin-	[bɛn'sin-]
cilindrata (f)	motorvolum (n)	['mɔtʉr vɔ'lʉm]
potenza (f)	styrke (m)	['styrkə]
cavallo vapore (m)	hestekraft (m/f)	['hɛstə‚kraft]
pistone (m)	stempel (n)	['stɛmpəl]
cilindro (m)	sylinder (m)	[sy'lindər]
valvola (f)	ventil (m)	[vɛn'til]
iniettore (m)	injektor (m)	[i'njɛktʉr]
generatore (m)	generator (m)	[gene'ratʉr]
carburatore (m)	forgasser (m)	[fɔr'gasər]
olio (m) motore	motorolje (m)	['mɔtʉr‚ɔljə]
radiatore (m)	radiator (m)	[radi'atʉr]
liquido (m) di raffreddamento	kjølevæske (m/f)	['çœlə‚væskə]
ventilatore (m)	vifte (m/f)	['viftə]
batteria (f)	batteri (n)	[batɛ'ri]
motorino (m) d'avviamento	starter (m)	['staːʈər]

T&P Books. Vocabolario Italiano-Norvegese per studio autodidattico - 9000 parole

| accensione (f) | tenning (m/f) | ['tɛniŋ] |
| candela (f) d'accensione | tennplugg (m) | ['tɛn‚plʉg] |

morsetto (m)	klemme (m/f)	['klemə]
più (m)	plussklemme (m/f)	['plʉs‚klemə]
meno (m)	minusklemme (m/f)	['minʉs‚klemə]
fusibile (m)	sikring (m)	['sikriŋ]

filtro (m) dell'aria	luftfilter (n)	['lʉft‚filtər]
filtro (m) dell'olio	oljefilter (n)	['ɔljə‚filtər]
filtro (m) del carburante	brenselsfilter (n)	['brɛnsəls‚filtər]

178. Automobili. Incidente. Riparazione

incidente (m)	bilulykke (m/f)	['bil ʉ'lʏkə]
incidente (m) stradale	trafikkulykke (m/f)	[trɑ'fik ʉ'lʏkə]
sbattere contro ...	å kjøre inn i ...	[ɔ 'çœːrə in i ...]
avere un incidente	å havarere	[ɔ hɑvɑ'rerə]
danno (m)	skade (m)	['skɑdə]
illeso (agg)	uskadd	['ʉ‚skɑd]

guasto (m), avaria (f)	havari (n)	[hɑvɑ'ri]
essere rotto	å bryte sammen	[ɔ 'brytə 'sɑmən]
cavo (m) di rimorchio	slepetau (n)	['ʂlepə‚tɑʉ]

foratura (f)	punktering (m)	[pʉn'teriŋ]
essere a terra	å være punktert	[ɔ 'værə pʉnk'tɛːt]
gonfiare (vt)	å pumpe opp	[ɔ 'pʉmpə ɔp]
pressione (f)	trykk (n)	['lrʏk]
controllare (verificare)	å sjekke	[ɔ 'ʂɛkə]

riparazione (f)	reparasjon (m)	[repɑrɑ'ʂʉn]
officina (f) meccanica	bilverksted (n)	['bil 'værk‚sted]
pezzo (m) di ricambio	reservedel (m)	[re'sɛrvə‚del]
pezzo (m)	del (m)	['del]

bullone (m)	bolt (m)	['bɔlt]
bullone (m) a vite	skrue (m)	['skrʉə]
dado (m)	mutter (m)	['mʉtər]
rondella (f)	skive (m/f)	['ʂivə]
cuscinetto (m)	lager (n)	['lɑgər]

tubo (m)	rør (n)	['rør]
guarnizione (f)	pakning (m/f)	['pɑkniŋ]
filo (m), cavo (m)	ledning (m)	['ledniŋ]

cric (m)	jekk (m), donkraft (m/f)	['jɛk], ['dɔn‚krɑft]
chiave (f)	skrunøkkel (m)	['skrʉ‚nøkəl]
martello (m)	hammer (m)	['hɑmər]
pompa (f)	pumpe (m/f)	['pʉmpə]
giravite (m)	skrutrekker (m)	['skrʉ‚trɛkər]

| estintore (m) | brannslukker (n) | ['brɑn‚ʂlʉkər] |
| triangolo (m) di emergenza | varseltrekant (m) | ['vɑʂəl 'trɛ‚kɑnt] |

spegnersi (vr)	å skjære	[ɔ 'ʂæːrə]
spegnimento (m) motore	stans (m), stopp (m/n)	['stans], ['stɔp]
essere rotto	å være ødelagt	[ɔ 'værə 'ødəˌlakt]

surriscaldarsi (vr)	å bli overopphetet	[ɔ 'bli 'ɔvərɔpˌhetət]
intasarsi (vr)	å bli tilstoppet	[ɔ 'bli til'stɔpət]
ghiacciarsi (di tubi, ecc.)	å fryse	[ɔ 'frysə]
spaccarsi (vr)	å sprekke, å briste	[ɔ 'sprɛkə], [ɔ 'bristə]

pressione (f)	trykk (n)	['trʏk]
livello (m)	nivå (n)	[ni'vo]
lento (cinghia ~a)	slakk	['ʂlak]

ammaccatura (f)	bulk (m)	['bʉlk]
battito (m) (nel motore)	bankelyd (m), dunk (m/n)	['bankəˌlyd], ['dʉnk]
fessura (f)	sprekk (m)	['sprɛk]
graffiatura (f)	ripe (m/f)	['ripə]

179. Automobili. Strada

strada (f)	vei (m)	['væj]
autostrada (f)	hovedvei (m)	['hʊvədˌvæj]
superstrada (f)	motorvei (m)	['mɔtʊrˌvæj]
direzione (f)	retning (m/f)	['rɛtniŋ]
distanza (f)	avstand (m)	['afˌstan]

ponte (m)	bro (m/f)	['brʊ]
parcheggio (m)	parkeringsplass (m)	[par'keriŋsˌplas]
piazza (f)	torg (n)	['tɔr]
svincolo (m)	trafikkmaskin (m)	[trɑ'fik mɑˌʂin]
galleria (f), tunnel (m)	tunnel (m)	['tʉnəl]

distributore (m) di benzina	bensinstasjon (m)	[bɛn'sinˌstɑ'ʂʉn]
parcheggio (m)	parkeringsplass (m)	[par'keriŋsˌplas]
pompa (f) di benzina	bensinpumpe (m/f)	[bɛn'sinˌpʉmpə]
officina (f) meccanica	bilverksted (n)	['bil 'værkˌsted]
fare benzina	å tanke opp	[ɔ 'tankə ɔp]
carburante (m)	brensel (n)	['brɛnsəl]
tanica (f)	bensinkanne (m/f)	[bɛn'sinˌkanə]

asfalto (m)	asfalt (m)	['asˌfalt]
segnaletica (f) stradale	vegoppmerking (m/f)	['veg 'ɔpˌmærkiŋ]
cordolo (m)	fortauskant (m)	['fɔːtaʊsˌkant]
barriera (f) di sicurezza	autovern, veirekkverk (n)	['aʊtoˌværn], ['væjˌrekværk]
fosso (m)	veigrøft (m/f)	['væjˌɡrœft]
ciglio (m) della strada	veikant (m)	['væjˌkant]
lampione (m)	lyktestolpe (m)	['lʏktəˌstɔlpə]

guidare (~ un veicolo)	å kjøre	[ɔ 'çœːrə]
girare (~ a destra)	å svinge	[ɔ 'sviŋə]
fare un'inversione a U	å ta en U-sving	[ɔ 'tɑ en 'ʉːˌsviŋ]
retromarcia (m)	revers (m)	[re'væʂ]
suonare il clacson	å tute	[ɔ 'tʉtə]
colpo (m) di clacson	tut (n)	['tʉt]

T&P Books. Vocabolario Italiano-Norvegese per studio autodidattico - 9000 parole

incastrarsi (vr)	å kjøre seg fast	[ɔ 'çœːrə sæj 'fɑst]
impantanarsi (vr)	å spinne	[ɔ 'spinə]
spegnere (~ il motore)	å stanse	[ɔ 'stɑnsə]

velocità (f)	hastighet (m/f)	['hɑstiˌhet]
superare i limiti di velocità	å overskride fartsgrensen	[ɔ 'ɔvəˌskridə 'fɑːtsˌgrɛnsən]
multare (vt)	å gi bot	[ɔ 'ji 'bʉt]
semaforo (m)	trafikklys (n)	[trɑ'fikˌlys]
patente (f) di guida	førerkort (n)	['førərˌkɔːt]

passaggio (m) a livello	planovergang (m)	['plɑn 'ɔvərˌgɑŋ]
incrocio (m)	veikryss (n)	['væjkrʏs]
passaggio (m) pedonale	fotgjengerovergang (m)	['fʊtjɛŋər 'ɔvərˌgɑŋ]
curva (f)	kurve (m)	['kʉrvə]
zona (f) pedonale	gågate (m/f)	['goːˌgɑtə]

180. Segnaletica stradale

codice (m) stradale	trafikkregler (m pl)	[trɑ'fikˌrɛglər]
segnale (m) stradale	trafikkskilt (n)	[trɑ'fikˌsilt]
sorpasso (m)	forbikjøring (m/f)	['fɔrbiˌçœriŋ]
curva (f)	Sving	['sviŋ]
inversione ad U	u-sving, u-vending	['ʉːˌsviŋ], ['ʉːˌvɛniŋ]
rotatoria (f)	rundkjøring	['rʉnˌçœriŋ]

divieto d'accesso	Innkjøring forbudt	['in'çœriŋ fɔr'bʉt]
divieto di transito	Trafikkforbud	[trɑ'fik fɔrˌbʉt]
divieto di sorpasso	Forbikjøring forbudt	['fɔrbiˌçœriŋ fɔr'bʉt]
divieto di sosta	Parkering forbudt	[pɑr'keriŋ fɔr'bʉt]
divieto di fermata	Stans forbudt	['stɑns fɔr'bʉt]

curva (f) pericolosa	Farlig sving	['fɑːliˌsviŋ]
discesa (f) ripida	Bratt bakke	['brɑt ˌbɑkə]
senso (m) unico	Enveiskjøring	['ɛnvæjsˌsøriŋ]
passaggio (m) pedonale	fotgjengerovergang (m)	['fʊtjɛŋər 'ɔvərˌgɑŋ]
strada (f) scivolosa	Glatt kjørebane	['glɑt 'çœːrəˌbɑnə]
dare la precedenza	Vikeplikt	['vikəˌplikt]

162

GENTE. SITUAZIONI QUOTIDIANE

Situazioni quotidiane

181. Vacanze. Evento

festa (f)	fest (m)	['fɛst]
festa (f) nazionale	nasjonaldag (m)	[nɑʂʊ'nɑlˌdɑ]
festività (f) civile	festdag (m)	['fɛstˌdɑ]
festeggiare (vt)	å feire	[ɔ 'fæjrə]
avvenimento (m)	begivenhet (m/f)	[be'jivenˌhet]
evento (m) (organizzare un ~)	evenement (n)	[ɛvenə'mɑŋ]
banchetto (m)	bankett (m)	[bɑn'kɛt]
ricevimento (m)	resepsjon (m)	[resɛp'ʂʊn]
festino (m)	fest (n)	['fɛst]
anniversario (m)	årsdag (m)	['oːʂˌdɑ]
giubileo (m)	jubileum (n)	[jʉbi'leʉm]
festeggiare (vt)	å feire	[ɔ 'fæjrə]
Capodanno (m)	nytt år (n)	['nʏt ˌoːr]
Buon Anno!	Godt nytt år!	['gɔt nʏt ˌoːr]
Babbo Natale (m)	Julenissen	['jʉləˌnisən]
Natale (m)	Jul (m/f)	['jʉl]
Buon Natale!	Gledelig jul!	['gledəli 'jʉl]
Albero (m) di Natale	juletre (n)	['jʉləˌtrɛ]
fuochi (m pl) artificiali	fyrverkeri (n)	[ˌfyrværkə'ri]
nozze (f pl)	bryllup (n)	['brʏlʉp]
sposo (m)	brudgom (m)	['brʉdˌgɔm]
sposa (f)	brud (m/f)	['brʉd]
invitare (vt)	å innby, å invitere	[ɔ 'inby], [ɔ invi'terə]
invito (m)	innbydelse (m)	[in'bydəlse]
ospite (m)	gjest (m)	['jɛst]
andare a trovare	å besøke	[ɔ be'søkə]
accogliere gli invitati	å hilse på gjestene	[ɔ 'hilsə pɔ 'jɛstenə]
regalo (m)	gave (m/f)	['gɑvə]
offrire (~ un regalo)	å gi	[ɔ 'ji]
ricevere i regali	å få gaver	[ɔ 'fɔ 'gɑvər]
mazzo (m) di fiori	bukett (m)	[bʉ'kɛt]
auguri (m pl)	lykkønskning (m/f)	['lʏkˌønskniŋ]
augurare (vt)	å gratulere	[ɔ grɑtʉ'lerə]
cartolina (f)	gratulasjonskort (n)	[grɑtʉlɑ'ʂʊnsˌkoːt]

163

T&P Books. Vocabolario Italiano-Norvegese per studio autodidattico - 9000 parole

| mandare una cartolina | å sende postkort | [ɔ 'sɛnə 'pɔstˌkɔːt] |
| ricevere una cartolina | å få postkort | [ɔ 'fɔ 'pɔstˌkɔːt] |

brindisi (m)	skål (m/f)	['skɔl]
offrire (~ qualcosa da bere)	å tilby	[ɔ 'tilby]
champagne (m)	champagne (m)	[ʂɑm'pɑnjə]

divertirsi (vr)	å more seg	[ɔ 'mʉrə sæj]
allegria (f)	munterhet (m)	['mʉntərˌhet]
gioia (f)	glede (m/f)	['gledə]

| danza (f), ballo (m) | dans (m) | ['dɑns] |
| ballare (vi, vt) | å danse | [ɔ 'dɑnsə] |

| valzer (m) | vals (m) | ['vɑls] |
| tango (m) | tango (m) | ['tɑŋgʉ] |

182. Funerali. Sepoltura

cimitero (m)	gravplass, kirkegård (m)	['grɑvˌplɑs], ['çirkəˌgɔːr]
tomba (f)	grav (m)	['grɑv]
croce (f)	kors (n)	['kɔːʂ]
pietra (f) tombale	gravstein (m)	['grɑfˌstæjn]
recinto (m)	gjerde (n)	['jærə]
cappella (f)	kapell (n)	[kɑ'pɛl]

morte (f)	død (m)	['dø]
morire (vi)	å dø	[ɔ 'dø]
defunto (m)	den avdøde	[den 'ɑvˌdødə]
lutto (m)	sorg (m/f)	['sɔr]

seppellire (vt)	å begrave	[ɔ be'grɑvə]
sede (f) di pompe funebri	begravelsesbyrå (n)	[be'grɑvəlsəs byˌro]
funerale (m)	begravelse (m)	[be'grɑvəlsə]

corona (f) di fiori	krans (m)	['krɑns]
bara (f)	likkiste (m/f)	['likˌçistə]
carro (m) funebre	likbil (m)	['likˌbil]
lenzuolo (m) funebre	likklede (n)	['likˌkledə]

corteo (m) funebre	gravfølge (n)	['grɑvˌfølgə]
urna (f) funeraria	askeurne (m/f)	['ɑskəˌʉːnə]
crematorio (m)	krematorium (n)	[krɛmɑ'tʉrium]

necrologio (m)	nekrolog (m)	[nekrʉ'lɔg]
piangere (vi)	å gråte	[ɔ 'groːtə]
singhiozzare (vi)	å hulke	[ɔ 'hʉlkə]

183. Guerra. Soldati

| plotone (m) | tropp (m) | ['trɔp] |
| compagnia (f) | kompani (n) | [kʉmpɑ'ni] |

reggimento (m)	regiment (n)	[rɛgi'mɛnt]
esercito (m)	hær (m)	['hær]
divisione (f)	divisjon (m)	[divi'ʂʊn]
distaccamento (m)	tropp (m)	['trɔp]
armata (f)	hær (m)	['hær]
soldato (m)	soldat (m)	[sʊl'dɑt]
ufficiale (m)	offiser (m)	[ɔfi'sɛr]
soldato (m) semplice	menig (m)	['meni]
sergente (m)	sersjant (m)	[sær'ʂɑnt]
tenente (m)	løytnant (m)	['løjt̩nɑnt]
capitano (m)	kaptein (m)	[kɑp'tæjn]
maggiore (m)	major (m)	[mɑ'jɔr]
colonnello (m)	oberst (m)	['ʊbɛʂt]
generale (m)	general (m)	[gene'rɑl]
marinaio (m)	sjømann (m)	['ʂø̩mɑn]
capitano (m)	kaptein (m)	[kɑp'tæjn]
nostromo (m)	båtsmann (m)	['bɔs̩mɑn]
artigliere (m)	artillerist (m)	[ˌɑːʈile'rist]
paracadutista (m)	fallskjermjeger (m)	['fɑlˌʂærm 'jɛːgər]
pilota (m)	flyger, flyver (m)	['flygər], ['flyvər]
navigatore (m)	styrmann (m)	['styr̩mɑn]
meccanico (m)	mekaniker (m)	[me'kɑnikər]
geniere (m)	pioner (m)	[piʊ'ner]
paracadutista (m)	fallskjermhopper (m)	['fɑlˌʂærm 'hɔpər]
esploratore (m)	oppklaringssoldat (m)	['ɔpˌklɑriŋ sʊl'dɑt]
cecchino (m)	skarpskytte (m)	['skɑrpˌʂʏtə]
pattuglia (f)	patrulje (m)	[pɑ'trʉlje]
pattugliare (vt)	å patruljere	[ɔ patrʉ'ljerə]
sentinella (f)	vakt (m)	['vɑkt]
guerriero (m)	kriger (m)	['krigər]
patriota (m)	patriot (m)	[pɑtri'ɔt]
eroe (m)	helt (m)	['hɛlt]
eroina (f)	heltinne (m)	['hɛlt̩inə]
traditore (m)	forræder (m)	[fɔ'rædər]
tradire (vt)	å forråde	[ɔ fɔ'rɔːdə]
disertore (m)	desertør (m)	[desæː'tør]
disertare (vi)	å desertere	[ɔ desæː'terə]
mercenario (m)	leiesoldat (m)	['læjəsʊlˌdɑt]
recluta (f)	rekrutt (m)	[re'krʉt]
volontario (m)	frivillig (m)	['friˌvili]
ucciso (m)	drept (m)	['drɛpt]
ferito (m)	såret (m)	['soːrə]
prigioniero (m) di guerra	fange (m)	['fɑŋə]

184. Guerra. Azioni militari. Parte 1

guerra (f)	krig (m)	['krig]
essere in guerra	å være i krig	[ɔ 'værə i ˌkrig]
guerra (f) civile	borgerkrig (m)	['bɔrgərˌkrig]

perfidamente	lumsk, forræderisk	['lʉmsk], [fɔ'rædərisk]
dichiarazione (f) di guerra	krigserklæring (m)	['krigs ærˌklæriŋ]
dichiarare (~ guerra)	å erklære	[ɔ ær'klærə]
aggressione (f)	aggresjon (m)	[agre'ʂʉn]
attaccare (vt)	å angripe	[ɔ 'anˌgripə]

invadere (vt)	å invadere	[ɔ inva'derə]
invasore (m)	angriper (m)	['anˌgripər]
conquistatore (m)	erobrer (m)	[ɛ'rʉbrər]

difesa (f)	forsvar (n)	['fʊˌsvar]
difendere (~ un paese)	å forsvare	[ɔ fɔ'ʂvarə]
difendersi (vr)	å forsvare seg	[ɔ fɔ'ʂvarə sæj]

nemico (m)	fiende (m)	['fiɛndə]
avversario (m)	motstander (m)	['mʊtˌstanər]
ostile (agg)	fiendtlig	['fjɛntli]

| strategia (f) | strategi (m) | [strɑte'gi] |
| tattica (f) | taktikk (m) | [tɑk'tik] |

ordine (m)	ordre (m)	['ɔrdrə]
comando (m)	ordre, kommando (m/f)	['ɔrdrə], ['kʊ'mandʊ]
ordinare (vt)	å beordre	[ɔ be'ɔrdrə]
missione (f)	oppdrag (m)	['ɔpdrɑg]
segreto (agg)	hemmelig	['hɛməli]

battaglia (f)	batalje (m)	[bɑ'tɑljə]
battaglia (f)	slag (n)	['ʂlɑg]
combattimento (m)	kamp (m)	['kɑmp]

attacco (m)	angrep (n)	['anˌgrɛp]
assalto (m)	storm (m)	['stɔrm]
assalire (vt)	å storme	[ɔ 'stɔrmə]
assedio (m)	beleiring (m/f)	[be'læjriŋ]

| offensiva (f) | offensiv (m), angrep (n) | ['ɔfenˌsif], ['anˌgrɛp] |
| passare all'offensiva | å angripe | [ɔ 'anˌgripə] |

| ritirata (f) | retrett (m) | [rɛ'trɛt] |
| ritirarsi (vr) | å retirere | [ɔ reti'rerə] |

| accerchiamento (m) | omringing (m/f) | ['ɔmˌriŋiŋ] |
| accerchiare (vt) | å omringe | [ɔ 'ɔmˌriŋə] |

bombardamento (m)	bombing (m/f)	['bʊmbiŋ]
lanciare una bomba	å slippe bombe	[ɔ 'ʂlipə 'bʊmbə]
bombardare (vt)	å bombardere	[ɔ bʊmbɑ:'derə]
esplosione (f)	eksplosjon (m)	[ɛksplʉ'ʂʉn]

sparo (m)	skudd (n)	['skʉd]
sparare un colpo	å skyte av	[ɔ 'ṣytə ɑː]
sparatoria (f)	skytning (m/f)	['ṣytniŋ]

puntare su ...	å sikte på ...	[ɔ 'siktə pɔ ...]
puntare (~ una pistola)	å rette	[ɔ 'rɛtə]
colpire (~ il bersaglio)	å treffe	[ɔ 'trɛfə]

affondare (mandare a fondo)	å senke	[ɔ 'sɛnkə]
falla (f)	hull (n)	['hʉl]
affondare (andare a fondo)	å synke	[ɔ 'sʏnkə]

fronte (m) (~ di guerra)	front (m)	['frɔnt]
evacuazione (f)	evakuering (m/f)	[ɛvɑkʉ'eriŋ]
evacuare (vt)	å evakuere	[ɔ ɛvɑkʉ'erə]

trincea (f)	skyttergrav (m)	['ṣytəˌgrɑv]
filo (m) spinato	piggtråd (m)	['pigˌtrɔd]
sbarramento (m)	hinder (n), sperring (m/f)	['hindər], ['spɛriŋ]
torretta (f) di osservazione	vakttårn (n)	['vɑktˌtoːn]

ospedale (m) militare	militærsykehus (n)	[mili'tærˌsykə'hʉs]
ferire (vt)	å såre	[ɔ 'soːrə]
ferita (f)	sår (n)	['sɔr]
ferito (m)	såret (n)	['soːrə]
rimanere ferito	å bli såret	[ɔ 'bli 'soːrət]
grave (ferita ~)	alvorlig	[ɑl'vɔːli]

185. Guerra. Azioni militari. Parte 2

prigionia (f)	fangeskap (n)	['fɑŋəˌskɑp]
fare prigioniero	å ta til fange	[ɔ 'tɑ til 'fɑŋə]
essere prigioniero	å være i fangeskap	[ɔ 'værə i 'fɑŋəˌskɑp]
essere fatto prigioniero	å bli tatt til fange	[ɔ 'bli tɑt til 'fɑŋə]

campo (m) di concentramento	konsentrasjonsleir (m)	[kʉnsəntrɑ'ʂʉnsˌlæjr]
prigioniero (m) di guerra	fange (m)	['fɑŋə]
fuggire (vi)	å flykte	[ɔ 'flʏktə]

tradire (vt)	å forråde	[ɔ fɔ'rɔːdə]
traditore (m)	forræder (m)	[fɔ'rædər]
tradimento (m)	forræderi (n)	[fɔrædə'ri]

| fucilare (vt) | å henrette ved skyting | [ɔ 'hɛnˌrɛtə ve 'ṣytiŋ] |
| fucilazione (f) | skyting (m/f) | ['ṣytiŋ] |

divisa (f) militare	mundering (m/f)	[mʉn'dɛriŋ]
spallina (f)	skulderklaff (m)	['skʉldərˌklɑf]
maschera (f) antigas	gassmaske (m/f)	['gɑsˌmɑskə]

radiotrasmettitore (m)	feltradio (m)	['fɛltˌrɑdiʉ]
codice (m)	chiffer (n)	['ṣifər]
complotto (m)	hemmeligholdelse (m)	['hɛməliˌhɔləlsə]
parola (f) d'ordine	passord (n)	['pɑsˌuːr]

T&P Books. Vocabolario Italiano-Norvegese per studio autodidattico - 9000 parole

mina (f)	mine (m/f)	['minə]
minare (~ la strada)	å minelegge	[ɔ 'minə‚legə]
campo (m) minato	minefelt (n)	['minə‚fɛlt]

allarme (m) aereo	flyalarm (m)	['fly ɑ'lɑrm]
allarme (m)	alarm (m)	[ɑ'lɑrm]
segnale (m)	signal (n)	[siŋ'nɑl]
razzo (m) di segnalazione	signalrakett (m)	[siŋ'nɑl rɑ'kɛt]

quartier (m) generale	stab (m)	['stɑb]
esplorazione (f)	oppklaring (m/f)	['ɔp‚klɑriŋ]
situazione (f)	situasjon (m)	[sitʉɑ'ʂʊn]
rapporto (m)	rapport (m)	[rɑ'pɔːt]
agguato (m)	bakhold (n)	['bɑk‚hɔl]
rinforzo (m)	forsterkning (m/f)	[fɔ'ʂtærkniŋ]
bersaglio (m)	mål (n)	['mol]
terreno (m) di caccia	skytefelt (n)	['ṣytə‚fɛlt]
manovre (f pl)	manøverer (m pl)	[mɑ'nøvər]

panico (m)	panikk (m)	[pɑ'nik]
devastazione (f)	ødeleggelse (m)	['ødə‚legəlsə]
distruzione (m)	ruiner (m pl)	[rʉ'inər]
distruggere (vt)	å ødelegge	[ɔ 'ødə‚legə]

sopravvivere (vi, vt)	å overleve	[ɔ 'ovə‚levə]
disarmare (vt)	å avvæpne	[ɔ 'ɑv‚væpnə]
maneggiare (una pistola, ecc.)	å handtere	[ɔ hɑn'terə]

| Attenti! | Rett! \| Gi-akt! | ['rɛt], ['jiː'ɑkt] |
| Riposo! | Hvil! | ['vil] |

atto (m) eroico	bedrift (m)	[be'drift]
giuramento (m)	ed (m)	['ɛd]
giurare (vi)	å sverge	[ɔ 'sværgə]

decorazione (f)	belønning (m/f)	[be'lœniŋ]
decorare (qn)	å belønne	[ɔ be'lœnə]
medaglia (f)	medalje (m)	[me'dɑljə]
ordine (m) (~ al Merito)	orden (m)	['ɔrdən]

vittoria (f)	seier (m)	['sæjər]
sconfitta (m)	nederlag (n)	['nedə‚lɑg]
armistizio (m)	våpenhvile (m)	['vɔpən‚vilə]

bandiera (f)	fane (m)	['fɑnə]
gloria (f)	berømmelse (m)	[be'rœməlsə]
parata (f)	parade (m)	[pɑ'rɑdə]
marciare (in parata)	å marsjere	[ɔ mɑ'ʂerə]

186. Armi

| armi (f pl) | våpen (n) | ['vɔpən] |
| arma (f) da fuoco | skytevåpen (n) | ['ṣytə‚vɔpən] |

arma (f) bianca	blankvåpen (n)	['blɑŋk‚vɔpən]
armi (f pl) chimiche	kjemisk våpen (n)	['çemisk ‚vɔpən]
nucleare (agg)	kjerne-	['çæːnə-]
armi (f pl) nucleari	kjernevåpen (n)	['çæːnə‚vɔpən]

| bomba (f) | bombe (m) | ['bʊmbə] |
| bomba (f) atomica | atombombe (m) | [ɑ'tʊm‚bʊmbə] |

pistola (f)	pistol (m)	[pi'stʊl]
fucile (m)	gevær (n)	[ge'vær]
mitra (m)	maskinpistol (m)	[mɑ'ʂin pi‚stʊl]
mitragliatrice (f)	maskingevær (n)	[mɑ'ʂin ge‚vær]

bocca (f)	munning (m)	['mʉniŋ]
canna (f)	løp (n)	['løp]
calibro (m)	kaliber (m/n)	[kɑ'libər]

grilletto (m)	avtrekker (m)	['ɑv‚trɛkər]
mirino (m)	sikte (n)	['siktə]
caricatore (m)	magasin (n)	[mɑgɑ'sin]
calcio (m)	kolbe (m)	['kɔlbə]

| bomba (f) a mano | håndgranat (m) | ['hɔn‚grɑ'nɑt] |
| esplosivo (m) | sprengstoff (n) | ['sprɛŋ‚stɔf] |

pallottola (f)	kule (m/f)	['kʉːlə]
cartuccia (f)	patron (m)	[pɑ'trʊn]
carica (f)	ladning (m)	['lɑdniŋ]
munizioni (f pl)	ammunisjon (m)	[ɑmʉni'ʂʊn]

bombardiere (m)	bombefly (n)	['bʊmbə‚fly]
aereo (m) da caccia	jagerfly (n)	['jɑgər‚fly]
elicottero (m)	helikopter (n)	[heli'kɔptər]

cannone (m) antiaereo	luftvernkanon (m)	['lʉftvɛːɳ kɑ'nʊn]
carro (m) armato	stridsvogn (m/f)	['strids‚vɔŋn]
cannone (m)	kanon (m)	[kɑ'nʊn]

artiglieria (f)	artilleri (n)	[‚ɑːʈile'ri]
cannone (m)	kanon (m)	[kɑ'nʊn]
mirare a …	å rette	[ɔ 'rɛtə]

proiettile (m)	projektil (m)	[prʊek'til]
granata (f) da mortaio	granat (m/f)	[grɑ'nɑt]
mortaio (m)	granatkaster (m)	[grɑ'nɑt‚kɑstər]
scheggia (f)	splint (m)	['splint]

sottomarino (m)	ubåt (m)	['ʉː‚bɔt]
siluro (m)	torpedo (m)	[tʊr'pedʊ]
missile (m)	rakett (m)	[rɑ'kɛt]

caricare (~ una pistola)	å lade	[ɔ 'lɑdə]
sparare (vi)	å skyte	[ɔ 'ʂytə]
puntare su …	å sikte på …	[ɔ 'siktə pɔ …]
baionetta (f)	bajonett (m)	[bɑjo'nɛt]
spada (f)	kårde (m)	['kɔːrdə]

T&P Books. Vocabolario Italiano-Norvegese per studio autodidattico - 9000 parole

sciabola (f)	sabel (m)	['sɑbəl]
lancia (f)	spyd (n)	['spyd]
arco (m)	bue (m)	['bʉːə]
freccia (f)	pil (m/f)	['pil]
moschetto (m)	muskett (m)	[mʉ'skɛt]
balestra (f)	armbrøst (m)	['arm‚brøst]

187. Gli antichi

primitivo (agg)	ur-	['ʉr-]
preistorico (agg)	forhistorisk	['fɔrhi‚stʉrisk]
antico (agg)	oldtidens, antikkens	['ɔl‚tidəns], [ɑn'tikəns]

Età (f) della pietra	Steinalderen	['stæjn‚ɑlderən]
Età (f) del bronzo	bronsealder (m)	['brɔnsə‚ɑldər]
epoca (f) glaciale	istid (m/f)	['is‚tid]

tribù (f)	stamme (m)	['stɑmə]
cannibale (m)	kannibal (m)	[kɑni'bɑl]
cacciatore (m)	jeger (m)	['jɛːgər]
cacciare (vt)	å jage	[ɔ 'jagə]
mammut (m)	mammut (m)	['mɑmʉt]

caverna (f), grotta (f)	grotte (m/f)	['grɔtə]
fuoco (m)	ild (m)	['il]
falò (m)	bål (n)	['bɔl]
pittura (f) rupestre	helleristning (m/f)	['hɛlə‚ristniŋ]

strumento (m) di lavoro	redskap (m/n)	['rɛd‚skɑp]
lancia (f)	spyd (n)	['spyd]
ascia (f) di pietra	steinøks (m/f)	['stæjn‚øks]
essere in guerra	å være i krig	[ɔ 'værə i ‚krig]
addomesticare (vt)	å temme	[ɔ 'tɛmə]

| idolo (m) | idol (n) | [i'dʉl] |
| idolatrare (vt) | å dyrke | [ɔ 'dyrkə] |

| superstizione (f) | overtro (m) | ['ɔvə‚trʉ] |
| rito (m) | ritual (n) | [ritʉ'ɑl] |

| evoluzione (f) | evolusjon (m) | [ɛvɔlʉ'ʂʉn] |
| sviluppo (m) | utvikling (m/f) | ['ʉt‚vikliŋ] |

| estinzione (f) | forsvinning (m/f) | [fɔ'ʂviniŋ] |
| adattarsi (vr) | å tilpasse seg | [ɔ 'til‚pɑsə sæj] |

archeologia (f)	arkeologi (m)	[‚ɑrkeʉlʉ'gi]
archeologo (m)	arkeolog (m)	[‚ɑrkeʉ'lɔg]
archeologico (agg)	arkeologisk	[‚ɑrkeʉ'lɔgisk]

sito (m) archeologico	utgravingssted (n)	['ʉt‚gɑviŋs ‚sted]
scavi (m pl)	utgravinger (m/f pl)	['ʉt‚gɑviŋər]
reperto (m)	funn (n)	['fʉn]
frammento (m)	fragment (n)	[frɑg'mɛnt]

188. Il Medio Evo

popolo (m)	folk (n)	['fɔlk]
popoli (m pl)	folk (n pl)	['fɔlk]
tribù (f)	stamme (m)	['stɑmə]
tribù (f pl)	stammer (m pl)	['stɑmər]

barbari (m pl)	barbarer (m pl)	[bɑr'bɑrər]
galli (m pl)	gallere (m pl)	['gɑlere]
goti (m pl)	gotere (m pl)	['gɔterə]
slavi (m pl)	slavere (m pl)	['slɑvɛrə]
vichinghi (m pl)	vikinger (m pl)	['vikiŋər]

romani (m pl)	romere (m pl)	['rʊmerə]
romano (agg)	romersk	['rʊmæʂk]

bizantini (m pl)	bysantiner (m pl)	[bysɑn'tinər]
Bisanzio (m)	Bysants	[by'sɑnts]
bizantino (agg)	bysantinsk	[bysɑn'tinsk]

imperatore (m)	keiser (m)	['kæjsər]
capo (m)	høvding (m)	['høvdiŋ]
potente (un re ~)	mektig	['mɛkti]
re (m)	konge (m)	['kʊŋə]
governante (m) (sovrano)	hersker (m)	['hæʂkər]

cavaliere (m)	ridder (m)	['ridər]
feudatario (m)	føydalherre (m)	['føjdɑl,hɛrə]
feudale (agg)	føydal	['føjdɑl]
vassallo (m)	vasall (m)	[vɑ'sɑl]

duca (m)	hertug (m)	['hæːtʉg]
conte (m)	greve (m)	['grevə]
barone (m)	baron (m)	[bɑ'rʊn]
vescovo (m)	biskop (m)	['biskɔp]

armatura (f)	rustning (m/f)	['rʉstniŋ]
scudo (m)	skjold (n)	['ʂɔl]
spada (f)	sverd (n)	['sværd]
visiera (f)	visir (n)	[vi'sir]
cotta (f) di maglia	ringbrynje (m/f)	['riŋ,brynje]

crociata (f)	korstog (n)	['kɔːʂ,tɔg]
crociato (m)	korsfarer (m)	['kɔːʂ,fɑrər]

territorio (m)	territorium (n)	[tɛri'tʊrium]
attaccare (vt)	å angripe	[ɔ 'ɑn,gripə]
conquistare (vt)	å erobre	[ɔ ɛ'rʊbrə]
occupare (invadere)	å okkupere	[ɔ ɔkʉ'perə]

assedio (m)	beleiring (m/f)	[be'læjriŋ]
assediato (agg)	beleiret	[be'læjrət]
assediare (vt)	å beleire	[ɔ be'læjre]
inquisizione (f)	inkvisisjon (m)	[inkvisi'ʂʊn]
inquisitore (m)	inkvisitor (m)	[inkvi'sitʊr]

T&P Books. Vocabolario Italiano-Norvegese per studio autodidattico - 9000 parole

tortura (f)	tortur (m)	[tɔ:'tʉr]
crudele (agg)	brutal	[brʉ'tal]
eretico (m)	kjetter (m)	['çɛtər]
eresia (f)	kjetteri (n)	[çɛtə'ri]

navigazione (f)	sjøfart (m)	['sø͜,fɑ:t]
pirata (m)	pirat, sjørøver (m)	['pi'rɑt], ['sø͜,røvər]
pirateria (f)	sjørøveri (n)	['sø røvɛ'ri]
arrembaggio (m)	entring (m/f)	['ɛntriŋ]
bottino (m)	bytte (n)	['bʏtə]
tesori (m)	skatter (m pl)	['skɑtər]

scoperta (f)	oppdagelse (m)	['ɔp͜,dɑɡəlsə]
scoprire (~ nuove terre)	å oppdage	[ɔ 'ɔp͜,dɑɡə]
spedizione (f)	ekspedisjon (m)	[ɛkspedi'ʂʉn]

moschettiere (m)	musketer (m)	[mʉskə'ter]
cardinale (m)	kardinal (m)	[kɑːdi'nɑl]
araldica (f)	heraldikk (m)	[herɑl'dik]
araldico (agg)	heraldisk	[he'rɑldisk]

189. Leader. Capo. Le autorità

re (m)	konge (m)	['kʊŋə]
regina (f)	dronning (m/f)	['drɔniŋ]
reale (agg)	kongelig	['kʊŋəli]
regno (m)	kongerike (n)	['kʊŋə͜,rikə]

| principe (m) | prins (m) | ['prins] |
| principessa (f) | prinsesse (m/f) | [prin'sɛsə] |

presidente (m)	president (m)	[prɛsi'dɛnt]
vicepresidente (m)	visepresident (m)	['visə prɛsi'dɛnt]
senatore (m)	senator (m)	[se'nɑtʊr]

monarca (m)	monark (m)	[mʊ'nɑrk]
governante (m) (sovrano)	hersker (m)	['hæʂkər]
dittatore (m)	diktator (m)	[dik'tɑtʊr]
tiranno (m)	tyrann (m)	[ty'rɑn]
magnate (m)	magnat (m)	[mɑŋ'nɑt]

direttore (m)	direktør (m)	[dirɛk'tør]
capo (m)	sjef (m)	['ʂɛf]
dirigente (m)	forstander (m)	[fɔ'ʂtɑndər]
capo (m)	boss (m)	['bɔs]
proprietario (m)	eier (m)	['æjər]

leader (m)	leder (m)	['ledər]
capo (m) (~ delegazione)	leder (m)	['ledər]
autorità (f pl)	myndigheter (m pl)	['mʏndi͜,hetər]
superiori (m pl)	overordnede (pl)	['ɔvər͜,ɔrdnedə]

| governatore (m) | guvernør (m) | [gʉver'nør] |
| console (m) | konsul (m) | ['kʊn͜,sʉl] |

172

diplomatico (m)	diplomat (m)	[diplʉ'mɑt]
sindaco (m)	borgermester (m)	[bɔrgər'mɛstər]
sceriffo (m)	sheriff (m)	[ʂɛ'rif]

imperatore (m)	keiser (m)	['kæjsər]
zar (m)	tsar (m)	['tsɑr]
faraone (m)	farao (m)	['fɑrɑu]
khan (m)	khan (m)	['kɑn]

190. Strada. Via. Indicazioni

| strada (f) | vei (m) | ['væj] |
| cammino (m) | vei (m) | ['væj] |

superstrada (f)	motorvei (m)	['mɔtʉrˌvæj]
autostrada (f)	hovedvei (m)	['hʉvədˌvæj]
strada (f) statale	riksvei (m)	['riksˌvæj]

| strada (f) principale | hovedvei (m) | ['hʉvədˌvæj] |
| strada (f) sterrata | bygdevei (m) | ['bʏgdəˌvæj] |

| viottolo (m) | sti (m) | ['sti] |
| sentiero (m) | sti (m) | ['sti] |

Dove? (~ è?)	Hvor?	['vʉr]
Dove? (~ vai?)	Hvorhen?	['vʉrhen]
Di dove?, Da dove?	Hvorfra?	['vʉrfrɑ]

| direzione (f) | retning (m/f) | ['rɛtniŋ] |
| indicare (~ la strada) | å peke | [ɔ 'pekə] |

a sinistra (girare ~)	til venstre	[til 'vɛnstrə]
a destra (girare ~)	til høyre	[til 'højrə]
dritto (avv)	rett frem	['rɛt frem]
indietro (tornare ~)	tilbake	[til'bɑkə]

curva (f)	kurve (m)	['kʉrvə]
girare (~ a destra)	å svinge	[ɔ 'sviŋə]
fare un'inversione a U	å ta en U-sving	[ɔ 'tɑ en 'ʉːˌsviŋ]

| essere visibile | å være synlig | [ɔ 'værə 'sʏnli] |
| apparire (vi) | å vise seg | [ɔ 'visə sæj] |

sosta (f) (breve fermata)	stopp (m), hvile (m/f)	['stɔp], ['vilə]
riposarsi, fermarsi (vr)	å hvile	[ɔ 'vilə]
riposo (m)	hvile (m/f)	['vilə]

perdersi (vr)	å gå seg vill	[ɔ 'gɔ sæj 'vil]
portare verso ...	å føre til ...	[ɔ 'førə til ...]
raggiungere (arrivare a)	å komme ut ...	[ɔ 'kɔmə ʉt ...]
tratto (m) di strada	strekning (m)	['strɛkniŋ]

| asfalto (m) | asfalt (m) | ['ɑsˌfɑlt] |
| cordolo (m) | fortauskant (m) | ['fɔːtɑʊsˌkɑnt] |

fosso (m)	veigrøft (m/f)	['væj̸grœft]
tombino (m)	kum (m), kumlokk (n)	['kʉm], ['kʉm̸lɔk]
ciglio (m) della strada	veikant (m)	['væj̸kɑnt]
buca (f)	grop (m/f)	['grʊp]

| andare (a piedi) | å gå | [ɔ 'gɔ] |
| sorpassare (vt) | å passere | [ɔ pɑ'serə] |

| passo (m) | skritt (n) | ['skrit] |
| a piedi | til fots | [til 'fʊts] |

sbarrare (~ la strada)	å sperre	[ɔ 'spɛrə]
sbarra (f)	bom (m)	['bʊm]
vicolo (m) cieco	blindgate (m/f)	['blin̸gɑtə]

191. Infrangere la legge. Criminali. Parte 1

bandito (m)	banditt (m)	[bɑn'dit]
delitto (m)	forbrytelse (m)	[fɔr'brytəlsə]
criminale (m)	forbryter (m)	[fɔr'brytər]

| ladro (m) | tyv (m) | ['tyv] |
| rubare (vi, vt) | å stjele | [ɔ 'stjelə] |

rapire (vt)	å kidnappe	[ɔ 'kid̸nɛpə]
rapimento (m)	kidnapping (m)	['kid̸nɛpiŋ]
rapitore (m)	kidnapper (m)	['kid̸nɛpər]

| riscatto (m) | løsepenger (m pl) | ['løsə̸pɛŋər] |
| chiedere il riscatto | å kreve løsepenger | [ɔ 'krevə 'løsə̸pɛŋər] |

rapinare (vt)	å rane	[ɔ 'rɑnə]
rapina (f)	ran (n)	['rɑn]
rapinatore (m)	raner (m)	['rɑnər]

estorcere (vt)	å presse ut	[ɔ 'prɛsə ʉt]
estorsore (m)	utpresser (m)	['ʉt̸prɛsər]
estorsione (f)	utpressing (m/f)	['ʉt̸prɛsiŋ]

uccidere (vt)	å myrde	[ɔ 'myːdə]
assassinio (m)	mord (n)	['mʊr]
assassino (m)	morder (m)	['mʊrdər]

sparo (m)	skudd (n)	['skʉd]
tirare un colpo	å skyte av	[ɔ 'ʂytə ɑː]
abbattere (con armi da fuoco)	å skyte ned	[ɔ 'ʂytə ne]
sparare (vi)	å skyte	[ɔ 'ʂytə]
sparatoria (f)	skyting, skytning (m/f)	['ʂytiŋ], ['ʂytniŋ]

incidente (m) (rissa, ecc.)	hendelse (m)	['hɛndəlsə]
rissa (f)	slagsmål (n)	['ʂlɑks̸mol]
Aiuto!	Hjelp!	['jɛlp]
vittima (f)	offer (n)	['ɔfər]
danneggiare (vt)	å skade	[ɔ 'skɑdə]

danno (m)	skade (m)	['skadə]
cadavere (m)	lik (n)	['lik]
grave (reato ~)	alvorlig	[al'vɔːli]

aggredire (vt)	å anfalle	[ɔ 'anˌfalə]
picchiare (vt)	å slå	[ɔ 'ʂlɔ]
malmenare (picchiare)	å klå opp	[ɔ 'klɔ ɔp]
sottrarre (vt)	å berøve	[ɔ be'røvə]
accoltellare a morte	å stikke i hjel	[ɔ 'stikə i 'jel]
mutilare (vt)	å lemleste	[ɔ 'lemˌlestə]
ferire (vt)	å såre	[ɔ 'soːrə]

ricatto (m)	utpressing (m/f)	['ʉtˌprɛsiŋ]
ricattare (vt)	å utpresse	[ɔ 'ʉtˌprɛsə]
ricattatore (m)	utpresser (m)	['ʉtˌprɛsər]

estorsione (f)	utpressing (m/f)	['ʉtˌprɛsiŋ]
estortore (m)	utpresser (m)	['ʉtˌprɛsər]
gangster (m)	gangster (m)	['gɛŋstər]
mafia (f)	mafia (m)	['mafia]

borseggiatore (m)	lommetyv (m)	['lʊməˌtyv]
scassinatore (m)	innbruddstyv (m)	['inbrʉdsˌtyv]
contrabbando (m)	smugling (m/f)	['smʉgliŋ]
contrabbandiere (m)	smugler (m)	['smʉglər]

falsificazione (f)	forfalskning (m/f)	[fɔr'falskniŋ]
falsificare (vt)	å forfalske	[ɔ fɔr'falskə]
falso, falsificato (agg)	falsk	['falsk]

192. Infrangere la legge. Criminali. Parte 2

stupro (m)	voldtekt (m)	['vɔlˌtɛkt]
stuprare (vt)	å voldta	[ɔ 'vɔlˌta]
stupratore (m)	voldtektsmann (m)	['vɔlˌtɛkts man]
maniaco (m)	maniker (m)	['manikər]

prostituta (f)	prostituert (m)	[prʊstitʉ'eːt]
prostituzione (f)	prostitusjon (f)	[prʊstitʉ'ʂʊn]
magnaccia (m)	hallik (m)	['halik]

| drogato (m) | narkoman (m) | [narkʊ'man] |
| trafficante (m) di droga | narkolanger (m) | ['narkɔˌlaŋər] |

far esplodere	å sprenge	[ɔ 'sprɛŋə]
esplosione (f)	eksplosjon (m)	[ɛksplʊ'ʂʊn]
incendiare (vt)	å sette fyr	[ɔ 'sɛtə ˌfyr]
incendiario (m)	brannstifter (m)	['branˌstiftər]

terrorismo (m)	terrorisme (m)	[tɛrʊ'rismə]
terrorista (m)	terrorist (m)	[tɛrʊ'rist]
ostaggio (m)	gissel (m)	['jisəl]
imbrogliare (vt)	å bedra	[ɔ be'dra]
imbroglio (m)	bedrag (n)	[be'drag]

T&P Books. Vocabolario Italiano-Norvegese per studio autodidattico - 9000 parole

imbroglione (m)	bedrager, svindler (m)	[be'drɑgər], ['svindlər]
corrompere (vt)	å bestikke	[ɔ be'stikə]
corruzione (f)	bestikkelse (m)	[be'stikəlsə]
bustarella (f)	bestikkelse (m)	[be'stikəlsə]

veleno (m)	gift (m/f)	['jift]
avvelenare (vt)	å forgifte	[ɔ fɔr'jiftə]
avvelenarsi (vr)	å forgifte seg selv	[ɔ fɔr'jiftə sæj sɛl]

| suicidio (m) | selvmord (n) | ['sɛl‚mʊr] |
| suicida (m) | selvmorder (m) | ['sɛl‚mʊrdər] |

minacciare (vt)	å true	[ɔ 'trʉə]
minaccia (f)	trussel (m)	['trʉsəl]
attentare (vi)	å begå mordforsøk	[ɔ be'gɔ 'mʊrdfɔ‚søk]
attentato (m)	mordforsøk (n)	['mʊrdfɔ‚søk]

| rubare (~ una macchina) | å stjele | [ɔ 'stjelə] |
| dirottare (~ un aereo) | å kapre | [ɔ 'kɑprə] |

| vendetta (f) | hevn (m) | ['hɛvn] |
| vendicare (vt) | å hevne | [ɔ 'hɛvnə] |

torturare (vt)	å torturere	[ɔ tɔːtʉ'rerə]
tortura (f)	tortur (m)	[tɔːˈtʉr]
maltrattare (vt)	å plage	[ɔ 'plɑgə]

pirata (m)	pirat, sjørøver (m)	['pi'rɑt], ['ʂø‚røvər]
teppista (m)	bølle (m)	['bølə]
armato (agg)	bevæpnet	[be'væpnət]
violenza (f)	vold (m)	['vɔl]
illegale (agg)	illegal	['ile‚gɑl]

| spionaggio (m) | spionasje (m) | [spiʉ'nɑʂə] |
| spiare (vi) | å spionere | [ɔ spiʉ'nerə] |

193. Polizia. Legge. Parte 1

| giustizia (f) | justis (m), rettspleie (m/f) | ['jʉ'stis], ['rɛts‚plæje] |
| tribunale (m) | rettssal (m) | ['rɛts‚sɑl] |

giudice (m)	dommer (m)	['dɔmər]
giurati (m)	lagrettemedlemmer (n pl)	['lɑg‚rɛtə medle'mer]
processo (m) con giuria	lagrette, juryordning (m)	['lɑg‚rɛtə], ['jʉri‚ɔrdniŋ]
giudicare (vt)	å dømme	[ɔ 'dœmə]

avvocato (m)	advokat (m)	[ɑdvʊ'kɑt]
imputato (m)	anklaget (m)	['ɑn‚klɑget]
banco (m) degli imputati	anklagebenk (m)	[ɑn'klɑgə‚bɛnk]

accusa (f)	anklage (m)	['ɑn‚klɑgə]
accusato (m)	anklagede (m)	['ɑn‚klɑgedə]
condanna (f)	dom (m)	['dɔm]
condannare (vt)	å dømme	[ɔ 'dœmə]

colpevole (m)	skyldige (m)	['syldiə]
punire (vt)	å straffe	[ɔ 'strafə]
punizione (f)	straff, avstraffelse (m)	['straf], ['af‚strafəlsə]

multa (f), ammenda (f)	bot (m/f)	['bʊt]
ergastolo (m)	livsvarig fengsel (n)	['lifs‚vari 'fɛŋsəl]
pena (f) di morte	dødsstraff (m/f)	['død‚straf]
sedia (f) elettrica	elektrisk stol (m)	[ɛ'lektrisk ‚stʊl]
impiccagione (f)	galge (m)	['galgə]

| giustiziare (vt) | å henrette | [ɔ 'hɛn‚rɛtə] |
| esecuzione (f) | henrettelse (m) | ['hɛn‚rɛtəlsə] |

| prigione (f) | fengsel (n) | ['fɛŋsəl] |
| cella (f) | celle (m) | ['sɛlə] |

scorta (f)	eskorte (m)	[ɛs'kɔ:tə]
guardia (f) carceraria	fangevokter (m)	['faŋə‚vɔktər]
prigioniero (m)	fange (m)	['faŋə]

| manette (f pl) | håndjern (n pl) | ['hɔn‚jæ:n] |
| mettere le manette | å sette håndjern | [ɔ 'sɛtə 'hɔn‚jæ:n] |

fuga (f)	flykt (m/f)	['flʏkt]
fuggire (vi)	å flykte, å rømme	[ɔ 'flʏktə], [ɔ 'rœmə]
scomparire (vi)	å forsvinne	[ɔ fɔ'svinə]
liberare (vt)	å løslate	[ɔ 'løs‚latə]
amnistia (f)	amnesti (m)	[amnɛ'sti]

polizia (f)	politi (n)	[pʊli'ti]
poliziotto (m)	politi (m)	[pʊli'ti]
commissariato (m)	politistasjon (m)	[pʊli'ti‚sta'ʂʊn]
manganello (m)	gummikølle (m/f)	['gʊmi‚kølə]
altoparlante (m)	megafon (m)	[mega'fʊn]

macchina (f) di pattuglia	patruljebil (m)	[pa'trʉljə‚bil]
sirena (f)	sirene (m/f)	[si'renə]
mettere la sirena	å slå på sirenen	[ɔ 'ʂlɔ pɔ si'renən]
suono (m) della sirena	sirene hyl (n)	[si'renə ‚hyl]

luogo (m) del crimine	åsted (n)	['ɔsted]
testimone (m)	vitne (n)	['vitnə]
libertà (f)	frihet (m)	['fri‚het]
complice (m)	medskyldig (m)	['mɛ‚syldi]
fuggire (vi)	å flykte	[ɔ 'flʏktə]
traccia (f)	spor (n)	['spʊr]

194. Polizia. Legge. Parte 2

ricerca (f) (~ di un criminale)	ettersøking (m/f)	['ɛtə‚søkin]
cercare (vt)	å søke etter ...	[ɔ 'søkə ‚ɛtər ...]
sospetto (m)	mistanke (m)	['mis‚tankə]
sospetto (agg)	mistenkelig	[mis'tɛnkəli]
fermare (vt)	å stoppe	[ɔ 'stɔpə]

T&P Books. Vocabolario Italiano-Norvegese per studio autodidattico - 9000 parole

arrestare (qn)	å anholde	[ɔ 'anˌhɔlə]
causa (f)	sak (m/f)	['sɑk]
inchiesta (f)	etterforskning (m/f)	['ɛtərˌfɔʂkniŋ]
detective (m)	detektiv (m)	[detɛk'tiv]
investigatore (m)	etterforsker (m)	['ɛtərˌfɔʂkər]
versione (f)	versjon (m)	[væ'ʂʊn]

movente (m)	motiv (n)	[mʊ'tiv]
interrogatorio (m)	forhør (n)	[fɔr'hør]
interrogare (sospetto)	å forhøre	[ɔ fɔr'hørə]
interrogare (vicini)	å avhøre	[ɔ 'ɑvˌhørə]
controllo (m) (~ di polizia)	sjekking (m/f)	['ʂɛkiŋ]

retata (f)	rassia, razzia (m)	['rɑsiɑ]
perquisizione (f)	ransakelse (m)	['rɑnˌsɑkəlsə]
inseguimento (m)	jakt (m/f)	['jɑkt]
inseguire (vt)	å forfølge	[ɔ fɔr'følə]
essere sulle tracce	å spore	[ɔ 'spʊrə]

arresto (m)	arrest (m)	[ɑ'rɛst]
arrestare (qn)	å arrestere	[ɔ ɑrɛ'sterə]
catturare (~ un ladro)	å fange	[ɔ 'fɑŋə]
cattura (f)	pågripelse (m)	['pɔˌgripəlsə]

documento (m)	dokument (n)	[dɔkʉ'mɛnt]
prova (f), reperto (m)	bevis (n)	[be'vis]
provare (vt)	å bevise	[ɔ be'visə]
impronta (f) del piede	fotspor (n)	['fʊtˌspʊr]
impronte (f pl) digitali	fingeravtrykk (n pl)	['fiŋərˌɑvtrʏk]
elemento (m) di prova	bevis (n)	[be'vis]

alibi (m)	alibi (n)	['ɑlibi]
innocente (agg)	uskyldig	[ʉ'ʂyldi]
ingiustizia (f)	urettferdighet (m)	['ʉrɛtfærdiˌhet]
ingiusto (agg)	urettferdig	['ʉrɛtˌfærdi]

criminale (agg)	kriminell	[krimi'nɛl]
confiscare (vt)	å konfiskere	[ɔ kʊnfi'skerə]
droga (f)	narkotika (m)	[nɑr'kɔtikɑ]
armi (f pl)	våpen (n)	['vɔpən]
disarmare (vt)	å avvæpne	[ɔ 'ɑvˌværpnə]
ordinare (vt)	å befale	[ɔ be'fɑlə]
sparire (vi)	å forsvinne	[ɔ fɔ'ʂvinə]

legge (f)	lov (m)	['lɔv]
legale (agg)	lovlig	['lɔvli]
illegale (agg)	ulovlig	[ʉ'lɔvli]

| responsabilità (f) | ansvar (n) | ['ɑnˌsvɑr] |
| responsabile (agg) | ansvarlig | [ɑns'vɑːli] |

LA NATURA

La Terra. Parte 1

195. L'Universo

cosmo (m)	rommet, kosmos (n)	['rʊmə], ['kɔsmɔs]
cosmico, spaziale (agg)	rom-	['rʊm-]
spazio (m) cosmico	ytre rom (n)	['ytrə ˌrʊm]
mondo (m)	verden (m)	['værdən]
universo (m)	univers (n)	[ʉni'væş]
galassia (f)	galakse (m)	[gɑ'lɑksə]
stella (f)	stjerne (m/f)	['stjæːnə]
costellazione (f)	stjernebilde (n)	['stjæːnəˌbildə]
pianeta (m)	planet (m)	[plɑ'net]
satellite (m)	satellitt (m)	[sɑtɛ'lit]
meteorite (m)	meteoritt (m)	[meteʊ'rit]
cometa (f)	komet (m)	[kʊ'met]
asteroide (m)	asteroide (n)	[ɑsterʊ'idə]
orbita (f)	bane (m)	['bɑnə]
ruotare (vi)	å rotere	[ɔ rɔ'terə]
atmosfera (f)	atmosfære (m)	[ɑtmʊ'sfærə]
il Sole	Solen	['sʊlən]
sistema (m) solare	solsystem (n)	['sʊl sʏ'stem]
eclisse (f) solare	solformørkelse (m)	['sʊl fɔr'mœrkəlsə]
la Terra	Jorden	['juːrən]
la Luna	Månen	['moːnən]
Marte (m)	Mars	['mɑş]
Venere (f)	Venus	['venʉs]
Giove (m)	Jupiter	['jʉpitər]
Saturno (m)	Saturn	['sɑˌtʉːn]
Mercurio (m)	Merkur	[mær'kʉr]
Urano (m)	Uranus	[ʉ'rɑnʉs]
Nettuno (m)	Neptun	[nɛp'tʉn]
Plutone (m)	Pluto	['plʉtʊ]
Via (f) Lattea	Melkeveien	['mɛlkəˌvæjən]
Orsa (f) Maggiore	den Store Bjørn	['dən 'stʊrə ˌbjœːŋ]
Stella (f) Polare	Nordstjernen, Polaris	['nuːrˌstjæːnən], [pɔ'lɑris]
marziano (m)	marsbeboer (m)	['mɑşˌbebʊər]
extraterrestre (m)	utenomjordisk vesen (n)	['ʉtənɔmˌjuːrdisk 'vesən]

T&P Books. Vocabolario Italiano-Norvegese per studio autodidattico - 9000 parole

| alieno (m) | romvesen (n) | ['rʊmˌvesən] |
| disco (m) volante | flygende tallerken (m) | ['flygenə ta'lærkən] |

nave (f) spaziale	romskip (n)	['rʊmˌʂip]
stazione (f) spaziale	romstasjon (m)	['rʊmˌsta'ʂʊn]
lancio (m)	start (m), oppskyting (m/f)	['stɑːt], ['ɔpˌʂytiŋ]

motore (m)	motor (m)	['mɔtʊr]
ugello (m)	dyse (m)	['dysə]
combustibile (m)	brensel (n), drivstoff (n)	['brɛnsəl], ['drifˌstɔf]

cabina (f) di pilotaggio	cockpit (m), flydekk (n)	['kɔkpit], ['flyˌdɛk]
antenna (f)	antenne (m)	[an'tɛnə]
oblò (m)	koøye (n)	['kʊˌøjə]
batteria (f) solare	solbatteri (n)	['sʊl batɛ'ri]
scafandro (m)	romdrakt (m/f)	['rʊmˌdrakt]

| imponderabilità (f) | vektløshet (m/f) | ['vɛktløsˌhet] |
| ossigeno (m) | oksygen (n) | ['ɔksy'gen] |

| aggancio (m) | dokking (m/f) | ['dɔkiŋ] |
| agganciarsi (vr) | å dokke | [ɔ 'dɔkə] |

osservatorio (m)	observatorium (n)	[ɔbsərva'tʊrium]
telescopio (m)	teleskop (n)	[tele'skʊp]
osservare (vt)	å observere	[ɔ ɔbsɛr'verə]
esplorare (vt)	å utforske	[ɔ 'ʉtˌføʂkə]

196. La Terra

la Terra	Jorden	['juːrən]
globo (m) terrestre	jordklode (m)	['juːrˌklɔdə]
pianeta (m)	planet (m)	[pla'net]

atmosfera (f)	atmosfære (m)	[atmʊ'sfærə]
geografia (f)	geografi (m)	[geʊgra'fi]
natura (f)	natur (m)	[na'tʉr]

mappamondo (m)	globus (m)	['glɔbʉs]
carta (f) geografica	kart (n)	['kɑːt]
atlante (m)	atlas (n)	['atlas]

| Europa (f) | Europa | [ɛʉ'rʊpa] |
| Asia (f) | Asia | ['asia] |

| Africa (f) | Afrika | ['afrika] |
| Australia (f) | Australia | [aʉ'stralia] |

America (f)	Amerika	[a'merika]
America (f) del Nord	Nord-Amerika	['nuːr a'merika]
America (f) del Sud	Sør-Amerika	['sør a'merika]

| Antartide (f) | Antarktis | [an'tarktis] |
| Artico (m) | Arktis | ['arktis] |

197. Punti cardinali

nord (m)	nord (n)	['nuːr]
a nord	mot nord	[mʊt 'nuːr]
al nord	i nord	[i 'nuːr]
del nord (agg)	nordlig	['nuːrli]
sud (m)	syd, sør	['syd], ['sør]
a sud	mot sør	[mʊt 'sør]
al sud	i sør	[i 'sør]
del sud (agg)	sydlig, sørlig	['sydli], ['søːli]
ovest (m)	vest (m)	['vɛst]
a ovest	mot vest	[mʊt 'vɛst]
all'ovest	i vest	[i 'vɛst]
dell'ovest, occidentale	vestlig, vest-	['vɛstli]
est (m)	øst (m)	['øst]
a est	mot øst	[mʊt 'øst]
all'est	i øst	[i 'øst]
dell'est, orientale	østlig	['østli]

198. Mare. Oceano

mare (m)	hav (n)	['hɑv]
oceano (m)	verdenshav (n)	[værdəns'hɑv]
golfo (m)	bukt (m/f)	['bʉkt]
stretto (m)	sund (n)	['sʉn]
terra (f) (terra firma)	fastland (n)	['fɑstˌlɑn]
continente (m)	fastland, kontinent (n)	['fɑstˌlɑn], [kʊnti'nɛnt]
isola (f)	øy (m/f)	['øj]
penisola (f)	halvøy (m/f)	['hɑlˌøːj]
arcipelago (m)	skjærgård (m), arkipelag (n)	['ʂærˌgɔr], [ɑrkipe'lɑg]
baia (f)	bukt (m/f)	['bʉkt]
porto (m)	havn (m/f)	['hɑvn]
laguna (f)	lagune (m)	[lɑ'gʉnə]
capo (m)	nes (n), kapp (n)	['nes], ['kɑp]
atollo (m)	atoll (m)	[ɑ'tɔl]
scogliera (f)	rev (n)	['rev]
corallo (m)	korall (m)	[kʊ'rɑl]
barriera (f) corallina	korallrev (n)	[kʊ'rɑlˌrɛv]
profondo (agg)	dyp	['dyp]
profondità (f)	dybde (m)	['dybdə]
abisso (m)	avgrunn (m)	['ɑvˌgrʉn]
fossa (f) (~ delle Marianne)	dyphavsgrop (m/f)	['dyphɑfsˌgrɔp]
corrente (f)	strøm (m)	['strøm]
circondare (vt)	å omgi	[ɔ 'ɔmˌji]
litorale (m)	kyst (m)	['çyst]

T&P Books. Vocabolario Italiano-Norvegese per studio autodidattico - 9000 parole

costa (f)	kyst (m)	['çyst]
alta marea (f)	flo (m/f)	['flʊ]
bassa marea (f)	ebbe (m), fjære (m/f)	['ɛbə], ['fjærə]
banco (m) di sabbia	sandbanke (m)	['san͵bankə]
fondo (m)	bunn (m)	['bʉn]

onda (f)	bølge (m)	['bølgə]
cresta (f) dell'onda	bølgekam (m)	['bølgə͵kam]
schiuma (f)	skum (n)	['skʉm]

tempesta (f)	storm (m)	['stɔrm]
uragano (m)	orkan (m)	[ɔr'kan]
tsunami (m)	tsunami (m)	[tsʉ'nami]
bonaccia (f)	stille (m/f)	['stilə]
tranquillo (agg)	stille	['stilə]

| polo (m) | pol (m) | ['pʊl] |
| polare (agg) | pol-, polar | ['pʊl-], [pʊ'lar] |

latitudine (f)	bredde, latitude (m)	['brɛdə], ['lati͵tʉdə]
longitudine (f)	lengde (m/f)	['leŋdə]
parallelo (m)	breddegrad (m)	['brɛdə͵grad]
equatore (m)	ekvator (m)	[ɛ'kvatʊr]

cielo (m)	himmel (m)	['himəl]
orizzonte (m)	horisont (m)	[hʊri'sɔnt]
aria (f)	luft (f)	['lʉft]

faro (m)	fyr (n)	['fyr]
tuffarsi (vr)	å dykke	[ɔ 'dʏkə]
affondare (andare a fondo)	å synke	[ɔ 'sʏnkə]
tesori (m)	skatter (m pl)	['skatər]

199. Nomi dei mari e degli oceani

Oceano (m) Atlantico	Atlanterhavet	[at'lantər͵have]
Oceano (m) Indiano	Indiahavet	['india͵have]
Oceano (m) Pacifico	Stillehavet	['stilə͵have]
mar (m) Glaciale Artico	Polhavet	['pɔl͵have]

mar (m) Nero	Svartehavet	['sva:tə͵have]
mar (m) Rosso	Rødehavet	['rødə͵have]
mar (m) Giallo	Gulehavet	['gʉlə͵have]
mar (m) Bianco	Kvitsjøen, Hvitehavet	['kvit͵sø:n], ['vit͵have]

mar (m) Caspio	Kaspihavet	['kaspi͵have]
mar (m) Morto	Dødehavet	['dødə'have]
mar (m) Mediterraneo	Middelhavet	['midəl͵have]

| mar (m) Egeo | Egeerhavet | [ɛ'ge:ər͵have] |
| mar (m) Adriatico | Adriahavet | ['adria͵have] |

| mar (m) Arabico | Arabiahavet | [a'rabia͵have] |
| mar (m) del Giappone | Japanhavet | ['japan͵have] |

| mare (m) di Bering | Beringhavet | ['beriŋˌhavə] |
| mar (m) Cinese meridionale | Sør-Kina-havet | ['sørˌçina 'havə] |

mar (m) dei Coralli	Korallhavet	[kʊ'ralˌhavə]
mar (m) di Tasman	Tasmanhavet	[tas'manˌhavə]
mar (m) dei Caraibi	Karibhavet	[ka'ribˌhavə]

| mare (m) di Barents | Barentshavet | ['barɛnsˌhavə] |
| mare (m) di Kara | Karahavet | ['karaˌhavə] |

mare (m) del Nord	Nordsjøen	['nuːrˌʂøːn]
mar (m) Baltico	Østersjøen	['østəˌʂøːn]
mare (m) di Norvegia	Norskehavet	['nɔʂkəˌhavə]

200. Montagne

monte (m), montagna (f)	fjell (n)	['fjɛl]
catena (f) montuosa	fjellkjede (m)	['fjɛlˌçɛːdə]
crinale (m)	fjellrygg (m)	['fjɛlˌrʏg]

cima (f)	topp (m)	['tɔp]
picco (m)	tind (m)	['tin]
piedi (m pl)	fot (m)	['fʊt]
pendio (m)	skråning (m)	['skrɔniŋ]

vulcano (m)	vulkan (m)	[vʉl'kan]
vulcano (m) attivo	virksom vulkan (m)	['virksɔm vʉl'kan]
vulcano (m) inattivo	utslukt vulkan (m)	['ʉtˌslʉkt vʉl'kan]

eruzione (f)	utbrudd (n)	['ʉtˌbrʉd]
cratere (m)	krater (n)	['kratər]
magma (m)	magma (m/n)	['magma]
lava (f)	lava (m)	['lava]
fuso (lava ~a)	glødende	['glødənə]

canyon (m)	canyon (m)	['kanjən]
gola (f)	gjel (n), kløft (m)	['jel], ['klœft]
crepaccio (m)	renne (m/f)	['rɛnə]
precipizio (m)	avgrunn (m)	['avˌgrʉn]

passo (m), valico (m)	pass (n)	['pas]
altopiano (m)	platå (n)	[pla'to]
falesia (f)	klippe (m)	['klipə]
collina (f)	ås (m)	['ɔs]

ghiacciaio (m)	bre, jøkel (m)	['bre], ['jøkəl]
cascata (f)	foss (m)	['fɔs]
geyser (m)	geysir (m)	['gɛjsir]
lago (m)	innsjø (m)	['in'ʂø]

pianura (f)	slette (m/f)	['ʂletə]
paesaggio (m)	landskap (n)	['lanˌskap]
eco (f)	ekko (n)	['ɛkʊ]
alpinista (m)	alpinist (m)	[alpi'nist]

scalatore (m)   fjellklatrer (m)   ['fjɛlˌklɑtrər]
conquistare (~ una cima)   å erobre   [ɔ ɛ'rubrə]
scalata (f)   bestigning (m/f)   [be'stigniŋ]

201. Nomi delle montagne

Alpi (f pl)   Alpene   ['ɑlpenə]
Monte (m) Bianco   Mont Blanc   [ˌmɔn'blɑn]
Pirenei (m pl)   Pyreneene   [pyre'neːənə]

Carpazi (m pl)   Karpatene   [kɑr'pɑtenə]
gli Urali (m pl)   Uralfjellene   [u'rɑl ˌfjɛlenə]
Caucaso (m)   Kaukasus   ['kaukasus]
Monte (m) Elbrus   Elbrus   [ɛl'brus]

Monti (m pl) Altai   Altaj   [ɑl'tɑj]
Tien Shan (m)   Tien Shan   [ti'enˌsɑn]
Pamir (m)   Pamir   [pɑ'mir]
Himalaia (m)   Himalaya   [himɑ'lɑjɑ]
Everest (m)   Everest   ['ɛve'rɛst]

Ande (f pl)   Andes   ['ɑndəs]
Kilimangiaro (m)   Kilimanjaro   [kilimɑn'dʂɑru]

202. Fiumi

fiume (m)   elv (m/f)   ['ɛlv]
fonte (f) (sorgente)   kilde (m)   ['çildə]
letto (m) (~ del fiume)   elveleie (n)   ['ɛlvəˌlæje]
bacino (m)   flodbasseng (n)   ['flud bɑˌseŋ]
sfociare nel …   å munne ut …   [ɔ 'munə ut …]

affluente (m)   bielv (m/f)   ['biˌelv]
riva (f)   bredd (m)   ['brɛd]

corrente (f)   strøm (m)   ['strøm]
a valle   medstrøms   ['meˌstrøms]
a monte   motstrøms   ['mutˌstrøms]

inondazione (f)   oversvømmelse (m)   ['ɔvəˌsvœməlsə]
piena (f)   flom (m)   ['flɔm]
straripare (vi)   å overflø   [ɔ 'ɔvərˌflø]
inondare (vt)   å oversvømme   [ɔ 'ɔvəˌsvœmə]

secca (f)   grunne (m/f)   ['grunə]
rapida (f)   stryk (m/n)   ['stryk]

diga (f)   demning (m)   ['dɛmniŋ]
canale (m)   kanal (m)   [kɑ'nɑl]
bacino (m) di riserva   reservoar (n)   [resɛrvu'ɑr]
chiusa (f)   sluse (m)   ['ʂlusə]
specchio (m) d'acqua   vannmasse (m)   ['vɑnˌmɑsə]

palude (f)	myr, sump (m)	['myr], ['sʉmp]
pantano (m)	hengemyr (m)	['hɛŋeˌmyr]
vortice (m)	virvel (m)	['virvəl]

ruscello (m)	bekk (m)	['bɛk]
potabile (agg)	drikke-	['drikə-]
dolce (di acqua ~)	fersk-	['fæʂk-]

| ghiaccio (m) | is (m) | ['is] |
| ghiacciarsi (vr) | å fryse til | [ɔ 'frysə til] |

203. Nomi dei fiumi

| Senna (f) | Seine | ['sɛːn] |
| Loira (f) | Loire | [luˈɑːr] |

Tamigi (m)	Themsen	['tɛmsən]
Reno (m)	Rhinen	['riːnən]
Danubio (m)	Donau	['dɔnaʊ]

Volga (m)	Volga	['vɔlga]
Don (m)	Don	['dɔn]
Lena (f)	Lena	['lena]

Fiume (m) Giallo	Huang He	[ˌhwɑnˈhɛ]
Fiume (m) Azzurro	Yangtze	['jaɲtse]
Mekong (m)	Mekong	[meˈkɔŋ]
Gange (m)	Ganges	['gaŋes]

Nilo (m)	Nilen	['nilən]
Congo (m)	Kongo	['kɔngʊ]
Okavango	Okavango	[ʊkaˈvangʊ]
Zambesi (m)	Zambezi	[samˈbesi]
Limpopo (m)	Limpopo	[limpɔˈpɔ]
Mississippi (m)	Mississippi	['misiˈsipi]

204. Foresta

| foresta (f) | skog (m) | ['skʊg] |
| forestale (agg) | skog- | ['skʊg-] |

foresta (f) fitta	tett skog (n)	['tɛt ˌskʊg]
boschetto (m)	lund (m)	['lʉn]
radura (f)	glenne (m/f)	['glenə]

| roveto (m) | krattskog (m) | ['krɑtˌskʊg] |
| boscaglia (f) | kratt (n) | ['krɑt] |

sentiero (m)	sti (m)	['sti]
calanco (m)	ravine (m)	[rɑˈvinə]
albero (m)	tre (n)	['trɛ]
foglia (f)	blad (n)	['blɑ]

T&P Books. Vocabolario Italiano-Norvegese per studio autodidattico - 9000 parole

fogliame (m)	løv (n)	['løv]
caduta (f) delle foglie	løvfall (n)	['løv‚fal]
cadere (vi)	å falle	[ɔ 'falə]
cima (f)	tretopp (m)	['trɛ‚tɔp]

ramo (m), ramoscello (m)	kvist, gren (m)	['kvist], ['gren]
ramo (m)	gren, grein (m/f)	['gren], ['græjn]
gemma (f)	knopp (m)	['knɔp]
ago (m)	nål (m/f)	['nɔl]
pigna (f)	kongle (m/f)	['kʊŋlə]

cavità (f)	trehull (n)	['trɛ‚hʉl]
nido (m)	reir (n)	['ræjr]
tana (f) (del fox, ecc.)	hule (m/f)	['hʉlə]

tronco (m)	stamme (m)	['stɑmə]
radice (f)	rot (m/f)	['rʊt]
corteccia (f)	bark (m)	['bɑrk]
musco (m)	mose (m)	['mʊsə]

sradicare (vt)	å rykke opp med roten	[ɔ 'rʏkə ɔp me 'rutən]
abbattere (~ un albero)	å felle	[ɔ 'fɛlə]
disboscare (vt)	å hogge ned	[ɔ 'hɔgə 'ne]
ceppo (m)	stubbe (m)	['stʉbə]

falò (m)	bål (n)	['bɔl]
incendio (m) boschivo	skogbrann (m)	['skʊg‚brɑn]
spegnere (vt)	å slokke	[ɔ 'ʂløkə]

guardia (f) forestale	skogvokter (m)	['skʊg‚vɔktər]
protezione (f)	vern (n), beskyttelse (m)	['væːn], ['hə'ʂytəlsə]
proteggere (~ la natura)	å beskytte	[ɔ be'ʂytə]
bracconiere (m)	tyvskytter (m)	['tyf‚ʂytər]
tagliola (f) (~ per orsi)	saks (m/f)	['sɑks]

| raccogliere (vt) | å plukke | [ɔ 'plʉkə] |
| perdersi (vr) | å gå seg vill | [ɔ 'gɔ sæj 'vil] |

205. Risorse naturali

risorse (f pl) naturali	naturressurser (m pl)	[nɑ'tʉr rɛ'sʉsər]
minerali (m pl)	mineraler (n pl)	[minə'rɑlər]
deposito (m) (~ di carbone)	forekomster (m pl)	['fɔrə‚kɔmstər]
giacimento (m) (~ petrolifero)	felt (m)	['fɛlt]

estrarre (vt)	å utvinne	[ɔ 'ʉt‚vinə]
estrazione (f)	utvinning (m/f)	['ʉt‚viniŋ]
minerale (m) grezzo	malm (m)	['mɑlm]
miniera (f)	gruve (m/f)	['grʉvə]
pozzo (m) di miniera	gruvesjakt (m/f)	['grʉvə‚ʂɑkt]
minatore (m)	gruvearbeider (m)	['grʉvə'ɑr‚bæjdər]

| gas (m) | gass (m) | ['gɑs] |
| gasdotto (m) | gassledning (m) | ['gɑs‚ledniŋ] |

petrolio (m)	olje (m)	['ɔljə]
oleodotto (m)	oljeledning (m)	['ɔljə‚lednin]
torre (f) di estrazione	oljebrønn (m)	['ɔljə‚brœn]
torre (f) di trivellazione	boretårn (n)	['boːrə‚toːn]
petroliera (f)	tankskip (n)	['tank‚ʂip]

sabbia (f)	sand (m)	['san]
calcare (m)	kalkstein (m)	['kalk‚stæjn]
ghiaia (f)	grus (m)	['grʉs]
torba (f)	torv (m/f)	['tɔrv]
argilla (f)	leir (n)	['læjr]
carbone (m)	kull (n)	['kʉl]

ferro (m)	jern (n)	['jæːn]
oro (m)	gull (n)	['gʉl]
argento (m)	sølv (n)	['søl]
nichel (m)	nikkel (m)	['nikəl]
rame (m)	kobber (n)	['kɔbər]

zinco (m)	sink (m/n)	['sink]
manganese (m)	mangan (m/n)	[ma'ŋan]
mercurio (m)	kvikksølv (n)	['kvik‚søl]
piombo (m)	bly (n)	['bly]

minerale (m)	mineral (n)	[minə'ral]
cristallo (m)	krystall (m/n)	[kry'stal]
marmo (m)	marmor (m/n)	['marmʊr]
uranio (m)	uran (m/n)	[ʉ'ran]

La Terra. Parte 2

206. Tempo

tempo (m)	vær (n)	['vær]
previsione (f) del tempo	værvarsel (n)	['vær‚vɑʂəl]
temperatura (f)	temperatur (m)	[tɛmpərɑ'tʉr]
termometro (m)	termometer (n)	[tɛrmʉ'metər]
barometro (m)	barometer (n)	[bɑrʉ'metər]
umido (agg)	fuktig	['fʉkti]
umidità (f)	fuktighet (m)	['fʉkti‚het]
caldo (m), afa (f)	hete (m)	['he:tə]
molto caldo (agg)	het	['het]
fa molto caldo	det er hett	[de ær 'het]
fa caldo	det er varmt	[de ær 'vɑrmt]
caldo, mite (agg)	varm	['vɑrm]
fa freddo	det er kaldt	[de ær 'kɑlt]
freddo (agg)	kald	['kɑl]
sole (m)	sol (m/f)	['sʉl]
splendere (vi)	å skinne	[ɔ 'ʂinə]
di sole (una giornata ~)	solrik	['sʉl‚rik]
sorgere, levarsi (vr)	å gå opp	[ɔ 'gɔ ɔp]
tramontare (vi)	å gå ned	[ɔ 'gɔ ne]
nuvola (f)	sky (m)	['ʂy]
nuvoloso (agg)	skyet	['ʂy:ət]
nube (f) di pioggia	regnsky (m/f)	['ræjn‚ʂy]
nuvoloso (agg)	mørk	['mœrk]
pioggia (f)	regn (n)	['ræjn]
piove	det regner	[de 'ræjnər]
piovoso (agg)	regnværs-	['ræjn‚væʂ-]
piovigginare (vi)	å småregne	[ɔ 'smo:ræjnə]
pioggia (f) torrenziale	piskende regn (n)	['piskənə ‚ræjn]
acquazzone (m)	styrtregn (n)	['sty:t‚ræjn]
forte (una ~ pioggia)	kraftig, sterk	['krɑfti], ['stærk]
pozzanghera (f)	vannpytt (m)	['vɑn‚pyt]
bagnarsi (~ sotto la pioggia)	å bli våt	[ɔ 'bli 'vɔt]
foschia (f), nebbia (f)	tåke (m/f)	['to:kə]
nebbioso (agg)	tåke	['to:kə]
neve (f)	snø (m)	['snø]
nevica	det snør	[de 'snør]

207. Rigide condizioni metereologiche. Disastri naturali

temporale (m)	tordenvær (n)	['tʊrdən‚vær]
fulmine (f)	lyn (n)	['lyn]
lampeggiare (vi)	å glimte	[ɔ 'glimtə]
tuono (m)	torden (m)	['tʊrdən]
tuonare (vi)	å tordne	[ɔ 'tʊrdnə]
tuona	det tordner	[de 'tʊrdnər]
grandine (f)	hagle (m/f)	['haglə]
grandina	det hagler	[de 'haglər]
inondare (vt)	å oversvømme	[ɔ 'ɔvə‚svœmə]
inondazione (f)	oversvømmelse (m)	['ɔvə‚svœməlsə]
terremoto (m)	jordskjelv (n)	['juːr‚sɛlv]
scossa (f)	skjelv (n)	['sɛlv]
epicentro (m)	episenter (n)	[ɛpi'sɛntər]
eruzione (f)	utbrudd (n)	['ʉt‚brʉd]
lava (f)	lava (m)	['lava]
tromba (f) d'aria	skypumpe (m/f)	['ṣy‚pʉmpə]
tornado (m)	tornado (m)	[tʊː'ŋadʊ]
tifone (m)	tyfon (m)	[ty'fʊn]
uragano (m)	orkan (m)	[ɔr'kan]
tempesta (f)	storm (m)	['stɔrm]
tsunami (m)	tsunami (m)	[tsʉ'nami]
ciclone (m)	syklon (m)	[sy'klun]
maltempo (m)	uvær (n)	['ʉːˌvær]
incendio (m)	brann (m)	['bran]
disastro (m)	katastrofe (m)	[kata'strɔfə]
meteorite (m)	meteoritt (m)	[meteʊ'rit]
valanga (f)	lavine (m)	[la'vinə]
slavina (f)	snøskred, snøras (n)	['snø‚skred], ['snøras]
tempesta (f) di neve	snøstorm (m)	['snø‚stɔrm]
bufera (f) di neve	snøstorm (m)	['snø‚stɔrm]

208. Rumori. Suoni

silenzio (m)	stillhet (m/f)	['stil‚het]
suono (m)	lyd (m)	['lyd]
rumore (m)	støy (m)	['støj]
far rumore	å støye	[ɔ 'støjə]
rumoroso (agg)	støyende	['støjənə]
ad alta voce (parlare ~)	høylytt	['højlʏt]
alto (voce ~a)	høy	['høj]
costante (agg)	konstant	[kʊn'stant]

T&P Books. Vocabolario Italiano-Norvegese per studio autodidattico - 9000 parole

grido (m)	skrik (n)	['skrik]
gridare (vi)	å skrike	[ɔ 'skrikə]
sussurro (m)	hvisking (m/f)	['viskiŋ]
sussurrare (vi, vt)	å hviske	[ɔ 'viskə]

| abbaiamento (m) | gjøing (m/f) | ['jøːiŋ] |
| abbaiare (vi) | å gjø | [ɔ 'jø] |

gemito (m) (~ di dolore)	stønn (n)	['stœn]
gemere (vi)	å stønne	[ɔ 'stœnə]
tosse (f)	hoste (m)	['hʊstə]
tossire (vi)	å hoste	[ɔ 'hʊstə]

fischio (m)	plystring (m/f)	['plʏstriŋ]
fischiare (vi)	å plystre	[ɔ 'plʏstrə]
bussata (f)	knakk (m/n)	['knɑk]
bussare (vi)	å knakke	[ɔ 'knɑkə]

| crepitare (vi) | å knake | [ɔ 'knɑkə] |
| crepitio (m) | knak (n) | ['knɑk] |

sirena (f)	sirene (m/f)	[si'renə]
sirena (f) (di fabbrica)	fløyte (m/f)	['fløjtə]
emettere un fischio	å tute	[ɔ 'tʉtə]
colpo (m) di clacson	tut (n)	['tʉt]
clacsonare (vi)	å tute	[ɔ 'tʉtə]

209. Inverno

inverno (m)	vinter (m)	['vintər]
invernale (agg)	vinter-	['vintər-]
d'inverno	om vinteren	[ɔm 'vintərən]

neve (f)	snø (m)	['snø]
nevica	det snør	[de 'snør]
nevicata (f)	snøfall (n)	['snø͵fɑl]
mucchio (m) di neve	snødrive (m/f)	['snø͵drivə]

fiocco (m) di neve	snøfnugg (n)	['snø͵fnʉg]
palla (f) di neve	snøball (m)	['snø͵bɑl]
pupazzo (m) di neve	snømann (m)	['snø͵mɑn]
ghiacciolo (m)	istapp (m)	['is͵tɑp]

dicembre (m)	desember (m)	[de'sɛmbər]
gennaio (m)	januar (m)	['jɑnʉ͵ɑr]
febbraio (m)	februar (m)	['febrʉ͵ɑr]

| gelo (m) | frost (m/f) | ['frɔst] |
| gelido (aria ~a) | frost | ['frɔst] |

sotto zero	under null	['ʉnər nʉl]
primi geli (m pl)	lett frost (m)	['let 'frɔst]
brina (f)	rimfrost (m)	['rim͵frɔst]
freddo (m)	kulde (m/f)	['kʉlə]

190

fa freddo	det er kaldt	[de ær 'kɑlt]
pelliccia (f)	pels (m), pelskåpe (m/f)	['pɛls], ['pɛlsˌkoːpə]
manopole (f pl)	votter (m pl)	['vɔtər]
ammalarsi (vr)	å bli syk	[ɔ 'bli 'syk]
raffreddore (m)	forkjølelse (m)	[fɔr'çœləlsə]
raffreddarsi (vr)	å forkjøle seg	[ɔ fɔr'çœlə sæj]
ghiaccio (m)	is (m)	['is]
ghiaccio (m) trasparente	islag (n)	['isˌlɑg]
ghiacciarsi (vr)	å fryse til	[ɔ 'frysə til]
banco (m) di ghiaccio	isflak (n)	['isˌflɑk]
sci (m pl)	ski (m/f pl)	['ʂi]
sciatore (m)	skigåer (m)	['ʂiˌgoər]
sciare (vi)	å gå på ski	[ɔ 'gɔ pɔ 'ʂi]
pattinare (vi)	å gå på skøyter	[ɔ 'gɔ pɔ 'søjtər]

Fauna

210. Mammiferi. Predatori

predatore (m)	rovdyr (n)	['rɔvˌdyr]
tigre (f)	tiger (m)	['tigər]
leone (m)	løve (m/f)	['løve]
lupo (m)	ulv (m)	['ʉlv]
volpe (m)	rev (m)	['rev]
giaguaro (m)	jaguar (m)	[jagʉ'ɑr]
leopardo (m)	leopard (m)	[leʉ'pɑrd]
ghepardo (m)	gepard (m)	[ge'pɑrd]
pantera (f)	panter (m)	['pɑntər]
puma (f)	puma (m)	['pʉmɑ]
leopardo (m) delle nevi	snøleopard (m)	['snø leʉ'pɑrd]
lince (f)	gaupe (m/f)	['gaʉpə]
coyote (m)	coyote, prærieulv (m)	[kɔ'jotə], ['præriˌʉlv]
sciacallo (m)	sjakal (m)	[ʂɑ'kɑl]
iena (f)	hyene (m)	[hy'enə]

211. Animali selvatici

animale (m)	dyr (n)	['dyr]
bestia (f)	best, udyr (n)	['bɛst], ['ʉˌdyr]
scoiattolo (m)	ekorn (n)	['ɛkuːn]
riccio (m)	pinnsvin (n)	['pinˌsvin]
lepre (f)	hare (m)	['hɑrə]
coniglio (m)	kanin (m)	[kɑ'nin]
tasso (m)	grevling (m)	['grɛvliŋ]
procione (f)	vaskebjørn (m)	['vɑskəˌbjœːŋ]
criceto (m)	hamster (m)	['hɑmstər]
marmotta (f)	murmeldyr (n)	['mʉrməlˌdyr]
talpa (f)	muldvarp (m)	['mʉlˌvɑrp]
topo (m)	mus (m/f)	['mʉs]
ratto (m)	rotte (m/f)	['rɔtə]
pipistrello (m)	flaggermus (m/f)	['flɑgərˌmʉs]
ermellino (m)	røyskatt (m)	['røjskɑt]
zibellino (m)	sobel (m)	['sʊbəl]
martora (f)	mår (m)	['mɔr]
donnola (f)	snømus (m/f)	['snøˌmʉs]
visone (m)	mink (m)	['mink]

| castoro (m) | bever (m) | ['bevər] |
| lontra (f) | oter (m) | ['ʊtər] |

cavallo (m)	hest (m)	['hɛst]
alce (m)	elg (m)	['ɛlg]
cervo (m)	hjort (m)	['jɔːt]
cammello (m)	kamel (m)	[kɑ'mel]

bisonte (m) americano	bison (m)	['bisɔn]
bisonte (m) europeo	urokse (m)	['ʉrˌʊksə]
bufalo (m)	bøffel (m)	['bøfəl]

zebra (f)	sebra (m)	['sebrɑ]
antilope (f)	antilope (m)	[ɑnti'lʊpə]
capriolo (m)	rådyr (n)	['rɔˌdyr]
daino (m)	dåhjort, dådyr (n)	['dɔˌjɔːt], ['dɔˌdyr]
camoscio (m)	gemse (m)	['gɛmsə]
cinghiale (m)	villsvin (n)	['vilˌsvin]

balena (f)	hval (m)	['vɑl]
foca (f)	sel (m)	['sel]
tricheco (m)	hvalross (m)	['vɑlˌrɔs]
otaria (f)	pelssel (m)	['pɛlsˌsel]
delfino (m)	delfin (m)	[dɛl'fin]

orso (m)	bjørn (m)	['bjœːn]
orso (m) bianco	isbjørn (m)	['isˌbjœːn]
panda (m)	panda (m)	['pɑndɑ]

scimmia (f)	ape (m/f)	['ɑpe]
scimpanzè (m)	sjimpanse (m)	[ʂim'pɑnsə]
orango (m)	orangutang (m)	[ʊ'rɑŋgʉˌtɑŋ]
gorilla (m)	gorilla (m)	[gɔ'rilɑ]
macaco (m)	makak (m)	[mɑ'kɑk]
gibbone (m)	gibbon (m)	['gibʊn]

elefante (m)	elefant (m)	[ɛle'fɑnt]
rinoceronte (m)	neshorn (n)	['nesˌhuːn]
giraffa (f)	sjiraff (m)	[ʂi'rɑf]
ippopotamo (m)	flodhest (m)	['flʊdˌhɛst]

| canguro (m) | kenguru (m) | ['kɛŋgʉrʉ] |
| koala (m) | koala (m) | [kʊ'ɑlɑ] |

mangusta (f)	mangust, mungo (m)	[mɑn'gʉst], ['mʉŋgu]
cincillà (f)	chinchilla (m)	[ʂin'ʂilɑ]
moffetta (f)	skunk (m)	['skunk]
istrice (m)	hulepinnsvin (n)	['hʉləˌpinsvin]

212. Animali domestici

gatta (f)	katt (m)	['kɑt]
gatto (m)	hannkatt (m)	['hɑnˌkɑt]
cane (m)	hund (m)	['hʉn]

T&P Books. Vocabolario Italiano-Norvegese per studio autodidattico - 9000 parole

cavallo (m)	hest (m)	['hɛst]
stallone (m)	hingst (m)	['hiŋst]
giumenta (f)	hoppe, merr (m/f)	['hɔpə], ['mɛr]

mucca (f)	ku (f)	['kʉ]
toro (m)	tyr (m)	['tyr]
bue (m)	okse (m)	['ɔksə]

pecora (f)	sau (m)	['saʊ]
montone (m)	vær, saubukk (m)	['vær], ['saʊˌbʉk]
capra (f)	geit (m/f)	['jæjt]
caprone (m)	geitebukk (m)	['jæjtəˌbʉk]

| asino (m) | esel (n) | ['ɛsəl] |
| mulo (m) | muldyr (n) | ['mʉlˌdyr] |

porco (m)	svin (n)	['svin]
porcellino (m)	gris (m)	['gris]
coniglio (m)	kanin (m)	[kɑ'nin]

| gallina (f) | høne (m/f) | ['hønə] |
| gallo (m) | hane (m) | ['hɑnə] |

anatra (f)	and (m/f)	['ɑn]
maschio (m) dell'anatra	andrik (m)	['ɑndrik]
oca (f)	gås (m/f)	['gɔs]

| tacchino (m) | kalkunhane (m) | [kɑl'kʉnˌhɑnə] |
| tacchina (f) | kalkunhøne (m/f) | [kɑl'kʉnˌhønə] |

animali (m pl) domestici	husdyr (n pl)	['hʉsˌdyr]
addomesticato (agg)	tam	['tɑm]
addomesticare (vt)	å temme	[ɔ 'tɛmə]
allevare (vt)	å avle, å oppdrette	[ɔ 'ɑvlə], [ɔ 'ɔpˌdrɛtə]

fattoria (f)	farm, gård (m)	['fɑrm], ['gɔːr]
pollame (m)	fjærfe (n)	['fjærˌfɛ]
bestiame (m)	kveg (n)	['kvɛg]
branco (m), mandria (f)	flokk, bøling (m)	['flɔk], ['bøliŋ]

scuderia (f)	stall (m)	['stɑl]
porcile (m)	grisehus (n)	['grisəˌhʉs]
stalla (f)	kufjøs (m/n)	['kuˌfjøs]
conigliera (f)	kaninbur (n)	[kɑ'ninˌbʉr]
pollaio (m)	hønsehus (n)	['hønsəˌhʉs]

213. Cani. Razze canine

cane (m)	hund (m)	['hʉn]
cane (m) da pastore	fårehund (m)	['foːrəˌhʉn]
pastore (m) tedesco	schäferhund (m)	['ʂɛfærˌhʉn]
barbone (m)	puddel (m)	['pʉdəl]
bassotto (m)	dachshund (m)	['dɑsˌhʉn]
bulldog (m)	bulldogg (m)	['bʉlˌdɔg]

194

boxer (m)	bokser (m)	['bɔksər]
mastino (m)	mastiff (m)	[mɑs'tif]
rottweiler (m)	rottweiler (m)	['rɔtˌvæjlər]
dobermann (m)	dobermann (m)	['dɔbermɑn]

bassotto (m)	basset (m)	['basɛt]
bobtail (m)	bobtail (m)	['bɔbtɛjl]
dalmata (m)	dalmatiner (m)	[dɑlmɑ'tinər]
cocker (m)	cocker spaniel (m)	['kɔker ˌspaniəl]

| terranova (m) | newfoundlandshund (m) | [njʉ'fɑwndˌləndsˌhʉn] |
| sanbernardo (m) | sankt bernhardshund (m) | [ˌsɑnkt 'bɛːnɑdsˌhʉn] |

husky (m)	husky (m)	['hɑski]
chow chow (m)	chihuahua (m)	[tʂi'vɑvɑ]
volpino (m)	spisshund (m)	['spisˌhʉn]
carlino (m)	mops (m)	['mɔps]

214. Versi emessi dagli animali

abbaiamento (m)	gjøing (m/f)	['jøːiŋ]
abbaiare (vi)	å gjø	[ɔ 'jø]
miagolare (vi)	å mjaue	[ɔ 'mjaʉe]
fare le fusa	å spinne	[ɔ 'spinə]

muggire (vacca)	å raute	[ɔ 'rɑʉtə]
muggire (toro)	å belje, å brøle	[ɔ 'belje], [ɔ 'brøle]
ringhiare (vi)	å knurre	[ɔ 'knʉrə]

ululato (m)	hyl (n)	['hyl]
ululare (vi)	å hyle	[ɔ 'hylə]
guaire (vi)	å klynke	[ɔ 'klʏnkə]

belare (pecora)	å breke	[ɔ 'brekə]
grugnire (maiale)	å grynte	[ɔ 'grʏntə]
squittire (vi)	å hvine	[ɔ 'vinə]

gracidare (rana)	å kvekke	[ɔ 'kvɛkə]
ronzare (insetto)	å surre	[ɔ 'sʉrə]
frinire (vi)	å gnisse	[ɔ 'gnisə]

215. Cuccioli di animali

cucciolo (m)	unge (m)	['ʉŋə]
micino (m)	kattunge (m)	['katˌʉŋə]
topolino (m)	museunge (m)	['mʉsəˌʉŋə]
cucciolo (m) di cane	valp (m)	['vɑlp]

leprotto (m)	hareunge (m)	['hɑrəˌʉŋə]
coniglietto (m)	kaninunge (m)	[kɑ'ninˌʉŋə]
cucciolo (m) di lupo	ulvunge (m)	['ʉlvˌʉŋə]
cucciolo (m) di volpe	revevalp (m)	['revəˌvɑlp]

T&P Books. Vocabolario Italiano-Norvegese per studio autodidattico - 9000 parole

cucciolo (m) di orso	bjørnunge (m)	['bjœːn̩ˌʉŋə]
cucciolo (m) di leone	løveunge (m)	['løvəˌʉŋə]
cucciolo (m) di tigre	tigerunge (m)	['tigərˌʉŋə]
elefantino (m)	elefantunge (m)	[ɛle'fantˌʉŋə]

porcellino (m)	gris (m)	['gris]
vitello (m)	kalv (m)	['kɑlv]
capretto (m)	kje (n), geitekilling (m)	['çe], ['jæjtəˌçiliŋ]
agnello (m)	lam (n)	['lɑm]
cerbiatto (m)	hjortekalv (m)	['jɔːt̪əˌkɑlv]
cucciolo (m) di cammello	kamelunge (m)	[kɑ'melˌʉŋə]

| piccolo (m) di serpente | slangeyngel (m) | ['s̺lɑŋəˌyŋəl] |
| piccolo (m) di rana | froskeunge (m) | ['frɔskəˌʉŋə] |

uccellino (m)	fugleunge (m)	['fʉləˌʉŋə]
pulcino (m)	kylling (m)	['çyliŋ]
anatroccolo (m)	andunge (m)	['ɑnˌʉŋə]

216. Uccelli

uccello (m)	fugl (m)	['fʉl]
colombo (m), piccione (m)	due (m/f)	['dʉə]
passero (m)	spurv (m)	['spʉrv]
cincia (f)	kjøttmeis (m/f)	['çœtˌmæjs]
gazza (f)	skjære (m/f)	['s̺ærə]

corvo (m)	ravn (m)	['rɑvn]
cornacchia (f)	kråke (m)	['kroːkə]
taccola (f)	kaie (m/f)	['kɑjə]
corvo (m) nero	kornkråke (m/f)	['kʊːn̩ˌkroːkə]

anatra (f)	and (m/f)	['ɑn]
oca (f)	gås (m/f)	['gɔs]
fagiano (m)	fasan (m)	[fɑ'sɑn]

aquila (f)	ørn (m/f)	['œːn̩]
astore (m)	hauk (m)	['hɑʊk]
falco (m)	falk (m)	['fɑlk]
grifone (m)	gribb (m)	['grib]
condor (m)	kondor (m)	[kʊn'dʊr]

cigno (m)	svane (m/f)	['svɑnə]
gru (f)	trane (m/f)	['trɑnə]
cicogna (f)	stork (m)	['stɔrk]

pappagallo (m)	papegøye (m)	[pɑpe'gøjə]
colibrì (m)	kolibri (m)	[kʊ'libri]
pavone (m)	påfugl (m)	['pɔˌfʉl]

struzzo (m)	struts (m)	['strʉts]
airone (m)	hegre (m)	['hæjrə]
fenicottero (m)	flamingo (m)	[flɑ'mingʊ]
pellicano (m)	pelikan (m)	[peli'kɑn]

| usignolo (m) | nattergal (m) | ['natərˌgal] |
| rondine (f) | svale (m/f) | ['svalə] |

tordo (m)	trost (m)	['trʊst]
tordo (m) sasello	måltrost (m)	['moːlˌtrʊst]
merlo (m)	svarttrost (m)	['svaːˌtrʊst]

rondone (m)	tårnseiler (m), tårnsvale (m/f)	['tɔːnˌsæjlə], ['tɔːnˌsvalə]
allodola (f)	lerke (m/f)	['lærkə]
quaglia (f)	vaktel (m)	['vaktəl]

picchio (m)	hakkespett (m)	['hakəˌspɛt]
cuculo (m)	gjøk, gauk (m)	['jøk], ['gaʊk]
civetta (f)	ugle (m/f)	['ʉglə]
gufo (m) reale	hubro (m)	['hʉbrʊ]
urogallo (m)	storfugl (m)	['stʊrˌfʉl]
fagiano (m) di monte	orrfugl (m)	['ɔrˌfʉl]
pernice (f)	rapphøne (m/f)	['rapˌhønə]

storno (m)	stær (m)	['stær]
canarino (m)	kanarifugl (m)	[ka'nariˌfʉl]
francolino (m) di monte	jerpe (m/f)	['jærpə]
fringuello (m)	bokfink (m)	['bʊkˌfink]
ciuffolotto (m)	dompap (m)	['dʊmpap]

gabbiano (m)	måke (m/f)	['moːkə]
albatro (m)	albatross (m)	['albaˌtrɔs]
pinguino (m)	pingvin (m)	[piŋ'vin]

217. Uccelli. Cinguettio e versi

cantare (vi)	å synge	[ɔ 'syŋə]
gridare (vi)	å skrike	[ɔ 'skrikə]
cantare (gallo)	å gale	[ɔ 'galə]
chicchirichì (m)	kykeliky	[kykəli'kyː]

chiocciare (gallina)	å kakle	[ɔ 'kaklə]
gracchiare (vi)	å krae	[ɔ 'kraə]
fare qua qua	å snadre, å rappe	[ɔ 'snadrə], [ɔ 'rapə]
pigolare (vi)	å pipe	[ɔ 'pipə]
cinguettare (vi)	å kvitre	[ɔ 'kvitrə]

218. Pesci. Animali marini

abramide (f)	brasme (m/f)	['brasmə]
carpa (f)	karpe (m)	['karpə]
perca (f)	åbor (m)	['obɔr]
pesce (m) gatto	malle (m)	['malə]
luccio (m)	gjedde (m/f)	['jɛdə]

| salmone (m) | laks (m) | ['laks] |
| storione (m) | stør (m) | ['stør] |

T&P Books. Vocabolario Italiano-Norvegese per studio autodidattico - 9000 parole

aringa (f)	sild (m/f)	['sil]
salmone (m)	atlanterhavslaks (m)	[at'lantərhafs‚laks]
scombro (m)	makrell (m)	[ma'krɛl]
sogliola (f)	rødspette (m/f)	['rø‚spɛtə]

lucioperca (f)	gjørs (m)	['jøːʂ]
merluzzo (m)	torsk (m)	['tɔʂk]
tonno (m)	tunfisk (m)	['tʉn‚fisk]
trota (f)	ørret (m)	['øret]

anguilla (f)	ål (m)	['ɔl]
torpedine (f)	elektrisk rokke (m/f)	[ɛ'lektrisk ‚rɔkə]
murena (f)	murene (m)	[mʉ'rɛnə]
piranha (f)	piraja (m)	[pi'raja]

squalo (m)	hai (m)	['haj]
delfino (m)	delfin (m)	[dɛl'fin]
balena (f)	hval (m)	['val]

granchio (m)	krabbe (m)	['krabə]
medusa (f)	manet (m/f), meduse (m)	['manet], [me'dʉsə]
polpo (m)	blekksprut (m)	['blek‚sprʉt]

stella (f) marina	sjøstjerne (m/f)	['ʂø‚stjæːɳə]
riccio (m) di mare	sjøpinnsvin (n)	['ʂøː'pin‚svin]
cavalluccio (m) marino	sjøhest (m)	['ʂø‚hɛst]

ostrica (f)	østers (m)	['østəʂ]
gamberetto (m)	reke (m/f)	['rekə]
astice (m)	hummer (m)	['hʉmər]
aragosta (f)	langust (m)	[luŋ'gʉst]

219. Anfibi. Rettili

| serpente (m) | slange (m) | ['ʂlaŋə] |
| velenoso (agg) | giftig | ['jifti] |

vipera (f)	hoggorm, huggorm (m)	['hʊg‚ɔrm], ['hʉg‚ɔrm]
cobra (m)	kobra (m)	['kʊbra]
pitone (m)	pyton (m)	['pytɔn]
boa (m)	boaslange (m)	['bɔa‚slaŋə]

biscia (f)	snok (m)	['snʊk]
serpente (m) a sonagli	klapperslange (m)	['klapə‚slaŋə]
anaconda (f)	anakonda (m)	[ana'kɔnda]

lucertola (f)	øgle (m/f)	['øglə]
iguana (f)	iguan (m)	[igʉ'an]
varano (m)	varan (n)	[va'ran]
salamandra (f)	salamander (m)	[sala'mandər]
camaleonte (m)	kameleon (m)	[kamələ'ʊn]
scorpione (m)	skorpion (m)	[skɔrpi'ʊn]
tartaruga (f)	skilpadde (m/f)	['ʂil‚padə]
rana (f)	frosk (m)	['frɔsk]

198

rospo (m)	padde (m/f)	['padə]
coccodrillo (m)	krokodille (m)	[krʊkə'dilə]

220. Insetti

insetto (m)	insekt (n)	['insɛkt]
farfalla (f)	sommerfugl (m)	['sɔmərˌfʉl]
formica (f)	maur (m)	['maʊr]
mosca (f)	flue (m/f)	['flʉə]
zanzara (f)	mygg (m)	['mʏg]
scarabeo (m)	bille (m)	['bilə]
vespa (f)	veps (m)	['vɛps]
ape (f)	bie (m/f)	['biə]
bombo (m)	humle (m/f)	['hʉmlə]
tafano (m)	brems (m)	['brɛms]
ragno (m)	edderkopp (m)	['ɛdərˌkɔp]
ragnatela (f)	edderkoppnett (n)	['ɛdərkɔpˌnɛt]
libellula (f)	øyenstikker (m)	['øjənˌstikər]
cavalletta (f)	gresshoppe (m/f)	['grɛsˌhɔpə]
farfalla (f) notturna	nattsvermer (m)	['natˌsværmər]
scarafaggio (m)	kakerlakk (m)	[kakə'lak]
zecca (f)	flått, midd (m)	['flɔt], ['mid]
pulce (f)	loppe (f)	['lɔpə]
moscerino (m)	knott (m)	['knɔt]
locusta (f)	vandgresshoppe (m/f)	['van 'grɛsˌhɔpə]
lumaca (f)	snegl (m)	['snæjl]
grillo (m)	siriss (m)	['siˌris]
lucciola (f)	ildflue (m/f), lysbille (m)	['ilˌflʉə], ['lysˌbilə]
coccinella (f)	marihøne (m/f)	['mariˌhønə]
maggiolino (m)	oldenborre (f)	['ɔldənˌbɔrə]
sanguisuga (f)	igle (m/f)	['iglə]
bruco (m)	sommerfugllarve (m/f)	['sɔmərfʉlˌlarvə]
verme (m)	meitemark (m)	['mæjtəˌmark]
larva (f)	larve (m/f)	['larvə]

221. Animali. Parti del corpo

becco (m)	nebb (n)	['nɛb]
ali (f pl)	vinger (m pl)	['viŋər]
zampa (f)	fot (m)	['fʊt]
piumaggio (m)	fjærdrakt (m/f)	['fjærˌdrakt]
penna (f), piuma (f)	fjær (m/f)	['fjær]
cresta (f)	fjærtopp (m)	['fjæːtɔp]
branchia (f)	gjeller (m/f pl)	['jɛlər]
uova (f pl)	rogn (m/f)	['rɔŋn]

larva (f)	larve (m/f)	['lɑrvə]
pinna (f)	finne (m)	['finə]
squama (f)	skjell (n)	['ʂɛl]

zanna (f)	hoggtann (m/f)	['hɔg̗tɑn]
zampa (f)	pote (m)	['pɔːtə]
muso (m)	snute (m/f)	['snʉtə]
bocca (f)	kjeft (m)	['çɛft]
coda (f)	hale (m)	['hɑlə]
baffi (m pl)	værhår (n)	['værˌhɔr]

| zoccolo (m) | klov, hov (m) | ['klɔv], ['hɔv] |
| corno (m) | horn (n) | ['hʉːɳ] |

carapace (f)	ryggskjold (n)	['rʏgˌʂɔl]
conchiglia (f)	skall (n)	['skɑl]
guscio (m) dell'uovo	eggeskall (n)	['ɛgəˌskɑl]

| pelo (m) | pels (m) | ['pɛls] |
| pelle (f) | skinn (n) | ['ʂin] |

222. Azioni degli animali

| volare (vi) | å fly | [ɔ 'fly] |
| volteggiare (vi) | å kretse | [ɔ 'krɛtsə] |

| volare via | å fly bort | [ɔ 'fly ˌbʉːt] |
| battere le ali | å flakse | [ɔ 'flɑksə] |

| beccare (vi) | å pikke | [ɔ 'pikə] |
| covare (vt) | å ruge på eggene | [ɔ 'rʉgə pɔ 'ɛgenə] |

| sgusciare (vi) | å klekkes | [ɔ 'klekəs] |
| fare il nido | å bygge reir | [ɔ 'bʏgə 'ræir] |

strisciare (vi)	å krype	[ɔ 'krypə]
pungere (insetto)	å stikke	[ɔ 'stikə]
mordere (vt)	å bite	[ɔ 'bitə]

fiutare (vt)	å snuse	[ɔ 'snʉsə]
abbaiare (vi)	å gjø	[ɔ 'jø]
sibilare (vi)	å hvese	[ɔ 'vesə]

| spaventare (vt) | å skremme | [ɔ 'skrɛmə] |
| attaccare (vt) | å overfalle | [ɔ 'ɔvərˌfɑlə] |

rodere (osso, ecc.)	å gnage	[ɔ 'gnɑgə]
graffiare (vt)	å klore	[ɔ 'klɔrə]
nascondersi (vr)	å gjemme seg	[ɔ 'jɛmə sæj]

giocare (vi)	å leke	[ɔ 'lekə]
cacciare (vt)	å jage	[ɔ 'jɑgə]
ibernare (vi)	å ligge i dvale	[ɔ 'ligə i 'dvɑlə]
estinguersi (vr)	å dø ut	[ɔ 'dø ʉt]

223. Animali. Ambiente naturale

ambiente (m) naturale	habitat (n)	[hɑbi'tɑt]
migrazione (f)	migrasjon (m)	[migrɑ'ʂʊn]
monte (m), montagna (f)	fjell (n)	['fjɛl]
scogliera (f)	rev (n)	['rev]
falesia (f)	klippe (m)	['klipə]
foresta (f)	skog (m)	['skʊg]
giungla (f)	jungel (m)	['jʉŋəl]
savana (f)	savanne (m)	[sɑ'vɑnə]
tundra (f)	tundra (m)	['tʉndrɑ]
steppa (f)	steppe (m)	['stɛpə]
deserto (m)	ørken (m)	['œrkən]
oasi (f)	oase (m)	[ʊ'ɑsə]
mare (m)	hav (n)	['hɑv]
lago (m)	innsjø (m)	['in'ʂø]
oceano (m)	verdenshav (n)	[væɾdəns'hɑv]
palude (f)	myr (m/f)	['myr]
di acqua dolce	ferskvanns-	['fæʂk‚vɑns-]
stagno (m)	dam (m)	['dɑm]
fiume (m)	elv (m/f)	['ɛlv]
tana (f) (dell'orso)	hi (n)	['hi]
nido (m)	reir (n)	['ræjr]
cavità (f) (~ in un albero)	trehull (n)	['trɛ‚hʉl]
tana (f) (del fox, ecc.)	hule (m/f)	['hʉlə]
formicaio (m)	maurtue (m/f)	['mɑʊːˌtʉə]

224. Cura degli animali

zoo (m)	zoo, dyrepark (m)	['sʊː], [dyrə'pɑrk]
riserva (f) naturale	naturreservat (n)	[nɑ'tʉr resɛr'vɑt]
allevatore (m)	oppdretter (m)	['ɔpˌdrɛtər]
gabbia (f) all'aperto	voliere (m)	[vɔ'ljer]
gabbia (f)	bur (n)	['bʉr]
canile (m)	kennel (m)	['kɛnəl]
piccionaia (f)	duehus (n)	['dʉəˌhʉs]
acquario (m)	akvarium (n)	[ɑ'kvɑrium]
delfinario (m)	delfinarium (n)	[dɛlfi'nɑrium]
allevare (vt)	å avle, å oppdrette	[ɔ 'ɑvlə], [ɔ 'ɔpˌdrɛtə]
cucciolata (f)	avkom (n)	['ɑvˌkɔm]
addomesticare (vt)	å temme	[ɔ 'tɛmə]
ammaestrare (vt)	å dressere	[ɔ drɛ'serə]
mangime (m)	fôr (n)	['fʊr]
dare da mangiare	å utfore	[ɔ 'ʉtˌforə]

T&P Books. Vocabolario Italiano-Norvegese per studio autodidattico - 9000 parole

negozio (m) di animali	dyrebutikk (m)	['dyrəbɯ'tik]
museruola (f)	munnkurv (m)	['mɯn͵kɯrv]
collare (m)	halsbånd (n)	['hals͵bɔn]
nome (m) (di un cane, ecc.)	navn (n)	['navn]
pedigree (m)	stamtavle (m/f)	['stam͵tavlə]

225. Animali. Varie

branco (m)	flokk (m)	['flɔk]
stormo (m)	flokk (m)	['flɔk]
banco (m)	stim (m/n)	['stim]
mandria (f)	flokk (m)	['flɔk]

maschio (m)	hann (m)	['han]
femmina (f)	hunn (m)	['hɯn]

affamato (agg)	sulten	['sɯltən]
selvatico (agg)	vill	['vil]
pericoloso (agg)	farlig	['faːli]

226. Cavalli

cavallo (m)	hest (m)	['hɛst]
razza (f)	rase (m)	['rasə]

puledro (m)	føll (n)	['føl]
giumenta (f)	hoppe, merr (m/f)	['hɔpə], ['mɛr]

mustang (m)	mustang (m)	['mɯstaŋ]
pony (m)	ponni (m)	['pɔni]
cavallo (m) da tiro pesante	kaldblodshest (m)	['kalblʊds͵hɛst]

criniera (f)	man (m/f)	['man]
coda (f)	hale (m)	['halə]

zoccolo (m)	hov (m)	['hɔv]
ferro (m) di cavallo	hestesko (m)	['hɛstə͵skʊ]
ferrare (vt)	å sko	[ɔ 'skʊː]
fabbro (m)	smed, hovslager (m)	['sme], ['hɔfs͵lagər]

sella (f)	sal (m)	['sal]
staffa (f)	stigbøyle (m)	['stig͵bøjlə]
briglia (f)	bissel (n)	['bisəl]
redini (m pl)	tømmer (m pl)	['tœmər]
frusta (f)	pisk (m)	['pisk]

fantino (m)	rytter (m)	['rʏtər]
sellare (vt)	å sale	[ɔ 'salə]
montare in sella	å stige opp på hesten	[ɔ 'stiːə ɔp pɔ 'hɛstən]

galoppo (m)	galopp (m)	[ga'lɔp]
galoppare (vi)	å galoppere	[ɔ galɔ'perə]

trotto (m)	trav (n)	['trɑv]
al trotto	i trav	[i 'trɑv]
andare al trotto	å trave	[ɔ 'trɑvə]
cavallo (m) da corsa	veddeløpshest (m)	['vɛdeˌløps hɛst]
corse (f pl)	hesteveddeløp (n)	['hɛstə 'vedeˌløp]
scuderia (f)	stall (m)	['stɑl]
dare da mangiare	å utfore	[ɔ 'ʉtˌfɔrə]
fieno (m)	høy (n)	['høj]
abbeverare (vt)	å vanne	[ɔ 'vɑnə]
lavare (~ il cavallo)	å børste	[ɔ 'bøʂtə]
carro (m)	hestevogn (m/f)	['hɛstəˌvɔŋn]
pascolare (vi)	å beite	[ɔ 'bæjtə]
nitrire (vi)	å vrinske, å knegge	[ɔ 'vrinskə], [ɔ 'knɛgə]
dare un calcio	å sparke bakut	[ɔ 'spɑrkə 'bɑkˌʉt]

Flora

227. Alberi

albero (m)	tre (n)	['trɛ]
deciduo (agg)	løv-	['løv-]
conifero (agg)	bar-	['bɑr-]
sempreverde (agg)	eviggrønt	['ɛvi͵grœnt]
melo (m)	epletre (n)	['ɛplə͵trɛ]
pero (m)	pæretre (n)	['pærə͵trɛ]
ciliegio (m)	morelltre (n)	[mʉ'rɛl͵trɛ]
amareno (m)	kirsebærtre (n)	['çiʂəbær͵trɛ]
prugno (m)	plommetre (n)	['plʉmə͵trɛ]
betulla (f)	bjørk (f)	['bjœrk]
quercia (f)	eik (f)	['æjk]
tiglio (m)	lind (m/f)	['lin]
pioppo (m) tremolo	osp (m/f)	['ɔsp]
acero (m)	lønn (m/f)	['lœn]
abete (m)	gran (m/f)	['grɑn]
pino (m)	furu (m/f)	['fʉrʉ]
larice (m)	lerk (m)	['lærk]
abete (m) bianco	edelgran (m/f)	['ɛdəl͵grɑn]
cedro (m)	seder (m)	['sedər]
pioppo (m)	poppel (m)	['pɔpəl]
sorbo (m)	rogn (m/f)	['rɔŋn]
salice (m)	pil (m/f)	['pil]
alno (m)	or, older (m/f)	['ʉr], ['ɔldər]
faggio (m)	bøk (m)	['bøk]
olmo (m)	alm (m)	['ɑlm]
frassino (m)	ask (m/f)	['ɑsk]
castagno (m)	kastanjetre (n)	[kɑ'stɑnje͵trɛ]
magnolia (f)	magnolia (m)	[mɑŋ'nʉlia]
palma (f)	palme (m)	['pɑlmə]
cipresso (m)	sypress (m)	[sʏ'prɛs]
mangrovia (f)	mangrove (m)	[mɑŋ'grʉvə]
baobab (m)	apebrødtre (n)	['ɑpebrø͵trɛ]
eucalipto (m)	eukalyptus (m)	[ɛvkɑ'lyptʉs]
sequoia (f)	sequoia (m)	['sek͵vɔja]

228. Arbusti

cespuglio (m)	busk (m)	['bʉsk]
arbusto (m)	busk (m)	['bʉsk]

| vite (f) | vinranke (m) | ['vin̩ˌrankə] |
| vigneto (m) | vinmark (m/f) | ['vin̩ˌmark] |

lampone (m)	bringebærbusk (m)	['briŋəˌbær bʉsk]
ribes (m) nero	solbærbusk (m)	['sʉlbærˌbʉsk]
ribes (m) rosso	ripsbusk (m)	['ripsˌbʉsk]
uva (f) spina	stikkelsbærbusk (m)	['stikəlsbærˌbʉsk]

acacia (f)	akasie (m)	[ɑ'kɑsiə]
crespino (m)	berberis (m)	['bærberis]
gelsomino (m)	sjasmin (m)	[ʂɑs'min]

ginepro (m)	einer (m)	['æjnər]
roseto (m)	rosenbusk (m)	['rʉsənˌbʉsk]
rosa (f) canina	steinnype (m/f)	['stæjn̩ˌnypə]

229. Funghi

fungo (m)	sopp (m)	['sɔp]
fungo (m) commestibile	spiselig sopp (m)	['spisəliˌsɔp]
fungo (m) velenoso	giftig sopp (m)	['jiftiˌsɔp]
cappello (m)	hatt (m)	['hɑt]
gambo (m)	stilk (m)	['stilk]

porcino (m)	steinsopp (m)	['stæjnˌsɔp]
boleto (m) rufo	rødskrubb (m/n)	['røˌskrʉb]
porcinello (m)	brunskrubb (m/n)	['brʉnˌskrʉb]
gallinaccio (m)	kantarell (m)	[kɑntɑ'rel]
rossola (f)	kremle (m/f)	['krɛmlə]

spugnola (f)	morkel (m)	['mɔrkəl]
ovolaccio (m)	fluesopp (m)	['flʉəˌsɔp]
fungo (m) moscario	grønn fluesopp (m)	['grœn 'flʉəˌsɔp]

230. Frutti. Bacche

frutto (m)	frukt (m/f)	['frʉkt]
frutti (m pl)	frukter (m/f pl)	['frʉktər]
mela (f)	eple (n)	['ɛplə]
pera (f)	pære (m/f)	['pærə]
prugna (f)	plomme (m/f)	['plʉmə]

fragola (f)	jordbær (n)	['juːrˌbær]
amarena (f)	kirsebær (n)	['çiʂəˌbær]
ciliegia (f)	morell (m)	[mʉ'rɛl]
uva (f)	drue (m)	['drʉə]

lampone (m)	bringebær (n)	['briŋəˌbær]
ribes (m) nero	solbær (n)	['sʉlˌbær]
ribes (m) rosso	rips (m)	['rips]
uva (f) spina	stikkelsbær (n)	['stikəlsˌbær]
mirtillo (m) di palude	tranebær (n)	['trɑnəˌbær]

arancia (f)	appelsin (m)	[apel'sin]
mandarino (m)	mandarin (m)	[manda'rin]
ananas (m)	ananas (m)	['ananas]
banana (f)	banan (m)	[ba'nan]
dattero (m)	daddel (m)	['dadəl]

limone (m)	sitron (m)	[si'trʊn]
albicocca (f)	aprikos (m)	[apri'kʊs]
pesca (f)	fersken (m)	['fæʂkən]
kiwi (m)	kiwi (m)	['kivi]
pompelmo (m)	grapefrukt (m/f)	['grɛjpˌfrʉkt]

bacca (f)	bær (n)	['bær]
bacche (f pl)	bær (n pl)	['bær]
mirtillo (m) rosso	tyttebær (n)	['tʏtəˌbær]
fragola (f) di bosco	markjordbær (n)	['mɑrkjuːrˌbær]
mirtillo (m)	blåbær (n)	['blɔˌbær]

231. Fiori. Piante

| fiore (m) | blomst (m) | ['blɔmst] |
| mazzo (m) di fiori | bukett (m) | [bʉ'kɛt] |

rosa (f)	rose (m/f)	['rʊsə]
tulipano (m)	tulipan (m)	[tʉli'pɑn]
garofano (m)	nellik (m)	['nɛlik]
gladiolo (m)	gladiolus (m)	[glɑdi'ɔlʉs]

fiordaliso (m)	kornblomst (m)	['kuːn̩ˌblɔmst]
campanella (f)	blåklokke (m/f)	['blɔˌklɔkə]
soffione (m)	løvetann (m/f)	['løvəˌtɑn]
camomilla (f)	kamille (m)	[kɑ'milə]

aloe (m)	aloe (m)	['ɑlʉe]
cactus (m)	kaktus (m)	['kɑktʉs]
ficus (m)	gummiplante (m/f)	['gʉmiˌplɑntə]

giglio (m)	lilje (m)	['liljə]
geranio (m)	geranium (m)	[ge'rɑnium]
giacinto (m)	hyasint (m)	[hiɑ'sint]

mimosa (f)	mimose (m/f)	[mi'mɔsə]
narciso (m)	narsiss (m)	[nɑ'ʂis]
nasturzio (m)	blomkarse (m)	['blɔmˌkɑʂə]

orchidea (f)	orkidé (m)	[ɔrki'de]
peonia (f)	peon, pion (m)	[pe'ʊn], [pi'ʊn]
viola (f)	fiol (m)	[fi'ʊl]

viola (f) del pensiero	stemorsblomst (m)	['stemʊʂˌblɔmst]
nontiscordardimé (m)	forglemmegei (m)	[fɔr'gleməˌjæj]
margherita (f)	tusenfryd (m)	['tʉsənˌfryd]
papavero (m)	valmue (m)	['vɑlmʉə]
canapa (f)	hamp (m)	['hɑmp]

menta (f)	mynte (m/f)	['mʏntə]
mughetto (m)	liljekonvall (m)	['liljə kɔn'val]
bucaneve (m)	snøklokke (m/f)	['snø͜ˌklɔkə]

ortica (f)	nesle (m/f)	['nɛslə]
acetosa (f)	syre (m/f)	['syrə]
ninfea (f)	nøkkerose (m/f)	['nøkəˌruse]
felce (f)	bregne (m/f)	['brɛjnə]
lichene (m)	lav (m/n)	['lɑv]

serra (f)	drivhus (n)	['drivˌhʉs]
prato (m) erboso	gressplen (m)	['grɛsˌplen]
aiuola (f)	blomsterbed (n)	['blɔmstərˌbed]

pianta (f)	plante (m/f), vekst (m)	['plantə], ['vɛkst]
erba (f)	gras (n)	['grɑs]
filo (m) d'erba	grasstrå (n)	['grɑsˌstrɔ]

foglia (f)	blad (n)	['blɑ]
petalo (m)	kronblad (n)	['krɔnˌblɑ]
stelo (m)	stilk (m)	['stilk]
tubero (m)	rotknoll (m)	['rʊtˌknɔl]

| germoglio (m) | spire (m/f) | ['spirə] |
| spina (f) | torn (m) | ['tʊːn] |

fiorire (vi)	å blomstre	[ɔ 'blɔmstrə]
appassire (vi)	å visne	[ɔ 'visnə]
odore (m), profumo (m)	lukt (m/f)	['lʉkt]
tagliare (~ i fiori)	å skjære av	[ɔ 'ʂæːrə ɑː]
cogliere (vt)	å plukke	[ɔ 'plʉkə]

232. Cereali, granaglie

grano (m)	korn (n)	['kʊːn]
cereali (m pl)	cerealer (n pl)	[sere'ɑlər]
spiga (f)	aks (n)	['ɑks]

frumento (m)	hvete (m)	['vetə]
segale (f)	rug (m)	['rʉg]
avena (f)	havre (m)	['hɑvrə]

| miglio (m) | hirse (m) | ['hiʂə] |
| orzo (m) | bygg (m/n) | ['bʏg] |

mais (m)	mais (m)	['mɑis]
riso (m)	ris (m)	['ris]
grano (m) saraceno	bokhvete (m)	['bʊkˌvetə]

pisello (m)	ert (m/f)	['æːt]
fagiolo (m)	bønne (m/f)	['bœnə]
soia (f)	soya (m)	['sɔja]
lenticchie (f pl)	linse (m/f)	['linsə]
fave (f pl)	bønner (m/f pl)	['bœnər]

233. Ortaggi. Verdure

ortaggi (m pl)	grønnsaker (m pl)	['grœn‚sakər]
verdura (f)	grønnsaker (m pl)	['grœn‚sakər]

pomodoro (m)	tomat (m)	[tʊ'mɑt]
cetriolo (m)	agurk (m)	[ɑ'gʉrk]
carota (f)	gulrot (m/f)	['gʉl‚rʊt]
patata (f)	potet (m/f)	[pʊ'tet]
cipolla (f)	løk (m)	['løk]
aglio (m)	hvitløk (m)	['vit‚løk]

cavolo (m)	kål (m)	['kɔl]
cavolfiore (m)	blomkål (m)	['blɔm‚kɔl]
cavoletti (m pl) di Bruxelles	rosenkål (m)	['rʊsən‚kɔl]
broccolo (m)	brokkoli (m)	['brɔkɔli]

barbabietola (f)	rødbete (m/f)	['rø‚betə]
melanzana (f)	aubergine (m)	[ɔbɛr'ʂin]
zucchina (f)	squash (m)	['skvɔʂ]
zucca (f)	gresskar (n)	['grɛskɑr]
rapa (f)	nepe (m/f)	['nepə]

prezzemolo (m)	persille (m/f)	[pæ'ʂilə]
aneto (m)	dill (m)	['dil]
lattuga (f)	salat (m)	[sɑ'lɑt]
sedano (m)	selleri (m/n)	[sɛle‚ri]
asparago (m)	asparges (m)	[ɑ'spɑrʂəs]
spinaci (m pl)	spinat (m)	[spi'nɑt]

pisello (m)	erter (m pl)	['æːtər]
fave (f pl)	bønner (m/f pl)	['bœnər]
mais (m)	mais (m)	['mɑis]
fagiolo (m)	bønne (m/f)	['bœnə]

peperone (m)	pepper (m)	['pɛpər]
ravanello (m)	reddik (m)	['rɛdik]
carciofo (m)	artisjokk (m)	[‚ɑːti'ʂɔk]

GEOGRAFIA REGIONALE

Paesi. Nazionalità

234. Europa occidentale

Europa (f)	Europa	[ɛʉˈrʊpɑ]
Unione (f) Europea	Den Europeiske Union	[den ɛʉrʊˈpɛiskə ʉniˈɔn]
europeo (m)	europeer (m)	[ɛʉrʊˈpeər]
europeo (agg)	europeisk	[ɛʉrʊˈpɛisk]

Austria (f)	Østerrike	[ˈøstəˌrikə]
austriaco (m)	østerriker (m)	[ˈøstəˌrikər]
austriaca (f)	østerriksk kvinne (m/f)	[ˈøstəˌriksk ˌkvinə]
austriaco (agg)	østerriksk	[ˈøstəˌriksk]

Gran Bretagna (f)	Storbritannia	[ˈstʊr briˌtɑniɑ]
Inghilterra (f)	England	[ˈɛŋlɑn]
britannico (m), inglese (m)	brite (m)	[ˈbritə]
britannica (f), inglese (f)	brite (m)	[ˈbritə]
inglese (agg)	engelsk, britisk	[ˈɛŋelsk], [ˈbritisk]

Belgio (m)	Belgia	[ˈbɛlgiɑ]
belga (m)	belgier (m)	[ˈbɛlgiər]
belga (f)	belgisk kvinne (m/f)	[ˈbɛlgisk ˌkvinə]
belga (agg)	belgisk	[ˈbɛlgisk]

Germania (f)	Tyskland	[ˈtʏsklɑn]
tedesco (m)	tysker (m)	[ˈtʏskər]
tedesca (f)	tysk kvinne (m/f)	[ˈtʏsk ˌkvinə]
tedesco (agg)	tysk	[ˈtʏsk]

Paesi Bassi (m pl)	Nederland	[ˈnedəˌlɑn]
Olanda (f)	Holland	[ˈhɔlɑn]
olandese (m)	hollender (m)	[ˈhɔˌlendər]
olandese (f)	hollandsk kvinne (m/f)	[ˈhɔˌlɑnsk ˌkvinə]
olandese (agg)	hollandsk	[ˈhɔˌlɑnsk]

Grecia (f)	Hellas	[ˈhɛlɑs]
greco (m)	greker (m)	[ˈgrekər]
greca (f)	gresk kvinne (m/f)	[ˈgrɛsk ˌkvinə]
greco (agg)	gresk	[ˈgrɛsk]

Danimarca (f)	Danmark	[ˈdɑnmɑrk]
danese (m)	danske (m)	[ˈdɑnskə]
danese (f)	dansk kvinne (m/f)	[ˈdɑnsk ˌkvinə]
danese (agg)	dansk	[ˈdɑnsk]
Irlanda (f)	Irland	[ˈirlɑn]
irlandese (m)	irlender, irlending (m)	[ˈirˌlenər], [ˈirˌleniŋ]

Italiano	Norvegese	Pronuncia
irlandese (f)	irsk kvinne (m/f)	['iːʂk ˌkvinə]
irlandese (agg)	irsk	['iːʂk]
Islanda (f)	Island	['islɑn]
islandese (m)	islending (m)	['isˌleniŋ]
islandese (f)	islandsk kvinne (m/f)	['isˌlɑnsk ˌkvinə]
islandese (agg)	islandsk	['isˌlɑnsk]
Spagna (f)	Spania	['spɑniɑ]
spagnolo (m)	spanier (m)	['spɑniər]
spagnola (f)	spansk kvinne (m/f)	['spɑnsk ˌkvinə]
spagnolo (agg)	spansk	['spɑnsk]
Italia (f)	Italia	[i'tɑliɑ]
italiano (m)	italiener (m)	[itɑ'ljɛnər]
italiana (f)	italiensk kvinne (m/f)	[itɑ'ljɛnsk ˌkvinə]
italiano (agg)	italiensk	[itɑ'ljɛnsk]
Cipro (m)	Kypros	['kʏprʊs]
cipriota (m)	kypriot (m)	[kʏpri'ʊt]
cipriota (f)	kypriotisk kvinne (m/f)	[kʏpri'ʊtisk ˌkvinə]
cipriota (agg)	kypriotisk	[kʏpri'ʊtisk]
Malta (f)	Malta	['mɑltɑ]
maltese (m)	malteser (m)	[mɑl'tesər]
maltese (f)	maltesisk kvinne (m/f)	[mɑl'tesisk ˌkvinə]
maltese (agg)	maltesisk	[mɑl'tesisk]
Norvegia (f)	Norge	['nɔrgə]
norvegese (m)	nordmann (m)	['nuːrmɑn]
norvegese (f)	norsk kvinne (m/f)	['nɔʂk ˌkvinə]
norvegese (agg)	norsk	['nɔʂk]
Portogallo (f)	Portugal	[pɔːtʉ'gɑl]
portoghese (m)	portugiser (m)	[pɔːtʉ'gisər]
portoghese (f)	portugisisk kvinne (m/f)	[pɔːtʉ'gisisk ˌkvinə]
portoghese (agg)	portugisisk	[pɔːtʉ'gisisk]
Finlandia (f)	Finland	['finlɑn]
finlandese (m)	finne (m)	['finə]
finlandese (f)	finsk kvinne (m/f)	['finsk ˌkvinə]
finlandese (agg)	finsk	['finsk]
Francia (f)	Frankrike	['frɑnkrikə]
francese (m)	franskmann (m)	['frɑnskˌmɑn]
francese (f)	fransk kvinne (m/f)	['frɑnsk ˌkvinə]
francese (agg)	fransk	['frɑnsk]
Svezia (f)	Sverige	['sværiə]
svedese (m)	svenske (m)	['svɛnskə]
svedese (f)	svensk kvinne (m/f)	['svɛnsk ˌkvinə]
svedese (agg)	svensk	['svɛnsk]
Svizzera (f)	Sveits	['svæjts]
svizzero (m)	sveitser (m)	['svæjtsər]
svizzera (f)	sveitsisk kvinne (m/f)	['svæjtsisk ˌkvinə]

svizzero (agg)	sveitsisk	['svæjtsisk]
Scozia (f)	Skottland	['skɔtlɑn]
scozzese (m)	skotte (m)	['skɔtə]
scozzese (f)	skotsk kvinne (m/f)	['skɔtsk ˌkvinə]
scozzese (agg)	skotsk	['skɔtsk]

Vaticano (m)	Vatikanet	['vatiˌkɑnet]
Liechtenstein (m)	Liechtenstein	['lihtɛnʃtæjn]
Lussemburgo (m)	Luxembourg	['lʉksɛmˌbʉrg]
Monaco (m)	Monaco	[mʊ'nɑkʊ]

235. Europa centrale e orientale

Albania (f)	Albania	[al'bɑniɑ]
albanese (m)	albaner (m)	[al'bɑnər]
albanese (f)	albansk kvinne (m)	[al'bɑnsk ˌkvinə]
albanese (agg)	albansk	[al'bɑnsk]

Bulgaria (f)	Bulgaria	[bʉl'gɑriɑ]
bulgaro (m)	bulgarer (m)	[bʉl'gɑrər]
bulgara (f)	bulgarsk kvinne (m/f)	[bʉl'gɑʂk ˌkvinə]
bulgaro (agg)	bulgarsk	[bʉl'gɑʂk]

Ungheria (f)	Ungarn	['ʉŋɑːn]
ungherese (m)	ungarer (m)	['ʉŋɑrər]
ungherese (f)	ungarsk kvinne (m/f)	['ʉŋɑʂk ˌkvinə]
ungherese (agg)	ungarsk	['ʉŋɑʂk]

Lettonia (f)	Latvia	['lɑtviɑ]
lettone (m)	latvier (m)	['lɑtviər]
lettone (f)	latvisk kvinne (m/f)	['lɑtvisk ˌkvinə]
lettone (agg)	latvisk	['lɑtvisk]

Lituania (f)	Litauen	['liˌtɑʊən]
lituano (m)	litauer (m)	['liˌtɑʊər]
lituana (f)	litauisk kvinne (m/f)	['liˌtɑʊisk ˌkvinə]
lituano (agg)	litauisk	['liˌtɑʊisk]

Polonia (f)	Polen	['pʊlen]
polacco (m)	polakk (m)	[pʊ'lɑk]
polacca (f)	polsk kvinne (m/f)	['pʊlsk ˌkvinə]
polacco (agg)	polsk	['pʊlsk]

Romania (f)	Romania	[rʊ'mɑniɑ]
rumeno (m)	rumener (m)	[rʉ'menər]
rumena (f)	rumensk kvinne (m/f)	[rʉ'mɛnsk ˌkvinə]
rumeno (agg)	rumensk	[rʉ'mɛnsk]

Serbia (f)	Serbia	['særbiɑ]
serbo (m)	serber (m)	['særbər]
serba (f)	serbisk kvinne (m/f)	['særbisk ˌkvinə]
serbo (agg)	serbisk	['særbisk]
Slovacchia (f)	Slovakia	[ʂlʊ'vɑkiɑ]
slovacco (m)	slovak (m)	[ʂlʊ'vɑk]

| slovacca (f) | slovakisk kvinne (m/f) | [ˌslʉˈvɑkisk ˌkvinə] |
| slovacco (agg) | slovakisk | [ˌslʉˈvɑkisk] |

Croazia (f)	Kroatia	[krʉˈɑtiɑ]
croato (m)	kroat (m)	[krʉˈɑt]
croata (f)	kroatisk kvinne (m/f)	[krʉˈɑtisk ˌkvinə]
croato (agg)	kroatisk	[krʉˈɑtisk]

Repubblica (f) Ceca	Tsjekkia	[ˈtʂɛkijɑ]
ceco (m)	tsjekker (m)	[ˈtʂɛkər]
ceca (f)	tsjekkisk kvinne (m/f)	[ˈtʂɛkisk ˌkvinə]
ceco (agg)	tsjekkisk	[ˈtʂɛkisk]

Estonia (f)	Estland	[ˈɛstlɑn]
estone (m)	estlender (m)	[ˈɛstˌlendər]
estone (f)	estisk kvinne (m/f)	[ˈɛstisk ˌkvinə]
estone (agg)	estisk	[ˈɛstisk]

Bosnia-Erzegovina (f)	Bosnia-Hercegovina	[ˈbɔsniɑ hersegɔˌvinɑ]
Macedonia (f)	Makedonia	[mɑkeˈdɔniɑ]
Slovenia (f)	Slovenia	[ˌslʉˈveniɑ]
Montenegro (m)	Montenegro	[ˈmɔntəˌnɛgrʉ]

236. Paesi dell'ex Unione Sovietica

Azerbaigian (m)	Aserbajdsjan	[ɑserbɑjdˈʂɑn]
azerbaigiano (m)	aserbajdsjaner (m)	[ɑserbɑjdˈʂɑnər]
azerbaigiana (f)	aserbajdsjansk kvinne (m)	[ɑserbɑjdˈʂɑnsk ˌkvinə]
azerbaigiano (agg)	aserbajdsjansk	[ɑserbɑjdˈʂɑnsk]

Armenia (f)	Armenia	[ɑrˈmeniɑ]
armeno (m)	armener (m)	[ɑrˈmenər]
armena (f)	armensk kvinne (m)	[ɑrˈmensk ˌkvinə]
armeno (agg)	armensk	[ɑrˈmensk]

Bielorussia (f)	Hviterussland	[ˈvitəˌrʉslɑn]
bielorusso (m)	hviterusser (m)	[ˈvitəˌrʉsər]
bielorussa (f)	hviterussisk kvinne (m/f)	[ˈvitəˌrʉsisk ˌkvinə]
bielorusso (agg)	hviterussisk	[ˈvitəˌrʉsisk]

Georgia (f)	Georgia	[geˈɔrgiɑ]
georgiano (m)	georgier (m)	[geˈɔrgiər]
georgiana (f)	georgisk kvinne (m/f)	[geˈɔrgisk ˌkvinə]
georgiano (agg)	georgisk	[geˈɔrgisk]

Kazakistan (m)	Kasakhstan	[kɑˈsɑkˌstɑn]
kazaco (m)	kasakh (m)	[kɑˈsɑk]
kazaca (f)	kasakhisk kvinne (m/f)	[kɑˈsɑkisk ˌkvinə]
kazaco (agg)	kasakhisk	[kɑˈsɑkisk]

Kirghizistan (m)	Kirgisistan	[kirˈgisiˌstɑn]
kirghiso (m)	kirgiser (m)	[kirˈgisər]
kirghisa (f)	kirgisisk kvinne (m/f)	[kirˈgisisk ˌkvinə]
kirghiso (agg)	kirgisisk	[kirˈgisisk]

Moldavia (f)	Moldova	[mɔl'dɔva]
moldavo (m)	moldover (m)	[mɔl'dɔvər]
moldava (f)	moldovsk kvinne (m/f)	[mɔl'dɔvsk ˌkvinə]
moldavo (agg)	moldovsk	[mɔl'dɔvsk]

Russia (f)	Russland	['rʉslan]
russo (m)	russer (m)	['rʉsər]
russa (f)	russisk kvinne (m/f)	['rʉsisk ˌkvinə]
russo (agg)	russisk	['rʉsisk]

Tagikistan (m)	Tadsjikistan	[taˈdʂikiˌstan]
tagico (m)	tadsjik, tadsjiker (m)	[taˈdʂik], [taˈdʂikər]
tagica (f)	tadsjikisk kvinne (m/f)	[taˈdʂikisk ˌkvinə]
tagico (agg)	tadsjikisk	[taˈdʂikisk]

Turkmenistan (m)	Turkmenistan	[tʉrk'meniˌstan]
turkmeno (m)	turkmen (m)	[tʉrk'men]
turkmena (f)	turkmensk kvinne (m/f)	[tʉrk'mensk ˌkvinə]
turkmeno (agg)	turkmensk	[tʉrk'mensk]

Uzbekistan (m)	Usbekistan	[ʉs'bekiˌstan]
usbeco (m)	usbek, usbeker (m)	[ʉs'bek], [ʉs'bekər]
usbeca (f)	usbekisk kvinne (m/f)	[ʉs'bekisk ˌkvinə]
usbeco (agg)	usbekisk	[ʉs'bekisk]

Ucraina (f)	Ukraina	[ʉkra'ina]
ucraino (m)	ukrainer (m)	[ʉkra'inər]
ucraina (f)	ukrainsk kvinne (m/f)	[ʉkra'insk ˌkvinə]
ucraino (agg)	ukrainsk	[ʉkra'insk]

237. Asia

| Asia (f) | Asia | ['asia] |
| asiatico (agg) | asiatisk | [asi'atisk] |

Vietnam (m)	Vietnam	['vjɛtnam]
vietnamita (m)	vietnameser (m)	[vjɛtna'mesər]
vietnamita (f)	vietnamesisk kvinne (m/f)	[vjɛtna'mesisk ˌkvinə]
vietnamita (agg)	vietnamesisk	[vjɛtna'mesisk]

India (f)	India	['india]
indiano (m)	inder (m)	['indər]
indiana (f)	indisk kvinne (m/f)	['indisk ˌkvinə]
indiano (agg)	indisk	['indisk]

Israele (m)	Israel	['israəl]
israeliano (m)	israeler (m)	[isra'elər]
israeliana (f)	israelsk kvinne (m/f)	[isra'elsk ˌkvinə]
israeliano (agg)	israelsk	[isra'elsk]

ebreo (m)	jøde (m)	['jødə]
ebrea (f)	jødisk kvinne (m/f)	['jødisk ˌkvinə]
ebraico (agg)	jødisk	['jødisk]
Cina (f)	Kina	['çina]

T&P Books. Vocabolario Italiano-Norvegese per studio autodidattico - 9000 parole

cinese (m)	kineser (m)	[çi'nesər]
cinese (f)	kinesisk kvinne (m/f)	[çi'nesisk ˌkvinə]
cinese (agg)	kinesisk	[çi'nesisk]

coreano (m)	koreaner (m)	[kʊre'anər]
coreana (f)	koreansk kvinne (m/f)	[kʊre'ansk ˌkvinə]
coreano (agg)	koreansk	[kʊre'ansk]

Libano (m)	Libanon	['libanɔn]
libanese (m)	libaneser (m)	[liba'nesər]
libanese (f)	libanesisk kvinne (m/f)	[liba'nesisk ˌkvinə]
libanese (agg)	libanesisk	[liba'nesisk]

Mongolia (f)	Mongolia	[mʊŋ'gulia]
mongolo (m)	mongol (m)	[mʊŋ'gul]
mongola (f)	mongolsk kvinne (m/f)	[mʊn'gɔlsk ˌkvinə]
mongolo (agg)	mongolsk	[mʊn'gɔlsk]

Malesia (f)	Malaysia	[ma'lajsia]
malese (m)	malayer (m)	[ma'lajər]
malese (f)	malayisk kvinne (m/f)	[ma'lajisk ˌkvinə]
malese (agg)	malayisk	[ma'lajisk]

Pakistan (m)	Pakistan	['pakiˌstan]
pakistano (m)	pakistaner (m)	[paki'stanər]
pakistana (f)	pakistansk kvinne (m/f)	[paki'stansk ˌkvinə]
pakistano (agg)	pakistansk	[paki'stansk]

Arabia Saudita (f)	Saudi-Arabia	['saʊdi a'rabia]
arabo (m), saudita (m)	araber (m)	[a'rabər]
araba (f), saudita (f)	arabisk kvinne (m)	[a'rabisk ˌkvinə]
arabo (agg)	arabisk	[a'rabisk]

Tailandia (f)	Thailand	['tajlan]
tailandese (m)	thailender (m)	['tajlendər]
tailandese (f)	thailandsk kvinne (m/f)	['tajlansk ˌkvinə]
tailandese (agg)	thailandsk	['tajlansk]

Taiwan (m)	Taiwan	['tajˌvan]
taiwanese (m)	taiwaner (m)	[taj'vanər]
taiwanese (f)	taiwansk kvinne (m/f)	[taj'vansk ˌkvinə]
taiwanese (agg)	taiwansk	[taj'vansk]

Turchia (f)	Tyrkia	[tyrkia]
turco (m)	tyrker (m)	['tyrkər]
turca (f)	tyrkisk kvinne (m/f)	['tyrkisk ˌkvinə]
turco (agg)	tyrkisk	['tyrkisk]

Giappone (m)	Japan	['japan]
giapponese (m)	japaner (m)	[ja'panər]
giapponese (f)	japansk kvinne (m/f)	['japansk ˌkvinə]
giapponese (agg)	japansk	['japansk]

Afghanistan (m)	Afghanistan	[af'ganiˌstan]
Bangladesh (m)	Bangladesh	[bangla'dɛʂ]
Indonesia (f)	Indonesia	[indʊ'nesia]

Giordania (f)	Jordan	['jɔrdɑn]
Iraq (m)	Irak	['irɑk]
Iran (m)	Iran	['irɑn]
Cambogia (f)	Kambodsja	[kɑm'bɔdşɑ]
Kuwait (m)	Kuwait	['kʉvɑjt]

Laos (m)	Laos	['lɑɔs]
Birmania (f)	Myanmar	['mjænmɑ]
Nepal (m)	Nepal	['nepɑl]
Emirati (m pl) Arabi	Forente Arabiske Emiratene	[fɔ'rentə ɑ'rɑbiskə ɛmi'rɑtenə]

Siria (f)	Syria	['syriɑ]
Palestina (f)	Palestina	[pɑle'stinɑ]
Corea (f) del Sud	Sør-Korea	['sør kʉˌreɑ]
Corea (f) del Nord	Nord-Korea	['nʉːr kʉ'rɛɑ]

238. America del Nord

Stati (m pl) Uniti d'America	Amerikas Forente Stater	[ɑ'merikɑs fɔ'rɛntə 'stɑtər]
americano (m)	amerikaner (m)	[ameri'kɑnər]
americana (f)	amerikansk kvinne (m)	[ameri'kɑnsk ˌkvinə]
americano (agg)	amerikansk	[ameri'kɑnsk]

Canada (m)	Canada	['kɑnɑdɑ]
canadese (m)	kanadier (m)	[kɑ'nɑdiər]
canadese (f)	kanadisk kvinne (m/f)	[kɑ'nɑdisk ˌkvinə]
canadese (agg)	kanadisk	[kɑ'nɑdisk]

Messico (m)	Mexico	['mɛksikʉ]
messicano (m)	meksikaner (m)	[mɛksi'kɑnər]
messicana (f)	meksikansk kvinne (m/f)	[mɛksi'kɑnsk ˌkvinə]
messicano (agg)	meksikansk	[mɛksi'kɑnsk]

239. America centrale e America del Sud

Argentina (f)	Argentina	[ɑrgɛn'tinɑ]
argentino (m)	argentiner (m)	[ɑrgɛn'tinər]
argentina (f)	argentinsk kvinne (m)	[ɑrgɛn'tinsk ˌkvinə]
argentino (agg)	argentinsk	[ɑrgɛn'tinsk]

Brasile (m)	Brasilia	[brɑ'siliɑ]
brasiliano (m)	brasilianer (m)	[brɑsili'ɑnər]
brasiliana (f)	brasiliansk kvinne (m/f)	[brɑsili'ɑnsk ˌkvinə]
brasiliano (agg)	brasiliansk	[brɑsili'ɑnsk]

Colombia (f)	Colombia	[kɔ'lʉmbiɑ]
colombiano (m)	colombianer (m)	[kɔlʉmbi'ɑnər]
colombiana (f)	colombiansk kvinne (m/f)	[kɔlʉmbi'ɑnsk ˌkvinə]
colombiano (agg)	colombiansk	[kɔlʉmbi'ɑnsk]
Cuba (f)	Cuba	['kʉbɑ]
cubano (m)	kubaner (m)	[kʉ'bɑnər]

T&P Books. Vocabolario Italiano-Norvegese per studio autodidattico - 9000 parole

| cubana (f) | kubansk kvinne (m/f) | [kʉ'bansk ˌkvinə] |
| cubano (agg) | kubansk | [kʉ'bansk] |

Cile (m)	Chile	['tʂilə]
cileno (m)	chilener (m)	[tʂi'lenər]
cilena (f)	chilensk kvinne (m/f)	[tʂi'lensk ˌkvinə]
cileno (agg)	chilensk	[tʂi'lensk]

Bolivia (f)	Bolivia	[bɔ'livia]
Venezuela (f)	Venezuela	[venesʉ'ɛla]
Paraguay (m)	Paraguay	[parag'waj]
Perù (m)	Peru	[pe'ru:]

Suriname (m)	Surinam	['sʉriˌnam]
Uruguay (m)	Uruguay	[ʉrygʊ'aj]
Ecuador (m)	Ecuador	[ɛkʊa'dɔr]

Le Bahamas	Bahamas	[ba'hamas]
Haiti (m)	Haiti	[ha'iti]
Repubblica (f) Dominicana	Dominikanske Republikken	[dʊmini'kanskə repʉ'blikən]
Panama (m)	Panama	['panama]
Giamaica (f)	Jamaica	[ʂa'majka]

240. Africa

Egitto (m)	Egypt	[ɛ'gypt]
egiziano (m)	egypter (m)	[ɛ'gyptər]
egiziana (f)	egyptisk kvinne (m/f)	[ɛ'gyptisk ˌkvinə]
egiziano (agg)	egyptisk	[ɛ'gyptisk]

Marocco (m)	Marokko	[ma'rɔkʊ]
marocchino (m)	marokkaner (m)	[marɔ'kanər]
marocchina (f)	marokkansk kvinne (m/f)	[marɔ'kansk ˌkvinə]
marocchino (agg)	marokkansk	[marɔ'kansk]

Tunisia (f)	Tunisia	['tʉ'nisia]
tunisino (m)	tuneser (m)	[tʉ'nesər]
tunisina (f)	tunesisk kvinne (m/f)	[tʉ'nesisk ˌkvinə]
tunisino (agg)	tunesisk	[tʉ'nesisk]

Ghana (m)	Ghana	['gana]
Zanzibar	Zanzibar	['sansibar]
Kenya (m)	Kenya	['kenya]
Libia (f)	Libya	['libia]
Madagascar (m)	Madagaskar	[mada'gaskar]

Namibia (f)	Namibia	[na'mibia]
Senegal (m)	Senegal	[sene'gal]
Tanzania (f)	Tanzania	['tansaˌnia]
Repubblica (f) Sudafricana	Republikken Sør-Afrika	[repʉ'bliken 'sørˌafrika]

africano (m)	afrikaner (m)	[afri'kanər]
africana (f)	afrikansk kvinne (m)	[afri'kansk ˌkvinə]
africano (agg)	afrikansk	[afri'kansk]

241. Australia. Oceania

Australia (f)	Australia	[aʊˈstralia]
australiano (m)	australier (m)	[aʊˈstraliər]
australiana (f)	australsk kvinne (m/f)	[aʊˈstralsk ˌkvinə]
australiano (agg)	australsk	[aʊˈstralsk]
Nuova Zelanda (f)	New Zealand	[njʉˈselan]
neozelandese (m)	newzealender (m)	[njʉˈselendər]
neozelandese (f)	newzealandsk kvinne (m/f)	[njʉˈselansk ˌkvinə]
neozelandese (agg)	newzealandsk	[njʉˈselansk]
Tasmania (f)	Tasmania	[tasˈmania]
Polinesia (f) Francese	Fransk Polynesia	[ˈfransk pɔlyˈnesia]

242. Città

L'Aia	Haag	[ˈhag]
Amburgo	Hamburg	[ˈhambʉrg]
Amsterdam	Amsterdam	[ˈamstɛrˌdam]
Ankara	Ankara	[ˈankara]
Atene	Athen, Aten	[aˈten]
L'Avana	Havana	[haˈvana]
Baghdad	Bagdad	[ˈbagdad]
Bangkok	Bangkok	[ˈbankɔk]
Barcellona	Barcelona	[barsəˈluna]
Beirut	Beirut	[ˈbæejˌrʉt]
Berlino	Berlin	[bɛrˈlin]
Bombay, Mumbai	Bombay	[ˈbɔmbɛj]
Bonn	Bonn	[ˈbɔn]
Bordeaux	Bordeaux	[bɔrˈdɔː]
Bratislava	Bratislava	[bratiˈslava]
Bruxelles	Brussel	[ˈbrʉsɛl]
Bucarest	Bukarest	[ˈbʉkaˈrɛst]
Budapest	Budapest	[ˈbʉdapɛst]
Il Cairo	Kairo	[ˈkajrʊ]
Calcutta	Calcutta	[kalˈkʉta]
Chicago	Chicago	[ʂiˈkagʊ]
Città del Messico	Mexico City	[ˈmɛksikʊ ˈsiti]
Copenaghen	København	[ˈçøbənˌhavn]
Dar es Salaam	Dar-es-Salaam	[ˈdaresaˌlam]
Delhi	Delhi	[ˈdɛli]
Dubai	Dubai	[ˈdʉbaj]
Dublino	Dublin	[ˈdøblin]
Düsseldorf	Düsseldorf	[ˈdʉsəlˌdɔrf]
Firenze	Firenze	[fiˈrɛnsə]
Francoforte	Frankfurt	[ˈfrankfuːt]
Gerusalemme	Jerusalem	[jeˈrʉsalem]

T&P Books. Vocabolario Italiano-Norvegese per studio autodidattico - 9000 parole

Ginevra	Genève	[ʂe'nɛv]
Hanoi	Hanoi	['hanɔj]
Helsinki	Helsinki	['hɛlsinki]
Hiroshima	Hiroshima	[hirʊ'ʂima]
Hong Kong	Hongkong	['hɔŋˌkɔŋ]
Istanbul	Istanbul	['istanbʉl]
Kiev	Kiev	['kiːef]
Kuala Lumpur	Kuala Lumpur	[kʉ'ala 'lʉmpʉr]

Lione	Lyon	[li'ɔn]
Lisbona	Lisboa	['lisbʊa]
Londra	London	['lɔndɔn]
Los Angeles	Los Angeles	[ˌlɔs'ændʒələs]

Madrid	Madrid	[ma'drid]
Marsiglia	Marseille	[mar'sɛj]
Miami	Miami	[ma'jami]
Monaco di Baviera	München	['mʉnhən]
Montreal	Montreal	[mɔntri'ɔl]
Mosca	Moskva	[mɔ'skva]

Nairobi	Nairobi	[naj'rʊbi]
Napoli	Napoli	['napʊli]
New York	New York	[njʉ 'jork]
Nizza	Nice	['nis]

Oslo	Oslo	['ɔʂlʊ]
Ottawa	Ottawa	['ɔtava]
Parigi	Paris	[pa'ris]
Pechino	Peking, Beijing	[ˈpekiŋ], ['bɛjʒin]
Praga	Praha	['praha]
Rio de Janeiro	Rio de Janeiro	['riu de ʂa'næjrʊ]
Roma	Roma	['rʊma]

San Pietroburgo	Sankt Petersburg	[ˌsankt 'petɛʂˌbʉrg]
Seoul	Seoul	[se'uːl]
Shanghai	Shanghai	['ʂaŋhaj]
Sidney	Sydney	['sidni]
Singapore	Singapore	['siŋa'pɔr]
Stoccolma	Stockholm	['stɔkhɔlm]

Taipei	Taipei	['tajpæj]
Tokio	Tokyo	['tɔkiʉ]
Toronto	Toronto	[tɔ'rɔntʊ]

Varsavia	Warszawa	[va'ʂava]
Venezia	Venezia	[ve'netsia]
Vienna	Wien	['vin]
Washington	Washington	['vɔʂiŋtən]

243. Politica. Governo. Parte 1

politica (f)	politikk (m)	[pʊli'tik]
politico (agg)	politisk	[pʊ'litisk]

politico (m)	politiker (m)	[puˈlitikər]
stato (m) (nazione, paese)	stat (m)	[ˈstɑt]
cittadino (m)	statsborger (m)	[ˈstɑtsˌbɔrgər]
cittadinanza (f)	statsborgerskap (n)	[ˈstɑtsbɔrgəˌskɑp]

| emblema (m) nazionale | riksvåpen (n) | [ˈriksˌvɔpən] |
| inno (m) nazionale | nasjonalsang (m) | [nɑʂuˈnɑlˌsɑŋ] |

governo (m)	regjering (m/f)	[rɛˈjeriŋ]
capo (m) di Stato	landets leder (m)	[ˈlɑnɛtsˌledər]
parlamento (m)	parlament (n)	[pɑːlɑˈmɛnt]
partito (m)	parti (n)	[pɑːˈti]

| capitalismo (m) | kapitalisme (n) | [kɑpitɑˈlismə] |
| capitalistico (agg) | kapitalistisk | [kɑpitɑˈlistisk] |

| socialismo (m) | sosialisme (m) | [susiɑˈlismə] |
| socialista (agg) | sosialistisk | [susiɑˈlistisk] |

comunismo (m)	kommunisme (m)	[kumɵˈnismə]
comunista (agg)	kommunistisk	[kumɵˈnistisk]
comunista (m)	kommunist (m)	[kumɵˈnist]

democrazia (f)	demokrati (n)	[demʊkrɑˈti]
democratico (m)	demokrat (m)	[demʊˈkrɑt]
democratico (agg)	demokratisk	[demʊˈkrɑtisk]
partito (m) democratico	demokratisk parti (n)	[demʊˈkrɑtisk pɑːˈti]

| liberale (m) | liberaler (m) | [libəˈrɑlər] |
| liberale (agg) | liberal | [libəˈrɑl] |

| conservatore (m) | konservativ (m) | [kunˈsɛrvɑˌtiv] |
| conservatore (agg) | konservativ | [kunˈsɛrvɑˌtiv] |

repubblica (f)	republikk (m)	[repɵˈblik]
repubblicano (m)	republikaner (m)	[repɵbliˈkɑnər]
partito (m) repubblicano	republikanske parti (n)	[repɵbliˈkɑnskə pɑːˈti]

elezioni (f pl)	valg (n)	[ˈvɑlg]
eleggere (vt)	å velge	[ɔ ˈvɛlgə]
elettore (m)	velger (m)	[ˈvɛlgər]
campagna (f) elettorale	valgkampanje (m)	[ˈvɑlg kɑmˈpɑnjə]

votazione (f)	avstemning, votering (m)	[ˈɑfˌstɛmniŋ], [ˈvɔteriŋ]
votare (vi)	å stemme	[ɔ ˈstɛmə]
diritto (m) di voto	stemmerett (m)	[ˈstɛməˌrɛt]

candidato (m)	kandidat (m)	[kɑndiˈdɑt]
candidarsi (vr)	å kandidere	[ɔ kɑndiˈderə]
campagna (f)	kampanje (m)	[kɑmˈpɑnjə]

| d'opposizione (agg) | opposisjons- | [ɔpusiˈʂuns-] |
| opposizione (f) | opposisjon (m) | [ɔpusiˈʂun] |

| visita (f) | besøk (n) | [beˈsøk] |
| visita (f) ufficiale | offisielt besøk (n) | [ɔfiˈsjɛlt beˈsøk] |

internazionale (agg)	internasjonal	[intɛːnɑsʉˌnɑl]
trattative (f pl)	forhandlinger (m pl)	[fɔrˈhɑndliŋər]
negoziare (vi)	å forhandle	[ɔ fɔrˈhɑndlə]

244. Politica. Governo. Parte 2

società (f)	samfunn (n)	[ˈsɑmˌfʉn]
costituzione (f)	grunnlov (m)	[ˈgrʉnˌlɔv]
potere (m) (~ politico)	makt (m)	[ˈmɑkt]
corruzione (f)	korrupsjon (m)	[kʊrʉpˈʂʊn]

| legge (f) | lov (m) | [ˈlɔv] |
| legittimo (agg) | lovlig | [ˈlɔvli] |

| giustizia (f) | rettferdighet (m) | [rɛtˈfærdiˌhet] |
| giusto (imparziale) | rettferdig | [rɛtˈfærdi] |

comitato (m)	komité (m)	[kʊmiˈte]
disegno (m) di legge	lovforslag (n)	[ˈlɔvˌfɔʂlɑg]
bilancio (m)	budsjett (n)	[bʉdˈʂɛt]
politica (f)	politikk (m)	[pʊliˈtik]
riforma (f)	reform (m/f)	[rɛˈfɔrm]
radicale (agg)	radikal	[rɑdiˈkɑl]

forza (f) (potenza)	kraft (m/f)	[ˈkrɑft]
potente (agg)	mektig	[ˈmɛkti]
sostenitore (m)	tilhenger (m)	[ˈtilˌhɛŋər]
influenza (f)	innflytelse (m)	[ˈinˌflytəlse]

regime (m) (~ militare)	regime (n)	[rɛˈʂimə]
conflitto (m)	konflikt (m)	[kʊnˈflikt]
complotto (m)	sammensværgelse (m)	[ˈsɑmənˌsværgəlsə]
provocazione (f)	provokasjon (m)	[prʊvʊkɑˈʂʊn]

rovesciare (~ un regime)	å styrte	[ɔ ˈstyːʈə]
rovesciamento (m)	styrting (m/f)	[ˈstyːʈiŋ]
rivoluzione (f)	revolusjon (m)	[revʊlʉˈʂʊn]
colpo (m) di Stato	statskupp (n)	[ˈstɑtsˌkʉp]
golpe (m) militare	militærkupp (n)	[miliˈtærˌkʉp]

crisi (f)	krise (m/f)	[ˈkrisə]
recessione (f) economica	økonomisk nedgang (m)	[økʉˈnɔmisk ˈnedˌgɑŋ]
manifestante (m)	demonstrant (m)	[demɔnˈstrɑnt]
manifestazione (f)	demonstrasjon (m)	[demɔnstrɑˈʂʊn]
legge (f) marziale	krigstilstand (m)	[ˈkrigstilˌstɑn]
base (f) militare	militærbase (m)	[miliˈtærˌbɑsə]

| stabilità (f) | stabilitet (m) | [stɑbiliˈtet] |
| stabile (agg) | stabil | [stɑˈbil] |

sfruttamento (m)	utbytting (m/f)	[ˈʉtˌbytiŋ]
sfruttare (~ i lavoratori)	å utbytte	[ɔ ˈʉtˌbytə]
razzismo (m)	rasisme (m)	[rɑˈsismə]
razzista (m)	rasist (m)	[rɑˈsist]

| fascismo (m) | fascisme (m) | [fɑ'ʂismə] |
| fascista (m) | fascist (m) | [fɑ'ʂist] |

245. Paesi. Varie

straniero (m)	utlending (m)	['ʉtˌleniŋ]
straniero (agg)	utenlandsk	['ʉtənˌlɑnsk]
all'estero	i utlandet	[i 'ʉtˌlɑnə]

emigrato (m)	emigrant (m)	[ɛmi'grɑnt]
emigrazione (f)	emigrasjon (m)	[ɛmigrɑ'ʂʊn]
emigrare (vi)	å emigrere	[ɔ ɛmi'grɛrə]

Ovest (m)	Vesten	['vɛstən]
Est (m)	Østen	['østən]
Estremo Oriente (m)	Det fjerne østen	['de 'fjæːnə ˌøstɛn]

civiltà (f)	sivilisasjon (m)	[sivilisɑ'ʂʊn]
umanità (f)	menneskehet (m)	['mɛnəskeˌhet]
mondo (m)	verden (m)	['værdən]
pace (f)	fred (m)	['frɛd]
mondiale (agg)	verdens-	['værdəns-]

patria (f)	fedreland (n)	['fædrəˌlɑn]
popolo (m)	folk (n)	['fɔlk]
popolazione (f)	befolkning (m)	[be'fɔlkniŋ]
gente (f)	folk (n)	['fɔlk]
nazione (f)	nasjon (m)	[nɑ'ʂʊn]
generazione (f)	generasjon (m)	[generɑ'ʂʊn]
territorio (m)	territorium (n)	[tɛri'tʊrium]
regione (f)	region (m)	[rɛgi'ʊn]
stato (m)	delstat (m)	['delˌstɑt]

tradizione (f)	tradisjon (m)	[trɑdi'ʂʊn]
costume (m)	skikk, sedvane (m)	['ʂik], ['sɛdˌvɑnə]
ecologia (f)	økologi (m)	[økʊlʊ'gi]

indiano (m)	indianer (m)	[indi'ɑnər]
zingaro (m)	sigøyner (m)	[si'gøjnər]
zingara (f)	sigøynerske (m/f)	[si'gøjnəskə]
di zingaro	sigøynersk	[si'gøjnəʂk]

impero (m)	imperium, keiserrike (n)	['im'perium], ['kæjsəˌrike]
colonia (f)	koloni (m)	[kʊlu'ni]
schiavitù (f)	slaveri (n)	[slɑvɛ'ri]
invasione (f)	invasjon (m)	[invɑ'ʂʊn]
carestia (f)	hungersnød (m/f)	['hʉŋɛʂˌnød]

246. Principali gruppi religiosi. Credi religiosi

| religione (f) | religion (m) | [religi'ʊn] |
| religioso (agg) | religiøs | [reli'gjøs] |

T&P Books. Vocabolario Italiano-Norvegese per studio autodidattico - 9000 parole

fede (f)	tro (m)	['trʊ]
credere (vi)	å tro	[ɔ 'trʊ]
credente (m)	troende (m)	['trʊenə]

| ateismo (m) | ateisme (m) | [ate'ismə] |
| ateo (m) | ateist (m) | [ate'ist] |

cristianesimo (m)	kristendom (m)	['kristənˌdɔm]
cristiano (m)	kristen (m)	['kristən]
cristiano (agg)	kristelig	['kristəli]

cattolicesimo (m)	katolisisme (m)	[katʊli'sismə]
cattolico (m)	katolikk (m)	[katʊ'lik]
cattolico (agg)	katolsk	[kɑ'tʊlsk]

Protestantesimo (m)	protestantisme (m)	[prʊtɛstan'tismə]
Chiesa (f) protestante	den protestantiske kirke	[den prʊtɛ'stantiskə ˌçirkə]
protestante (m)	protestant (m)	[prʊtɛ'stant]

Ortodossia (f)	ortodoksi (m)	[ɔːtʊdʊk'si]
Chiesa (f) ortodossa	den ortodokse kirke	[den ɔːtʊ'dɔksə ˌçirkə]
ortodosso (m)	ortodoks (n)	[ɔːtʊ'dɔks]

Presbiterianesimo (m)	presbyterianisme (m)	[prɛsbytæria'nismə]
Chiesa (f) presbiteriana	den presbyterianske kirke	[den prɛsbyteri'anskə ˌçirkə]
presbiteriano (m)	presbyterianer (m)	[prɛsbytæri'anər]

| Luteranesimo (m) | lutherdom (m) | [lʉtər'dɔm] |
| luterano (m) | lutheraner (m) | [lʉtə'ranər] |

| confessione (f) battista | baptisme (m) | [bɑp'tismə] |
| battista (m) | baptist (m) | [bɑp'tist] |

| Chiesa (f) anglicana | den anglikanske kirke | [den ɑŋli'kɑnskə ˌçirkə] |
| anglicano (m) | anglikaner (m) | [ɑŋli'kɑnər] |

| mormonismo (m) | mormonisme (m) | [mɔrmɔ'nismə] |
| mormone (m) | mormon (m) | [mʊr'mʊn] |

| giudaismo (m) | judaisme (m) | ['jʉdaˌismə] |
| ebreo (m) | judeer (m) | ['jʉ'deər] |

| buddismo (m) | buddhisme (m) | [bʉ'dismə] |
| buddista (m) | buddhist (m) | [bʉ'dist] |

| Induismo (m) | hinduisme (m) | [hindʉ'ismə] |
| induista (m) | hindu (m) | ['hindʉ] |

Islam (m)	islam	['islam]
musulmano (m)	muslim (m)	[mʉ'slim]
musulmano (agg)	muslimsk	[mʉ'slimsk]

sciismo (m)	sjiisme (m)	[ʂi'ismə]
sciita (m)	sjiitt (m)	[ʂi'it]
sunnismo (m)	sunnisme (m)	[sʉ'nismə]
sunnita (m)	sunnimuslim (m)	['sʉni mʉsˌlim]

247. Religioni. Sacerdoti

prete (m)	prest (m)	['prɛst]
Papa (m)	Paven	['pavən]
monaco (m)	munk (m)	['mʉnk]
monaca (f)	nonne (m/f)	['nɔnə]
pastore (m)	pastor (m)	['pastʊr]
abate (m)	abbed (m)	['abed]
vicario (m)	sogneprest (m)	['sɔŋnə‚prɛst]
vescovo (m)	biskop (m)	['biskɔp]
cardinale (m)	kardinal (m)	[kɑːɖiˈnɑl]
predicatore (m)	predikant (m)	[prɛdiˈkɑnt]
predica (f)	preken (m)	['prɛkən]
parrocchiani (m)	menighet (m/f)	['meni‚het]
credente (m)	troende (m)	['trʊenə]
ateo (m)	ateist (m)	[ateˈist]

248. Fede. Cristianesimo. Islam

Adamo	Adam	['adam]
Eva	Eva	['ɛva]
Dio (m)	Gud (m)	['gʉd]
Signore (m)	Herren	['hærən]
Onnipotente (m)	Den Allmektige	[den alˈmɛktiə]
peccato (m)	synd (m/f)	['sʏn]
peccare (vi)	å synde	[ɔ 'sʏnə]
peccatore (m)	synder (m)	['sʏnər]
peccatrice (f)	synderinne (m)	['sʏnə‚rinə]
inferno (m)	helvete (n)	['hɛlvetə]
paradiso (m)	paradis (n)	['pɑrɑ‚dis]
Gesù	Jesus	['jesʉs]
Gesù Cristo	Jesus Kristus	['jesʉs ‚kristʉs]
Spirito (m) Santo	Den Hellige Ånd	[dən 'hɛliə ‚ɔn]
Salvatore (m)	Frelseren	['frelserən]
Madonna	Jomfru Maria	['jɔmfrʉ mɑ‚riɑ]
Diavolo (m)	Djevel (m)	['djevəl]
del diavolo	djevelsk	['djevəlsk]
Satana (m)	Satan	['sɑtɑn]
satanico (agg)	satanisk	[sɑˈtɑnisk]
angelo (m)	engel (m)	['ɛŋəl]
angelo (m) custode	skytsengel (m)	['syts‚ɛŋəl]
angelico (agg)	engle-	['ɛŋlə-]

T&P Books. Vocabolario Italiano-Norvegese per studio autodidattico - 9000 parole

apostolo (m)	apostel (m)	[ɑˈpɔstəl]
arcangelo (m)	erkeengel (m)	[ˈærkəˌæŋəl]
Anticristo (m)	Antikrist	[ˈantiˌkrist]

Chiesa (f)	kirken (m)	[ˈçirkən]
Bibbia (f)	bibel (m)	[ˈbibəl]
biblico (agg)	bibelsk	[ˈbibəlsk]

Vecchio Testamento (m)	Det Gamle Testamente	[de ˈgamlə tɛstaˈmentə]
Nuovo Testamento (m)	Det Nye Testamente	[de ˈnyə tɛstaˈmentə]
Vangelo (m)	evangelium (n)	[ɛvanˈgelium]
Sacra Scrittura (f)	Den Hellige Skrift	[dən ˈhɛliə ˌskrift]
Il Regno dei Cieli	Himmerike (n)	[ˈhiməˌrikə]

comandamento (m)	bud (n)	[ˈbʉd]
profeta (m)	profet (m)	[prʊˈfet]
profezia (f)	profeti (m)	[prʊfeˈti]

Allah	Allah	[ˈɑlɑ]
Maometto	Muhammed	[mʉˈhamed]
Corano (m)	Koranen	[kʊˈranən]

moschea (f)	moské (m)	[mʊˈske]
mullah (m)	mulla (m)	[ˈmʉlɑ]
preghiera (f)	bønn (m)	[ˈbœn]
pregare (vi, vt)	å be	[ɔ ˈbe]

pellegrinaggio (m)	pilegrimsreise (m/f)	[ˈpiləgrimsˌræjsə]
pellegrino (m)	pilegrim (m)	[ˈpiləgrim]
La Mecca (f)	Mekka	[ˈmɛkɑ]

chiesa (f)	kirke (m/f)	[ˈçirkə]
tempio (m)	tempel (n)	[ˈtɛmpəl]
cattedrale (f)	katedral (m)	[kateˈdrɑl]
gotico (agg)	gotisk	[ˈgɔtisk]
sinagoga (f)	synagoge (m)	[synaˈgʊgə]
moschea (f)	moské (m)	[mʊˈske]

cappella (f)	kapell (n)	[kɑˈpɛl]
abbazia (f)	abbedi (n)	[ˈabedi]
convento (m) di suore	kloster (n)	[ˈklɔstər]
monastero (m)	kloster (n)	[ˈklɔstər]

campana (f)	klokke (m/f)	[ˈklɔkə]
campanile (m)	klokketårn (n)	[ˈklɔkəˌtoːn]
suonare (campane)	å ringe	[ɔ ˈriŋə]

croce (f)	kors (n)	[ˈkɔːs̩]
cupola (f)	kuppel (m)	[ˈkʉpəl]
icona (f)	ikon (m/n)	[iˈkʊn]

anima (f)	sjel (m)	[ˈʂɛl]
destino (m), sorte (f)	skjebne (m)	[ˈʂɛbnə]
male (m)	ondskap (n)	[ˈʊnˌskap]
bene (m)	godhet (m)	[ˈgʊˌhet]
vampiro (m)	vampyr (m)	[vamˈpyr]

strega (f)	heks (m)	['hɛks]
demone (m)	demon (m)	[de'mun]
spirito (m)	ånd (m)	['ɔn]
redenzione (f)	forløsning (m/f)	[fɔ:'løsniŋ]
redimere (vt)	å sone	[ɔ 'sunə]
messa (f)	gudstjeneste (m)	['guts‚tjenɛstə]
dire la messa	å holde gudstjeneste	[ɔ 'hɔldə 'guts‚tjenɛstə]
confessione (f)	skriftemål (n)	['skriftə‚mol]
confessarsi (vr)	å skrifte	[ɔ 'skriftə]
santo (m)	helgen (m)	['hɛlgən]
sacro (agg)	hellig	['hɛli]
acqua (f) santa	vievann (n)	['viə‚vɑn]
rito (m)	ritual (n)	[ritʉ'ɑl]
rituale (agg)	rituell	[ritʉ'ɛl]
sacrificio (m) (offerta)	ofring (m/f)	['ɔfriŋ]
superstizione (f)	overtro (m)	['ɔvə‚trʊ]
superstizioso (agg)	overtroisk	['ɔvə‚trʊisk]
vita (f) dell'oltretomba	livet etter dette	['livə ‚ɛtər 'dɛtə]
vita (f) eterna	det evige liv	[de ‚eviə 'liv]

VARIE

249. Varie parole utili

Italiano	Norvegese	Pronuncia
aiuto (m)	hjelp (m)	['jɛlp]
barriera (f) (ostacolo)	hinder (n)	['hindər]
base (f)	basis (n)	['basis]
bilancio (m) (equilibrio)	balanse (m)	[ba'lansə]
categoria (f)	kategori (m)	[kategʊ'ri]
causa (f) (ragione)	årsak (m/f)	['oːˌsak]
coincidenza (f)	sammenfall (n)	['samənˌfal]
comodo (agg)	bekvem	[be'kvɛm]
compenso (m)	kompensasjon (m)	[kʊmpɛnsa'ʂʊn]
confronto (m)	sammenlikning (m)	['samənˌliknɪŋ]
cosa (f) (oggetto, articolo)	ting (m)	['tiŋ]
crescita (f)	vekst (m)	['vɛkst]
differenza (f)	skilnad, forskjell (m)	['ʂilnad], ['fɔːʂɛl]
effetto (m)	effekt (m)	[ɛ'fɛkt]
elemento (m)	element (n)	[ɛle'mɛnt]
errore (m)	feil (m)	['fæjl]
esempio (m)	eksempel (n)	[ɛk'sɛmpəl]
fatto (m)	faktum (n)	['faktum]
forma (f) (aspetto)	form (m/f)	['fɔrm]
frequente (agg)	hyppig	['hʏpi]
genere (m) (tipo, sorta)	slags (n)	['ʂlaks]
grado (m) (livello)	grad (m)	['grad]
ideale (m)	ideal (n)	[ide'al]
inizio (m)	begynnelse (m)	[be'jinəlsə]
labirinto (m)	labyrint (m)	[laby'rint]
modo (m) (maniera)	måte (m)	['moːtə]
momento (m)	moment (n)	[mɔ'mɛnt]
oggetto (m) (cosa)	objekt (n)	[ɔb'jɛkt]
originale (m) (non è una copia)	original (m)	[ɔrigi'nal]
ostacolo (m)	hindring (m/f)	['hindriŋ]
parte (f) (~ di qc)	del (m)	['del]
particella (f)	partikel (m)	[paːˈtikəl]
pausa (f)	stopp (m), hvile (m/f)	['stɔp], ['vilə]
pausa (f) (sosta)	pause (m)	['paʊsə]
posizione (f)	posisjon (m)	[pɔsi'ʂʊn]
principio (m)	prinsipp (n)	[prin'sip]
problema (m)	problem (n)	[prʊ'blem]
processo (m)	prosess (m)	[prʊ'sɛs]
progresso (m)	fremskritt (n)	['frɛmˌskrit]

| proprietà (f) (qualità) | egenskap (m) | [ˈɛɡənˌskɑp] |
| reazione (f) | reaksjon (m) | [rɛakˈʂʉn] |

rischio (m)	risiko (m)	[ˈrisikʉ]
ritmo (m)	tempo (n)	[ˈtɛmpʉ]
scelta (f)	valg (n)	[ˈvɑlɡ]
segreto (m)	hemmelighet (m/f)	[ˈhɛməliˌhet]
serie (f)	serie (m)	[ˈseriə]

sfondo (m)	bakgrunn (m)	[ˈbɑkˌɡrʉn]
sforzo (m) (fatica)	anstrengelse (m)	[ˈɑnˌstrɛŋəlsə]
sistema (m)	system (n)	[sʏˈstem]
situazione (f)	situasjon (m)	[sitʉɑˈʂʉn]
soluzione (f)	løsning (m)	[ˈløsniŋ]

standard (agg)	standard-	[ˈstɑnˌdɑr-]
standard (m)	standard (m)	[ˈstɑnˌdɑr]
stile (m)	stil (m)	[ˈstil]
sviluppo (m)	utvikling (m/f)	[ˈʉtˌvikliŋ]
tabella (f) (delle calorie, ecc.)	tabell (m)	[tɑˈbɛl]

termine (m)	slutt (m)	[ˈʂlʉt]
termine (m) (parola)	term (m)	[ˈtɛrm]
tipo (m)	type (m)	[ˈtypə]
turno (m) (aspettare il proprio ~)	tur (m)	[ˈtʉr]
urgente (agg)	omgående	[ˈɔmˌɡɔːnə]

urgentemente	omgående	[ˈɔmˌɡɔːnə]
utilità (f)	nytte (m/f)	[ˈnʏtə]
variante (f)	variant (m)	[vɑriˈɑnt]
verità (f)	sannhet (m)	[ˈsɑnˌhet]
zona (f)	sone (m/f)	[ˈsʉnə]

250. Modificatori. Aggettivi. Parte 1

a buon mercato	billig	[ˈbili]
abbronzato (agg)	solbrent	[ˈsʉlˌbrɛnt]
acido, agro (sapore)	sur	[ˈsʉr]
affamato (agg)	sulten	[ˈsʉltən]
affilato (coltello ~)	skarp	[ˈskɑrp]

allegro (agg)	glad, munter	[ˈɡlɑ], [ˈmʉntər]
alto (voce ~a)	høy	[ˈhøj]
amaro (sapore)	bitter	[ˈbitər]
antico (civiltà, ecc.)	oldtidens, antikkens	[ˈɔlˌtidəns], [ɑnˈtikəns]
aperto (agg)	åpen	[ˈɔpən]

artificiale (agg)	kunstig	[ˈkʉnsti]
bagnato (vestiti ~i)	våt	[ˈvɔt]
basso (~a voce)	lav	[ˈlɑv]
bello (agg)	vakker	[ˈvɑkər]
breve (di breve durata)	kortvarig	[ˈkʉːtˌvɑri]
bruno (agg)	mørkhudet	[ˈmœrkˌhʉdət]

T&P Books. Vocabolario Italiano-Norvegese per studio autodidattico - 9000 parole

buio, scuro (stanza ~a)	mørk	['mœrk]
buono (un libro, ecc.)	bra	['brɑ]
buono, gentile	god	['gʊ]
buono, gustoso	lekker	['lekər]

caldo (agg)	het, varm	['het], ['vɑrm]
calmo (agg)	rolig	['rʊli]
caro (agg)	dyr	['dyr]
cattivo (agg)	dårlig	['doːli]
centrale (agg)	sentral	[sɛn'trɑl]

chiaro (un significato ~)	klar	['klɑr]
chiaro, tenue (un colore ~)	lys	['lys]
chiuso (agg)	stengt	['stɛŋt]
cieco (agg)	blind	['blin]
civile (società ~)	sivil	[si'vil]

clandestino (agg)	hemmelig	['hɛməli]
collegiale (decisione ~)	felles	['fɛləs]
compatibile (agg)	forenelig	[fɔ'renli]
complicato (progetto, ecc.)	komplisert	[kʊmpli'sɛːt]

contento (agg)	nøgd, tilfreds	['nøgd], [til'frɛds]
continuo (agg)	langvarig	['lɑŋˌvɑri]
continuo (ininterrotto)	uavbrutt	[ʉːˈavˌbrʉt]
cortese (gentile)	snill	['snil]
corto (non lungo)	kort	['kʊːt]

crudo (non cotto)	rå	['rɔ]
denso (fumo ~)	tykk	['tʏk]
destro (lato ~)	høyre	['højrə]
di seconda mano	brukt, secondhand	['brʉkt], ['sekɔnˌhɛŋ]
di sole (una giornata ~)	solrik	['sʊlˌrik]

differente (agg)	forskjellig	[fɔ'ʂɛli]
difficile (decisione)	svær	['svær]
distante (agg)	fjern	['fjæːn̩]
diverso (agg)	ulike	['ʉlikə]
dolce (acqua ~)	fersk-	['fæʂk-]

dolce (gusto)	søt	['søt]
dolce, tenero	øm	['øm]
dritto (linea, strada ~a)	rett	['rɛt]
duro (non morbido)	hard	['hɑr]
eccellente (agg)	utmerket	['ʉtˌmærkət]

eccessivo (esagerato)	overdreven	['ɔvəˌdrevən]
enorme (agg)	enorm	[ɛ'nɔrm]
esterno (agg)	ytre	['ytrə]
facile (agg)	lett	['let]

faticoso (agg)	trøttende	['trœtɛnə]
felice (agg)	lykkelig	['lʏkəli]
fertile (terreno)	fruktbar	['frʉktˌbɑr]
fioco, soffuso (luce ~a)	svak	['svɑk]
fitto (nebbia ~a)	tykk	['tʏk]

228

forte (una persona ~)	sterk	['stærk]
fosco (oscuro)	mørk	['mœrk]
fragile (porcellana, vetro)	skjør	['ṣør]
freddo (bevanda, tempo)	kald	['kɑl]

fresco (freddo moderato)	kjølig	['çœli]
fresco (pane ~)	fersk	['fæṣk]
gentile (agg)	høflig	['høfli]
giovane (agg)	ung	['ʉŋ]
giusto (corretto)	riktig	['rikti]

gradevole (voce ~)	trivelig, behagelig	['trivli], [be'hɑgli]
grande (agg)	stor	['stʊr]
grasso (cibo ~)	fet	['fet]
grato (agg)	takknemlig	[tɑk'nɛmli]

gratuito (agg)	gratis	['grɑtis]
idoneo (adatto)	egnet	['æjnət]
il più alto	høyest	['højɛst]
il più importante	viktigste	['viktigstə]
il più vicino	nærmeste	['nærmɛstə]

immobile (agg)	ubevegelig, urørlig	[ʉbe'vɛgli], [ʉ'rø:[i]
importante (agg)	viktig	['vikti]
impossibile (agg)	umulig	[ʉ'mʉli]
incomprensibile (agg)	uforståelig	[ʉfɔ'ṣtɔəli]
indispensabile	nødvendig	['nød˛vɛndi]

inesperto (agg)	uerfaren	[ʉer'fɑrən]
insignificante (agg)	ubetydelig	[ʉbe'tydəli]
intelligente (agg)	klok	['klʊk]
interno (agg)	indre	['indrə]

intero (agg)	hel	['hel]
largo (strada ~a)	bred	['bre]
legale (agg)	lovlig	['lɔvli]
leggero (che pesa poco)	lett	['let]
libero (agg)	fri	['fri]

limitato (agg)	begrenset	[be'grɛnsət]
liquido (agg)	flytende	['flytnə]
liscio (superficie ~a)	glatt	['glɑt]
lontano (agg)	fjern	['fjæːn]
lungo (~a strada, ecc.)	lang	['lɑŋ]

251. Modificatori. Aggettivi. Parte 2

magnifico (agg)	vakker	['vɑkər]
magro (uomo ~)	slank, tynn	['ṣlɑnk], ['tʏn]
malato (agg)	syk	['syk]
maturo (un frutto ~)	moden	['mʊdən]
meticoloso, accurato	nøyaktig	['nøjakti]
miope (agg)	nærsynt	['næ˛ṣynt]
misterioso (agg)	mystisk	['mʏstisk]

T&P Books. Vocabolario Italiano-Norvegese per studio autodidattico - 9000 parole

molto magro (agg)	benete, mager	['benetə], ['magər]
molto povero (agg)	utfattig	['ʉtˌfati]
morbido (~ al tatto)	bløt	['bløt]

morto (agg)	død	['dø]
nativo (paese ~)	hjem-	['jɛm-]
necessario (agg)	nødvendig	['nødˌvɛndi]
negativo (agg)	negativ	['negaˌtiv]
nervoso (agg)	nervøs	[nær'vøs]

non difficile	lett	['let]
non molto grande	liten, ikke stor	['litən], [ˌikə 'stʊr]
noncurante (negligente)	slurvet	['ʂlʉrvət]
normale (agg)	normal	[nɔr'mal]
notevole (agg)	betydelig	[be'tydəli]

nuovo (agg)	ny	['ny]
obbligatorio (agg)	obligatorisk	[ɔbliga'tʊrisk]
opaco (colore)	matt	['mat]
opposto (agg)	motsatt	['mʊtˌsat]

ordinario (comune)	vanlig	['vanli]
originale (agg)	original	[ɔrigi'nal]
ostile (agg)	fiendtlig	['fjɛntli]
passato (agg)	forrige	['fɔriə]
per bambini	barne-	['bɑːnə-]

perfetto (agg)	utmerket	['ʉtˌmærkət]
pericoloso (agg)	farlig	['fɑːli]
permanente (agg)	fast, permanent	['fast], ['pɛrmaˌnɛnt]
personale (agg)	personlig	[pæ'ʂʊnli]
pesante (agg)	tung	['tʉŋ]

piatto (schermo ~)	flat	['flat]
piatto, piano (superficie ~a)	jevn	['jɛvn]
piccolo (agg)	liten	['litən]
pieno (bicchiere, ecc.)	full	['fʉl]

poco chiaro (agg)	uklar	['ʉˌklɑr]
poco profondo (agg)	grunn	['grʉn]
possibile (agg)	mulig	['mʉli]
posteriore (agg)	bak-	['bɑk-]
povero (agg)	fattig	['fati]

precedente (agg)	foregående	['fɔrəˌgɔːŋə]
preciso, esatto	presis, eksakt	[prɛ'sis], [ɛk'sakt]
premuroso (agg)	omsorgsfull	['ɔmˌsɔrgsfʉl]
presente (agg)	nåværende	['nɔˌværenə]

principale (più importante)	hoved-	['hɔvəd-]
principale (primario)	hoved-, prinsipal	['hɔvəd-], ['prinsiˌpal]
privato (agg)	privat	[pri'vat]
probabile (agg)	sannsynlig	[san'synli]
prossimo (spazio)	nær	['nær]
pubblico (agg)	offentlig	['ɔfentli]
pulito (agg)	ren	['ren]

230

puntuale (una persona ~)	punktlig	['pʉnktli]
raro (non comune)	sjelden	['ʂɛlən]
rischioso (agg)	risikabel	[risi'kabəl]
salato (cibo)	salt	['salt]
scorso (il mese ~)	forrige	['fɔriə]
secco (asciutto)	tørr	['tœr]
semplice (agg)	enkel	['ɛnkəl]
sereno (agg)	skyfri	['ʂy̦fri]
sicuro (non pericoloso)	sikker	['sikər]
simile (agg)	lik	['lik]
sinistro (agg)	venstre	['vɛnstrə]
soddisfatto (agg)	fornøyd, tilfreds	[fɔr'nøjd], [til'frɛds]
solido (parete ~a)	solid, holdbar	[sʊ'lid], ['hɔl̦bar]
spazioso (stanza ~a)	rommelig	['rʊmeli]
speciale (agg)	spesial	[spesi'al]
spesso (un muro ~)	tykk	['tʏk]
sporco (agg)	skitten	['ʂitən]
stanco (esausto)	trett	['trɛt]
straniero (studente ~)	utenlandsk	['ʉtən̦lansk]
stretto (scarpe ~e)	trange	['traŋə]
stretto (un vicolo ~)	smal	['smal]
stupido (agg)	dum	['dʉm]
successivo, prossimo	neste	['nɛstə]
supplementare (agg)	ytterligere	['ytə̦ḻiərə]
surgelato (cibo ~)	frossen, dypfryst	['frɔsən], ['dyp̦frʏst]
tiepido (agg)	varm	['varm]
tranquillo (agg)	rolig	['rʊli]
trasparente (agg)	transparent	['transpa̦raŋ]
triste (infelice)	trist	['trist]
triste, mesto	sørgmodig	[sør'mʊdi]
uguale (identico)	samme, lik	['samə], ['lik]
ultimo (agg)	sist	['sist]
umido (agg)	fuktig	['fʉkti]
unico (situazione ~a)	unik	[ʉ'nik]
vecchio (una casa ~a)	gammel	['gaməl]
veloce, rapido	hastig	['hasti]
vicino, accanto (avv)	nær	['nær]
vicino, prossimo	nabo-	['nabʊ-]
vuoto (un bicchiere ~)	tom	['tɔm]

I 500 VERBI PRINCIPALI

252. Verbi A-C

abbagliare (vt)	å blende	[ɔ 'blenə]
abbassare (vt)	å heise ned	[ɔ 'hæjsə ne]
abbracciare (vt)	å omfavne	[ɔ 'ɔmˌfɑvnə]
abitare (vi)	å bo	[ɔ 'bʉ]
accarezzare (vt)	å stryke	[ɔ 'strykə]
accendere (~ la tv, ecc.)	å slå på	[ɔ 'slɔ pɔ]
accendere (con una fiamma)	å tenne	[ɔ 'tɛnə]
accompagnare (vt)	å følge	[ɔ 'følə]
accorgersi (vr)	å bemerke	[ɔ be'mærkə]
accusare (vt)	å anklage	[ɔ 'ɑnˌklɑgə]
aderire a ...	å tilslutte seg ...	[ɔ 'tilˌslʉtə sæj ...]
adulare (vt)	å smigre	[ɔ 'smigrə]
affermare (vt)	å påstå	[ɔ 'pɔˌstɔ]
afferrare (la palla, ecc.)	å fange	[ɔ 'fɑŋə]
affittare (dare in affitto)	å leie	[ɔ 'læjə]
aggiungere (vt)	å tilføye	[ɔ 'tilˌføjə]
agire (Come intendi ~?)	å handle	[ɔ 'hɑndlə]
agitare (scuotere)	å riste	[ɔ 'ristə]
agitare la mano	å vinke	[ɔ 'vinkə]
aiutare (vt)	å hjelpe	[ɔ 'jɛlpə]
alleggerire (~ la vita)	å lette	[ɔ 'letə]
allenare (vt)	å trene	[ɔ 'trenə]
allenarsi (vr)	å trene	[ɔ 'trenə]
alludere (vi)	å insinuere	[ɔ insinʉ'erə]
alzarsi (dal letto)	å stå opp	[ɔ 'stɔː ɔp]
amare (qn)	å elske	[ɔ 'ɛlskə]
ammaestrare (vt)	å dressere	[ɔ drɛ'serə]
ammettere (~ qc)	å erkjenne	[ɔ ær'çɛnə]
ammirare (vi)	å beundre	[ɔ be'ʉndrə]
amputare (vt)	å amputere	[ɔ ɑmpʉ'terə]
andare (in macchina)	å kjøre	[ɔ 'çœːrə]
andare a letto	å gå til sengs	[ɔ 'gɔ til 'sɛŋs]
annegare (vi)	å drukne	[ɔ 'drʉknə]
annoiarsi (vr)	å kjede seg	[ɔ 'çedə sæj]
annotare (vt)	å skrive ned	[ɔ 'skrivə ne]
annullare (vt)	å avlyse, å annullere	[ɔ 'ɑvˌlysə], [ɔ ɑnʉ'lerə]
apparire (vi)	å dukke opp	[ɔ 'dʉkə ɔp]
appartenere (vi)	å tilhøre ...	[ɔ 'tilˌhørə ...]

appendere (~ le tende)	å henge	[ɔ 'hɛŋə]
applaudire (vi, vt)	å applaudere	[ɔ aplaʊ'derə]
aprire (vt)	å åpne	[ɔ 'ɔpnə]
arrendersi (vr)	å gi etter	[ɔ 'ji 'ɛtər]
arrivare (di un treno)	å ankomme	[ɔ 'anˌkɔmə]
arrossire (vi)	å rødme	[ɔ 'rødmə]
asciugare (~ i capelli)	å tørke	[ɔ 'tœrkə]
ascoltare (vi)	å lye, å lytte	[ɔ 'lye], [ɔ 'lʏtə]
aspettare (vt)	å vente	[ɔ 'vɛntə]
aspettarsi (vr)	å forvente	[ɔ fɔr'vɛntə]
aspirare (vi)	å aspirere	[ɔ aspi'rerə]
assistere (vt)	å assistere	[ɔ asi'sterə]
assomigliare a …	å ligne, å likne	[ɔ 'linə], [ɔ 'liknə]
assumere (~ personale)	å ansette	[ɔ 'anˌsɛtə]
attaccare (vt)	å angripe	[ɔ 'anˌgripə]
aumentare (vi)	å øke	[ɔ 'økə]
aumentare (vt)	å øke	[ɔ 'økə]
autorizzare (vt)	å tillate	[ɔ 'tiˌlatə]
avanzare (vi)	å gå framover	[ɔ 'gɔ ˌfram'ɔvər]
avere (vt)	å ha	[ɔ 'ha]
avere fretta	å skynde seg	[ɔ 'ʂynə sæj]
avere paura	å frykte	[ɔ 'frʏktə]
avvertire (vt)	å advare	[ɔ 'adˌvarə]
avviare (un progetto)	å starte	[ɔ 'staːʈə]
avvicinarsi (vr)	å nærme seg	[ɔ 'nærmə sæj]
basarsi su …	å være basert på …	[ɔ 'værə ba'sɛːʈ pɔ …]
bastare (vi)	å være nok	[ɔ 'værə ˌnɔk]
battersi (~ contro il nemico)	å kjempe	[ɔ 'çɛmpə]
bere (vi, vt)	å drikke	[ɔ 'drikə]
bruciare (vt)	å brenne	[ɔ 'brɛnə]
bussare (alla porta)	å knakke	[ɔ 'knakə]
cacciare (vt)	å jage	[ɔ 'jagə]
cacciare via	å jage bort	[ɔ 'jagə 'buːʈ]
calmare (vt)	å berolige	[ɔ be'rʊliə]
cambiare (~ opinione)	å endre	[ɔ 'ɛndrə]
camminare (vi)	å gå	[ɔ 'gɔ]
cancellare (gomma per ~)	å viske ut	[ɔ 'viskə ʉt]
canzonare (vt)	å håne	[ɔ 'hoːnə]
capeggiare (vt)	å lede	[ɔ 'ledə]
capire (vt)	å forstå	[ɔ fɔ'ʂtɔ]
capovolgere (~ qc)	å vende	[ɔ 'vɛnə]
caricare (~ un camion)	å laste	[ɔ 'lastə]
caricare (~ una pistola)	å lade	[ɔ 'ladə]
cenare (vi)	å spise middag	[ɔ 'spisə 'miˌda]
cercare (vt)	å søke …	[ɔ 'søkə …]
cessare (vt)	å slutte	[ɔ 'ʂlʉtə]

T&P Books. Vocabolario Italiano-Norvegese per studio autodidattico - 9000 parole

chiamare (nominare)	å kalle	[ɔ 'kalə]
chiamare (rivolgersi a)	å kalle	[ɔ 'kalə]
chiedere (~ aiuto)	å tilkalle	[ɔ 'til‚kalə]
chiedere (domandare)	å be	[ɔ 'be]
chiudere (~ la finestra)	å lukke	[ɔ 'lʉkə]

citare (vt)	å sitere	[ɔ si'terə]
cogliere (fiori, ecc.)	å plukke	[ɔ 'plʉkə]
collaborare (vi)	å samarbeide	[ɔ 'samar‚bæjdə]
collocare (vt)	å plassere	[ɔ pla'serə]

coltivare (vt)	å avle	[ɔ 'avlə]
combattere (vi)	å kjempe	[ɔ 'çɛmpə]
cominciare (vt)	å begynne	[ɔ be'jinə]
compensare (vt)	å kompensere	[ɔ kʊmpen'serə]

competere (vi)	å konkurrere	[ɔ kʊnkʉ'rerə]
compilare (vt)	å sammenstille	[ɔ 'samən‚stilə]
complicare (vt)	å komplisere	[ɔ kʊmpli'serə]
comporre (~ un brano musicale)	å komponere	[ɔ kʊmpʊ'nerə]
comportarsi (vr)	å oppføre seg	[ɔ 'ɔp‚førə sæj]

comprare (vt)	å kjøpe	[ɔ 'çœːpə]
compromettere (vt)	å kompromittere	[ɔ kʊmprʊmi'terə]
concentrarsi (vr)	å konsentrere seg	[ɔ kʊnsen'trerə sæj]
condannare (vt)	å dømme	[ɔ 'dœmə]
confessarsi (vr)	å tilstå	[ɔ 'til‚stɔ]

confondere (vt)	å forveksle	[ɔ fɔr'vɛkʂlə]
confrontare (vt)	å sammenlikne	[ɔ 'samən‚liknə]
congratularsi (con qn per qc)	å gratulere	[ɔ gratʉ'lerə]
conoscere (qn)	å kjenne	[ɔ 'çɛnə]
consigliare (vt)	å råde	[ɔ 'roːdə]

consultare (medico, ecc.)	å konsultere	[ɔ kʊnsʉl'terə]
contagiare (vt)	å smitte	[ɔ 'smitə]
contagiarsi (vr)	å bli smittet	[ɔ 'bli 'smitət]
contare (calcolare)	å telle	[ɔ 'tɛlə]

contare su …	å regne med …	[ɔ 'rɛjnə me …]
continuare (vt)	å fortsette	[ɔ 'fɔrt‚sɛtə]
controllare (vt)	å kontrollere	[ɔ kʊntrɔ'lerə]
convincere (vt)	å overbevise	[ɔ 'ɔvərbe‚visə]

convincersi (vr)	å være overbevist	[ɔ 'væːrə 'ɔvərbe‚vist]
coordinare (vt)	å koordinere	[ɔ kɔːdi'nerə]
correggere (vt)	å rette	[ɔ 'rɛtə]

correre (vi)	å løpe	[ɔ 'løpə]
costare (vt)	å koste	[ɔ 'kɔstə]

costringere (vt)	å tvinge	[ɔ 'tviŋə]
creare (vt)	å opprette	[ɔ 'ɔp‚rɛtə]
credere (vt)	å tro	[ɔ 'trʊ]
curare (vt)	å behandle	[ɔ be'handlə]

253. Verbi D-G

dare (vt)	å gi	[ɔ 'ji]
dare da mangiare	å mate	[ɔ 'matə]
dare istruzioni	å instruere	[ɔ instrʉ'erə]
decidere (~ di fare qc)	å beslutte	[ɔ be'ʂlʉtə]

decollare (vi)	å løfte	[ɔ 'lœftə]
decorare (adornare)	å pryde	[ɔ 'prydə]
decorare (qn)	å belønne	[ɔ be'lœnə]
dedicare (~ un libro)	å tilegne	[ɔ 'til͵egnə]

denunciare (vt)	å angi	[ɔ 'an͵ji]
desiderare (vt)	å ønske	[ɔ 'ønskə]
difendere (~ un paese)	å forsvare	[ɔ fɔ'ʂvarə]
difendersi (vr)	å forsvare seg	[ɔ fɔ'ʂvarə sæj]

dimenticare (vt)	å glemme	[ɔ 'glemə]
dipendere da ...	å avhenge av ...	[ɔ 'av͵heŋə ɑː ...]
dire (~ la verità)	å si	[ɔ 'si]
dirigere (~ un'azienda)	å styre, å lede	[ɔ 'styrə], [ɔ 'ledə]

discutere (vt)	å diskutere	[ɔ diskʉ'terə]
disprezzare (vt)	å forakte	[ɔ fɔ'raktə]
distribuire (~ volantini, ecc.)	å dele ut	[ɔ 'delə ʉt]
distribuire (vt)	å dele ut	[ɔ 'delə ʉt]

distruggere (~ documenti)	å ødelegge	[ɔ 'ødə͵legə]
disturbare (vt)	å forstyrre	[ɔ fɔ'ʂtyrə]
diventare pensieroso	å gruble	[ɔ 'grʉblə]
diventare, divenire	å bli	[ɔ 'bli]
divertire (vt)	å underholde	[ɔ 'ʉnər͵holə]

divertirsi (vr)	å more seg	[ɔ 'mʊrə sæj]
dividere (vt)	å dividere	[ɔ divi'derə]
dovere (v aus)	å måtte	[ɔ 'moːtə]
dubitare (vi)	å tvile	[ɔ 'tvilə]
eliminare (un ostacolo)	å fjerne	[ɔ 'fjæːnə]

emanare (~ odori)	å spre, å sprede	[ɔ 'sprə], [ɔ 'sprede]
emanare odore	å lukte	[ɔ 'lʉktə]
emergere (sommergibile)	å dykke opp	[ɔ 'dʏkə ɔp]
entrare (vi)	å komme inn	[ɔ 'kɔmə in]

equipaggiare (vt)	å utstyre	[ɔ 'ʉt͵styrə]
ereditare (vt)	å arve	[ɔ 'ɑrvə]
esaminare (~ una proposta)	å undersøke	[ɔ 'ʉnə͵søkə]
escludere (vt)	å uteslutte	[ɔ 'ʉtə͵ʂlʉtə]
esigere (vt)	å kreve	[ɔ 'krevə]

esistere (vi)	å eksistere	[ɔ ɛksi'sterə]
esprimere (vt)	å uttrykke	[ɔ 'ʉt͵rʏkə]
essere (vi)	å være	[ɔ 'værə]
essere arrabbiato con ...	å være vred på ...	[ɔ 'værə vred pɔ ...]
essere causa di ...	å forårsake	[ɔ fɔrɔː'ʂakə]

235

T&P Books. Vocabolario Italiano-Norvegese per studio autodidattico - 9000 parole

essere conservato	å bevares	[ɔ be'vɑrəs]
essere d'accordo	å samtykke	[ɔ 'sɑmˌtʏkə]
essere diverso da ...	å skille seg fra ...	[ɔ 'ʂilə sæj frɑ ...]
essere in guerra	å være i krig	[ɔ 'værə iˌkrig]
essere necessario	å være behøv	[ɔ 'værə bə'høv]
essere perplesso	å være forvirret	[ɔ 'værə fɔr'virət]

essere preoccupato	å bekymre seg	[ɔ be'çymrə sæj]
essere sdraiato	å ligge	[ɔ 'ligə]
estinguere (~ un incendio)	å slokke	[ɔ 'ʂløkə]
evitare (vt)	å unngå	[ɔ 'ʉŋˌgɔ]
far arrabbiare	å gjøre sint	[ɔ 'jørəˌsint]

far conoscere	å presentere	[ɔ presen'terə]
far fare il bagno	å bade	[ɔ 'bɑdə]
fare (vt)	å gjøre	[ɔ 'jørə]
fare colazione	å spise frokost	[ɔ 'spisəˌfrʉkɔst]
fare copie	å kopiere	[ɔ kʉ'pjerə]

fare foto	å fotografere	[ɔ fɔtɔgrɑ'ferə]
fare il bagno	å bade	[ɔ 'bɑdə]
fare il bucato	å vaske	[ɔ 'vɑskə]
fare la conoscenza di ...	å stifte bekjentskap med ...	[ɔ 'stiftə be'çɛnˌskɑp me ...]

fare le pulizie	å rydde	[ɔ 'rʏdə]
fare un bagno	å vaske seg	[ɔ 'vɑskə sæj]
fare un rapporto	å rapportere	[ɔ rɑpɔː'terə]
fare un tentativo	å forsøke	[ɔ fɔ'søkə]

fare, preparare	å lage	[ɔ 'lɑgə]
fermarsi (vr)	å stoppe	[ɔ 'stɔpə]
fidarsi (vt)	å stole på	[ɔ 'stʉlə pɔ]
finire, terminare (vt)	å slutte	[ɔ 'ʂlʉtə]

firmare (~ un documento)	å underskrive	[ɔ 'ʉnəˌskrivə]
formare (vt)	å danne, å forme	[ɔ 'dɑnə], [ɔ 'fɔrmə]
garantire (vt)	å garantere	[ɔ gɑrɑn'terə]
gettare (~ il sasso, ecc.)	å kaste	[ɔ 'kɑstə]
giocare (vi)	å leke	[ɔ 'lekə]

girare (~ a destra)	å svinge	[ɔ 'sviŋə]
girare lo sguardo	å vende seg bort	[ɔ 'vɛnə sæj bʉːt]
gradire (vt)	å elske	[ɔ 'ɛlskə]
graffiare (vt)	å klore	[ɔ 'klɔrə]

gridare (vi)	å skrike	[ɔ 'skrikə]
guardare (~ fisso, ecc.)	å se	[ɔ 'se]
guarire (vi)	å bli frisk	[ɔ 'bli 'frisk]
guidare (~ un veicolo)	å kjøre bil	[ɔ 'çœːrəˌbil]

254. Verbi I-O

| illuminare (vt) | å belyse | [ɔ be'lysə] |
| imballare (vt) | å pakke inn | [ɔ 'pɑkə in] |

T&P Books. Vocabolario Italiano-Norvegese per studio autodidattico - 9000 parole

| imitare (vt) | å imitere | [ɔ imi'terə] |
| immaginare (vt) | å forestille seg | [ɔ 'fɔrəˌstilə sæj] |

importare (vt)	å importere	[ɔ impɔː'ṱerə]
incantare (vt)	å sjarmere	[ɔ 'ʂarˌmerə]
indicare (~ la strada)	å peke	[ɔ 'pekə]
indignarsi (vr)	å bli indignert	[ɔ 'bli indi'gnɛːṱ]

indirizzare (vt)	å vise vei	[ɔ 'visə væj]
indovinare (vt)	å gjette	[ɔ 'jɛtə]
influire (vt)	å påvirke	[ɔ 'pɔˌvirkə]
informare (vt)	å informere	[ɔ infɔr'merə]

informare di ...	å meddele	[ɔ 'mɛdˌdelə]
ingannare (vt)	å fuske	[ɔ 'fʉskə]
innaffiare (vt)	å vanne	[ɔ 'vɑnə]
innamorarsi di ...	å forelske seg i ...	[ɔ fɔ'rɛlskə sæj i ...]

insegnare (qn)	å undervise	[ɔ 'ʉnərˌvisə]
inserire (vt)	å sette inn	[ɔ 'sɛtə in]
insistere (vi)	å insistere	[ɔ insi'sterə]
insultare (vt)	å fornærme	[ɔ fɔː'nærmə]
interessare (vt)	å interessere	[ɔ intəre'serə]

interessarsi di ...	å interessere seg	[ɔ intəre'serə sæj]
intervenire (vi)	å intervenere	[ɔ intərve'nerə]
intraprendere (vt)	å foreta	[ɔ 'fɔrəˌtɑ]
intravedere (vt)	å bemerke	[ɔ be'mærkə]
inventare (vt)	å oppfinne	[ɔ 'ɔpˌfinə]

inviare (~ una lettera)	å sende	[ɔ 'sɛnə]
invidiare (vt)	å misunne	[ɔ 'misˌʉnə]
invitare (vt)	å innby, å invitere	[ɔ 'inby], [ɔ invi'terə]
irritare (vt)	å irritere	[ɔ iri'terə]

irritarsi (vr)	å bli irritert	[ɔ 'bli iri'tɛːṱ]
iscrivere (su una lista)	å skrive inn	[ɔ 'skrivə in]
isolare (vt)	å isolere	[ɔ isʊ'lerə]
ispirare (vt)	å inspirere	[ɔ inspi'rerə]
lamentarsi (vr)	å klage	[ɔ 'klɑgə]

lasciar cadere	å tappe	[ɔ 'tɑpə]
lasciare (abbandonare)	å forlate, å etterlate	[ɔ fɔ'lɑtə], [ɔ ɛtə'lɑtə]
lasciare (ombrello, ecc.)	å glemme	[ɔ 'glemə]
lavare (vt)	å vaske	[ɔ 'vɑskə]

lavorare (vi)	å arbeide	[ɔ 'ɑrˌbæjdə]
legare (~ qn a un albero)	å binde fast	[ɔ 'binə 'fɑst]
legare (~ un prigioniero)	å binde	[ɔ 'binə]
leggere (vi. vt)	å lese	[ɔ 'lesə]

liberare (vt)	å befri	[ɔ be'fri]
liberarsi (~ di qn, qc)	å bli kvitt ...	[ɔ 'bli 'kvit ...]
limitare (vt)	å begrense	[ɔ be'grɛnsə]
lottare (sport)	å bryte	[ɔ 'brytə]
mancare le lezioni	å skulke	[ɔ 'skʉlkə]

237

mangiare (vi, vt)	å spise	[ɔ 'spisə]
memorizzare (vt)	å memorere	[ɔ memʊ'rerə]
mentire (vi)	å lyve	[ɔ 'lyvə]

menzionare (vt)	å omtale, å nevne	[ɔ 'ɔm‚talə], [ɔ 'nɛvnə]
meritare (vt)	å fortjene	[ɔ fɔ'tjenə]
mescolare (vt)	å blande	[ɔ 'blanə]
mettere fretta a ...	å skynde	[ɔ 'ʂynə]
mettere in ordine	å bringe orden	[ɔ 'briŋə 'ɔrdən]

mettere via	å stue unna	[ɔ 'stʉə 'ʉna]
mettere, collocare	å legge	[ɔ 'legə]
minacciare (vt)	å true	[ɔ 'trʉə]
mirare, puntare su ...	å sikte på ...	[ɔ 'siktə pɔ ...]
moltiplicare (vt)	å multiplisere	[ɔ mʉltipli'serə]

mostrare (vt)	å vise	[ɔ 'visə]
nascondere (vt)	å gjemme	[ɔ 'jɛmə]
negare (vt)	å fornekte	[ɔ fɔː'nɛktə]
negoziare (vi)	å forhandle	[ɔ fɔr'handlə]

noleggiare (~ una barca)	å leie	[ɔ 'læjə]
nominare (incaricare)	å utnevne	[ɔ 'ʉt‚nɛvnə]
nuotare (vi)	å svømme	[ɔ 'svœmə]
obbedire (vi)	å underordne seg	[ɔ 'ʉnər‚ɔrdnə sæj]

obiettare (vt)	å innvende	[ɔ 'in‚vɛnə]
occorrere (vi)	å være nødvendig	[ɔ 'værə 'nød‚vɛndi]
odorare (sentire odore)	å lukte	[ɔ 'lʉktə]
offendere (qn)	å fornærme	[ʊ fɔː'ŋærmə]

omettere (vt)	å utelate	[ɔ 'ʉtə‚latə]
ordinare (~ il pranzo)	å bestille	[ɔ be'stilə]
ordinare (mil.)	å beordre	[ɔ be'ɔrdrə]
organizzare (vt)	å arrangere	[ɔ araŋ'ʂerə]

origliare (vi)	å tyvlytte	[ɔ 'tyv‚lytə]
ormeggiarsi (vr)	å fortøye	[ɔ fɔː'tøjə]
osare (vt)	å våge	[ɔ 'voːgə]
osservare (vt)	å observere	[ɔ ɔbsɛr'verə]

255. Verbi P-R

pagare (vi, vt)	å betale	[ɔ be'talə]
parlare con ...	å tale med ...	[ɔ 'talə me ...]
partecipare (vi)	å delta	[ɔ 'dɛlta]
partire (vi)	å afrejse	[ɔ 'af‚ræjsə]

peccare (vi)	å synde	[ɔ 'sʏnə]
penetrare (vi)	å trenge inn	[ɔ 'trɛŋə in]
pensare (credere)	å tro	[ɔ 'trʊ]
pensare (vi, vt)	å tenke	[ɔ 'tɛnkə]
perdere (ombrello, ecc.)	å miste	[ɔ 'mistə]
perdonare (vt)	å tilgi	[ɔ 'til‚ji]

| permettere (vt) | å tillate | [ɔ 'tiˌlatə] |
| pesare (~ molto) | å veie | [ɔ 'væje] |

pescare (vi)	å fiske	[ɔ 'fiskə]
pettinarsi (vr)	å kamme	[ɔ 'kɑmə]
piacere (vi)	å like	[ɔ 'likə]
piangere (vi)	å gråte	[ɔ 'groːtə]

pianificare (~ di fare qc)	å planlegge	[ɔ 'planˌlegə]
picchiare (vt)	å slå	[ɔ 'ʂlɔ]
picchiarsi (vr)	å slåss	[ɔ 'ʂlɔs]
portare (qc a qn)	å bringe	[ɔ 'briŋə]

portare via	å fjerne	[ɔ 'fjæːŋə]
possedere (vt)	å besidde, å eie	[ɔ bɛ'sidə], [ɔ 'æje]
potere (vi)	å kunne	[ɔ 'kʉnə]
pranzare (vi)	å spise lunsj	[ɔ 'spisə ˌlʉnsj]

preferire (vt)	å foretrekke	[ɔ 'forəˌtrɛkə]
pregare (vi, vt)	å be	[ɔ 'be]
prendere (vt)	å ta	[ɔ 'tɑ]
prendere in prestito	å låne	[ɔ 'loːnə]

prendere nota	å notere	[ɔ nʊ'terə]
prenotare (~ un tavolo)	å reservere	[ɔ resɛr'verə]
preoccupare (vt)	å bekymre, å uroe	[ɔ be'çymrə], [ɔ 'ʉːrʊə]
preoccuparsi (vr)	å uroe seg	[ɔ 'ʉːrʊə sæj]

preparare (~ un piano)	å forberede	[ɔ 'fɔrbəˌredə]
presentare (~ qn)	å presentere	[ɔ presen'terə]
preservare (~ la pace)	å bevare	[ɔ be'vɑrə]
prevalere (vi)	å dominere	[ɔ dʊmi'nerə]

prevedere (vt)	å forutse	[ɔ 'fɔrʉtˌsə]
privare (vt)	å berøve	[ɔ be'røvə]
progettare (edificio, ecc.)	å prosjektere	[ɔ prʊʂɛk'terə]
promettere (vt)	å love	[ɔ 'lɔvə]

pronunciare (vt)	å uttale	[ɔ 'ʉtˌtɑlə]
proporre (vt)	å foreslå	[ɔ 'forəˌʂlɔ]
proteggere (vt)	å beskytte	[ɔ be'ʂytə]
protestare (vi)	å protestere	[ɔ prʊte'sterə]

provare (vt)	å bevise	[ɔ be'visə]
provocare (vt)	å provosere	[ɔ prʊvʊ'serə]
pubblicizzare (vt)	å reklamere	[ɔ rɛklɑ'merə]
pulire (vt)	å rense	[ɔ 'rɛnsə]

pulirsi (vr)	å rengjøre	[ɔ rɛn'jørə]
punire (vt)	å straffe	[ɔ 'strɑfə]
raccomandare (vt)	å anbefale	[ɔ 'ɑnbeˌfɑlə]
raccontare (~ una storia)	å fortelle	[ɔ fɔː'tɛlə]
raddoppiare (vt)	å fordoble	[ɔ fɔr'dɔblə]

| rafforzare (vt) | å styrke | [ɔ 'styrkə] |
| raggiungere (arrivare a) | å nå | [ɔ 'nɔː] |

T&P Books. Vocabolario Italiano-Norvegese per studio autodidattico - 9000 parole

| raggiungere (obiettivo) | å oppnå | [ɔ 'ɔpnɔ] |
| rammaricarsi (vr) | å beklage | [ɔ be'klɑgə] |

rasarsi (vr)	å barbere seg	[ɔ bɑr'berə sæj]
realizzare (vt)	å realisere	[ɔ reɑli'serə]
recitare (~ un ruolo)	å spille	[ɔ 'spilə]
regolare (~ un conflitto)	å løse	[ɔ 'løsə]

respirare (vi)	å ånde	[ɔ 'ɔŋdə]
riconoscere (~ qn)	å gjenkjenne	[ɔ 'jen‚çɛnə]
ricordare (a qn di fare qc)	å påminne	[ɔ 'pɔ‚minə]
ricordare (vt)	å huske	[ɔ 'hʉskə]
ricordarsi di (~ qn)	å huske	[ɔ 'hʉskə]

ridere (vi)	å le, å skratte	[ɔ 'le], [ɔ 'skrɑtə]
ridurre (vt)	å minske	[ɔ 'minskə]
riempire (vt)	å fylle	[ɔ 'fʏlə]
rifare (vt)	å gjøre om	[ɔ 'jørə ɔm]

rifiutare (vt)	å avslå	[ɔ 'ɑf‚slɔ]
rimandare (vt)	å sende tilbake	[ɔ 'sɛnə til'bɑkə]
rimproverare (vt)	å bebreide	[ɔ be'bræjdə]
rimuovere (~ una macchia)	å fjerne	[ɔ 'fjæːŋə]

ringraziare (vt)	å takke	[ɔ 'tɑkə]
riparare (vt)	å reparere	[ɔ repɑ'rerə]
ripetere (ridire)	å gjenta	[ɔ 'jɛntɑ]
riposarsi (vr)	å hvile	[ɔ 'vilə]
risalire a (data, periodo)	å datere seg	[ɔ dɑ'terə sæj]

rischiare (vi, vt)	å risikere	[ɔ risi'kerə]
risolvere (~ un problema)	å løse	[ɔ 'løsə]
rispondere (vi, vt)	å svare	[ɔ 'svɑrə]
ritornare (vi)	å komme tilbake	[ɔ 'kɔmə til'bɑkə]

rivolgersi a …	å tiltale	[ɔ 'til‚tɑlə]
rompere (~ un oggetto)	å bryte	[ɔ 'brytə]
rovesciare (~ il vino, ecc.)	å spille	[ɔ 'spilə]
rubare (~ qc)	å stjele	[ɔ 'stjelə]

256. Verbi S-V

salpare (vi)	å kaste loss	[ɔ 'kɑstə lɔs]
salutare (vt)	å hilse	[ɔ 'hilsə]
salvare (~ la vita a qn)	å redde	[ɔ 'rɛdə]
sapere (qc)	å vite	[ɔ 'vitə]

sbagliare (vi)	å gjøre feil	[ɔ 'jørə ‚fæjl]
scaldare (vt)	å varme	[ɔ 'vɑrmə]
scambiare (vt)	å veksle	[ɔ 'vɛkslə]
scambiarsi (vr)	å utveksle	[ɔ 'ʉt‚vɛkslə]

| scavare (~ un tunnel) | å grave | [ɔ 'grɑvə] |
| scegliere (vt) | å velge | [ɔ 'vɛlgə] |

| scendere (~ per le scale) | å gå ned | [ɔ 'gɔ ne] |
| scherzare (vi) | å spøke | [ɔ 'spøkə] |

schiacciare (~ un insetto)	å knuse	[ɔ 'knʉsə]
scoppiare (vi)	å gå i stykker	[ɔ 'gɔ i 'stʏkər]
scoprire (vt)	å få vite	[ɔ 'fɔ 'vitə]
scoprire (vt)	å oppdage	[ɔ 'ɔpˌdɑgə]

screpolarsi (vr)	å sprekke	[ɔ 'sprɛkə]
scrivere (vi, vt)	å skrive	[ɔ 'skrivə]
scusare (vt)	å unnskylde	[ɔ 'ʉnˌsylə]
scusarsi (vr)	å unnskylde seg	[ɔ 'ʉnˌsylə sæj]
sedere (vi)	å sitte	[ɔ 'sitə]

sedersi (vr)	å sette seg	[ɔ 'sɛtə sæj]
segnare (~ con una croce)	å markere	[ɔ mɑr'kerə]
seguire (vt)	å følge etter ...	[ɔ 'følə 'ɛtər ...]
selezionare (vt)	å velge ut	[ɔ 'vɛlgə ʉt]
seminare (vt)	å så	[ɔ 'sɔ]

semplificare (vt)	å forenkle	[ɔ fɔ'rɛnklə]
sentire (percepire)	å kjenne	[ɔ 'çɛnə]
servire (~ al tavolo)	å betjene	[ɔ be'tjenə]
sgridare (vt)	å skjelle	[ɔ 'ʂɛːlə]

significare (vt)	å bety	[ɔ 'bety]
slegare (vt)	å løse opp	[ɔ 'løsə ɔp]
smettere di parlare	å slutte å snakke	[ɔ 'ʂlʉtə ɔ 'snɑkə]
soddisfare (vt)	å tilfredsstille	[ɔ 'tilfrɛdsˌstilə]

soffiare (vento, ecc.)	å blåse	[ɔ 'bloːsə]
soffrire (provare dolore)	å lide	[ɔ 'lidə]
sognare (fantasticare)	å drømme	[ɔ 'drœmə]
sognare (fare sogni)	å drømme	[ɔ 'drœmə]

sopportare (~ il freddo)	å tåle	[ɔ 'toːlə]
sopravvalutare (vt)	å overvurdere	[ɔ 'ɔvərvʉːˌderə]
sorpassare (vt)	å passere	[ɔ pɑ'serə]
sorprendere (stupire)	å forundre	[ɔ fɔ'rʉndrə]
sorridere (vi)	å smile	[ɔ 'smilə]

sospettare (vt)	å mistenke	[ɔ 'misˌtɛnkə]
sospirare (vi)	å sukke	[ɔ 'sʉkə]
sostenere (~ una causa)	å støtte	[ɔ 'stœtə]
sottolineare (vt)	å understreke	[ɔ 'ʉnəˌstrekə]

sottovalutare (vt)	å undervurdere	[ɔ 'ʉnərvʉːˌderə]
sovrastare (vi)	å rage over	[ɔ 'rage 'ɔvər]
sparare (vi)	å skyte	[ɔ 'ʂytə]
spargersi (zucchero, ecc.)	å bli spilt	[ɔ 'bli 'spilt]

sparire (vi)	å forsvinne	[ɔ fɔ'ʂvinə]
spegnere (~ la luce)	å slokke	[ɔ 'ʂløkə]
sperare (vi, vt)	å håpe	[ɔ 'hoːpə]
spiare (vt)	å kikke	[ɔ 'çikə]
spiegare (vt)	å forklare	[ɔ fɔr'klɑrə]

spingere (~ la porta)	å skubbe, å støte	[ɔ 'skʉbə], [ɔ 'støtə]
splendere (vi)	å skinne	[ɔ 'ʂinə]
sporcarsi (vr)	å skitne seg til	[ɔ 'ʂitnə sæj til]

sposarsi (vr)	å gifte seg	[ɔ 'jiftə sæj]
spostare (~ i mobili)	å flytte	[ɔ 'flʏtə]
sputare (vi)	å spytte	[ɔ 'spʏtə]
staccare (vt)	å hugge av	[ɔ 'hʉgə ɑː]
stancare (vt)	å trette	[ɔ 'trɛtə]

stancarsi (vr)	å bli trett	[ɔ 'bli 'trɛt]
stare (sul tavolo)	å ligge	[ɔ 'ligə]
stare bene (vestito)	å passe	[ɔ 'pɑsə]

stirare (con ferro da stiro)	å stryke	[ɔ 'strykə]
strappare (vt)	å rive av	[ɔ 'rivə ɑː]
studiare (vt)	å studere	[ɔ stʉ'derə]
stupirsi (vr)	å bli forundret	[ɔ 'bli fɔ'rʉndrət]

supplicare (vt)	å bønnefalle	[ɔ 'bœnəˌfalə]
supporre (vt)	å anta, å formode	[ɔ 'anˌtɑ], [ɔ fɔr'mʉdə]
sussultare (vi)	å gyse	[ɔ 'jisə]
svegliare (vt)	å vekke	[ɔ 'vɛkə]

tacere (vi)	å tie	[ɔ 'tie]
tagliare (vt)	å skjære av	[ɔ 'ʂæːrə ɑː]
tenere (conservare)	å beholde	[ɔ be'hɔlə]
tentare (vt)	å prøve	[ɔ 'prøvə]

tirare (~ la corda)	å trekke	[ɔ 'trɛkə]
toccare (~ il braccio)	å røre	[ɔ 'rørə]
togliere (rimuovere)	å ta ned	[ɔ 'tɑ ne]
tradurre (vt)	å oversette	[ɔ 'ɔvəˌʂɛtə]

trarre una conclusione	å konkludere	[ɔ kʉnklʉ'derə]
trasformare (vt)	å transformere	[ɔ transfɔr'merə]
trattenere (vt)	å avholde	[ɔ 'ɑvˌhɔlə]
tremare (~ dal freddo)	å skjelve	[ɔ 'ʂɛlvə]

trovare (vt)	å finne	[ɔ 'finə]
tuffarsi (vr)	å dykke	[ɔ 'dʏkə]
uccidere (vt)	å døde, å myrde	[ɔ 'dødə], [ɔ 'mʏːdə]
udire (percepire suoni)	å høre	[ɔ 'hørə]

unire (vt)	å forene	[ɔ fɔ'renə]
usare (vt)	å anvende	[ɔ 'anˌvɛnə]
uscire (andare fuori)	å gå ut	[ɔ 'gɔ ʉt]
uscire (libro)	å komme ut	[ɔ 'kɔmə ʉt]

utilizzare (vt)	å anvende	[ɔ 'anˌvɛnə]
vaccinare (vt)	å vaksinere	[ɔ vaksi'nerə]
vantarsi (vr)	å prale	[ɔ 'pralə]
vendere (vt)	å selge	[ɔ 'sɛlə]

| vendicare (vt) | å hevne | [ɔ 'hɛvnə] |
| versare (~ l'acqua, ecc.) | å helle opp | [ɔ 'hɛlə ɔp] |

vietare (vt)	å forby	[ɔ fɔr'by]
vivere (vi)	å leve	[ɔ 'levə]
volare (vi)	å fly	[ɔ 'fly]
voler dire (significare)	å bety	[ɔ 'bety]
volere (desiderare)	å ville	[ɔ 'vilə]
votare (vi)	å stemme	[ɔ 'stɛmə]